U1068948

朱子学研究论著索引

（1990—2015）

朱子学与地方文献丛刊

谢水华　编

江西人民出版社
Jiangxi People's Publishing House
全国百佳出版社

图书在版编目（CIP）数据

朱子学研究论著索引：1990—2015 / 谢水华编. — 南昌：江西人民出版社，2017.10

ISBN 978-7-210-09801-0

Ⅰ.①朱… Ⅱ.①谢… Ⅲ.①朱熹(1130-1200)－哲学思想－研究－书目索引－1990-2015 Ⅳ.①Z89：B244.75

中国版本图书馆 CIP 数据核字（2017）第 250891 号

朱子学研究论著索引：1990—2015

谢水华　编

责任编辑：李月华

装帧设计：同异文化传媒

出　　版：江西人民出版社

发　　行：各地新华书店

地　　址：江西省南昌市三经路 47 号附 1 号

编辑部电话：0791-86898143

发行部电话：0791-86898815

邮　　编：330006

网　　址：www.jxpph.com

E-mail：270446326@qq.com

2017 年 10 月第 1 版　2017 年 10 月第 1 次印刷

开　　本：1/16，720mm × 1000mm

印　　张：21.25　字数：300 千字

ISBN 978-7-210-09801-0

定　　价：49.00 元

承 印 厂：南昌市红星印刷有限公司

赣版权登字—01—2017—813

版权所有　侵权必究

赣人版图书凡属印刷、装订错误，请随时向承印厂调换

丛书总序

在我担任上饶师范学院朱子学研究所的负责人时，前任吴长庚老师在交接过程中就谆谆告诫我，朱子学研究所在它成立之初就被赋予了两个重要使命，一是依托朱子故里做好朱子学与宋明理学的研究，作为专门研究机构，此为义不容辞的职责，二是朱子学研究所也肩负有古籍所的职能，承担朱子学乃至儒学文献的整理工作。为此，朱子学研究所成立以来在做好朱子学研究同时，也坚持不懈地做好文献整理工作。其中较具代表性的工作主要有：第一，吴长庚教授主持带领下，徐公喜、余龙生、冯会明、周茶仙等研究所六位教师对《朱子晚年定编》《学蔀通辨》《朱子晚年全论》《朱子年谱》《道一编》五种反映朱陆学术异同的文献进行了点校整理，并以《朱陆学术考辩五种》为名汇集出版。第二，吴长庚教授主持了全国社科重大项目暨教育部重大项目“《儒藏》编纂与研究”的子课题《儒藏》经部之春秋，徐公喜主持该教育部一般委托项目《儒藏》之《春秋左氏传贾服注辑述》等，冯会明、周茶仙等分别完成了《儒藏》中《春秋大全》《春秋左氏传说》《左氏传续说》《左传杜解补正》等点校工作。第三，自 2005 年起，在我的主持下，在研究所诸同仁共同参与下，花费了十年工夫，2015 年终于完成并出版了二百余万字的《理学渊源考辨丛刊》，丛刊包括《学统》《闽中理学渊源考》《圣学宗传》《理学宗传》《道统录》，均秉承儒家“道统”观念，对儒家重要人物立传，述其言行。第四，研究所同仁还积极参与省内外重点古籍整理项目工作，尤其是在江西省高等院校古籍整理研究领导小组组织下，参与了由江西师范大学万萍、段晓华教授主持的《豫章丛书》整理项目，其中吴长庚点校《易纂言外翼》《敬堂文稿》《易图存是》《理学类编》，邹毅点校《天仙正理》《蠡测汇钞》，冯会明点校《春秋四传异同辨》，孙刚点校《易学变通》《碧梧玩芳集》《江南野史》，周振华点校《券易苞》，吴明松点校《浙西水利书》，周茶仙点校《野处类稿》，魏洪丘点校《芳谷集》，等等。

除以上工作之外，研究所这些年来也致力于做好地方文献的整理工作。吴长庚的《费文宪公摘稿》整理研究、《鹅湖峰顶志笺注》，徐公喜的《信江书院志》，冯会明的《胡居仁集》等是其中的代表。这些地方文献的整理意义重大：一是繁荣学术研究，地方文献以其专属性（这种文献既是地方性的也是全国性的），对繁荣地区乃至全国的学术研究具有重要意义；二是传承地方文化，地方文献中占有重要地位的文集、方舆图集、方志等，是一个地区自然和社会、历史和现状的资料性辑著，从不同层面保留了当地文化特殊记录元素与符号，而且这些文献具有记载门类广泛、内容丰富等特点，可视为一个地区的百科全书，参考价值很高；三是有助于挖掘地方文化底蕴，对于区域范围小且极富特色的地方而言，其民间传统文化遗产和非物质文化遗产的梳理和抢救性挖掘，地方文献都是不可或缺的重要依据。

过去的工作已成历史，在发扬民族传统优秀文化，增强民族文化自新的伟大征程中，上饶师范学院朱子学研究所将依托江西省“2011 计划”朱子文化协同创新中心这一平台，凝聚各协同单位团队力量，紧紧围绕朱子学文献开展整理与研究，推出文献类系列丛刊。

宋人解经，锐意创新，而以易学尤著。宋代易学象数学中有一项创造，就是发明了许多易图（旧称“图书”）。后来这种以图解经的方法推广于整个经学当中，可以说对于儒家经典的诠释发展起到了重要的推动作用。而将“图书”刻诸于碑，一在确定定本、防止纷争，二在期以流传久远。然而自六经图问世后，学者多以己意改动，至清代已改得面目全非。而原碑残段留存亦很少，难窥原貌。吴长庚教授《六经图碑研究》所用材料为家藏宋代学者杨甲所作《六经图》元代石刻拓本，该拓本完整罕见，远比《四库》本为善。《六经图碑研究》在点校整理的基础上加以按语，厘定了《六经图》的版本流传问题，阐发了《六经图》的学术史意义，特别是对《六经图》与宋代经学的密切关系进行了深入的探究。可以说该书对经学思想的研究起到极大地推动作用。

民国时期，不少学者推崇作为儒学重要组成部分的朱子学，并且以一种与传统学术不同的现代研究方式持续而深入地进行朱子学研究，取得了诸多扎实而重要的学术成就。民国时期的朱子学研究可以说是现代朱子学研究的开端，不仅取得了重要的研究成果，而且形成了现代朱子学研究的学术方向、路径和方法。由我与乐爱国教授主持、周接兵博士协助编辑的《民国朱子学研究论文精选》属于朱子文化协同中心项目及厦门大学乐爱国教授主持的教育部重大项目子课题之一，将从民国学人朱子学研究论文中精选集结出版，通过这些论文，我们大体可以了解民国时期朱子学研究的一般面貌，深刻把握民国时期的朱子学研究所遗留的宝贵学术资源，以为当下推进朱子学研究的基础。追随现代朱子学研究的先驱，接续民国时期朱子学研究的现代学术传统，从中找到进一步发展的坐标。

朱熹一生，著述颇丰，为我们研究宋代学术、政治、历史、教育等提供了用之不竭的资源。朱子之后，宋代至清末有关朱熹著作及后世阐朱、释朱相关著作的序跋、题记及历代书目著录等资料更是层出不穷，为世人留下丰富的学术史资料。为此，华东师范大学古籍研究所所长顾宏义教授组织编成了《朱子学文献序跋题记资料汇编》。汇编主要是按照朱熹著述时间及同类资料先后排序，再按其内容进行分类编排；朱熹每种著述下附以后世撰写的序和跋，按序跋撰写者或著录者时代先后排序；各代学人对朱熹著作所作校释、集解、发挥等，以相同体例置在其后。整体而言，一般以朱熹所定书名为条目，其相关文字顺序为时代、著者、他人序跋、题记、历代书目著录、今存者之版本与图书馆收藏情况等。从中，不但可以清楚地看到朱子学对后世的影响，更能深刻体会到自南宋以来中国学术的发展脉络。编辑此书，既是为今人研究朱熹的学术与思想提供便利，更是为了辨章学术，考镜源流。

中国地方志以起源早、持续久、类型全、数量多而享誉于世界，据《中国地方志联合目录》的统计，仅保存至今的宋至民国时期的方志就有8264种，11万余卷，占中国古籍的十分之一左右，而实际数字尚不止于此。近年来，地方志旧志中记载的有关当地的历史沿革、生态环境、社会经济、景物资源、风土人情、文化艺术等方面的资料得到日益深入的发掘。而学术界对于地方旧志中所蕴含的丰富的宋明理学学术史资料尤其是理学人物传记尚缺少系统的整理，这不能不说是一大遗憾。胡荣明主持编辑《明清地方志理学人物传记汇编》，主要对福建、浙江、江西、安徽等地1949年以前编撰的数千种地方旧志的理学人物传记进行全面搜集与整理。这一工作一方面可以廓清理学地域流派发展演进的脉络，多角度地探究地域理学的源流，另一方面可以为学者提供除正史中的《道学传》与《儒林传》以及黄宗羲《明儒学案》《宋元学案》等经典著作以外更丰富的资料，拓宽学者的研究视野，有助于开拓宋明理学、中国哲学乃至中国传统文化的研究领域，而且对于地方志研究以及区域史、地域文化史的研究也将大有裨益。

鹅湖书院是古代江西四大书院之一，更是中国儒学发展史上影响深远的胜地。为便于学者全面了解与研究鹅湖书院以及鹅湖之会的历史脉络，谢水华、吴长庚以清乾隆九年述堂刻本《鹅湖讲学会编》（十二卷）为主，兼及清嘉庆十八年刻本《增修鹅湖书田志》（五卷），汇编而成新的《鹅湖讲学会编》。《四库全书提要》曾以为书中大旨，多调停朱、陆之异同。其意盖欲附于讲学，然实则惟以书院为主。故题咏名胜诸作，亦皆收录，仍附之地理类。而编者更以为郑之侨是从孔门教人因材变化的角度来认识朱陆的学术异同，由此申述他编书的目的并不在考辨其学术本身之异同，而在于从异同之中，“推究其功力之精详，用心之邃密”，“南海北海可以共质，异同之见化，而讲学之道得矣”。此次点校《鹅湖讲学会编》，可以说是《朱陆学术考辩五种》的补充与完善，也形成了我们学术体系中的朱陆异同观，我想也将助于学人对这一问题的考量。

近几十年来，朱子学研究日益引起国内外学术界的广泛兴趣和重视，推出了一大批学术研究成果。为帮助学者查找资料，方便检索，我们研究所曾经做过1990—2003年朱子学研究书目索引，但不够全面。此次谢水华副研究员特编辑《朱子学研究论著索引》，鉴于前人也已经编辑了1990年以前比较全面的朱子学研究论著索引，为避免重复，故而本书目索引论文专著集中在1990年至2015年时限范围，主要收录期刊、报纸、学位及会议相关论文。对于作者的同一篇论文或同一部著作在不同的刊物或出版社发表或出版的，为便于学者查找，也一并收录。该书目索引，以年代为序进行编排，利用了国内外数十种大型电子数据库、中国国家图书馆的馆藏数据等资源，对于朱子学的研究成果尽可能的收齐收全。然而因搜集条件限制，对于东亚一些国家地区的研究论著没有收录，多少也有些遗憾。

我想，《朱子学文献与研究丛刊》的面世，必将有助于朱子学研究的深入与发展，为学者提供一定的帮助。虽然，直到现在还有很多机构、学者对古籍点校不以为然，但是我们依然会坚守，也许我们给后世留下的可能就是这些句读，而不是期刊上的论稿，历史会告慰我们。不忘初心，砥砺前行。是为序。

徐公喜

2017 年 5 月 10 日于南山斋

编辑说明

1. 近几十年来，对朱子学的研究日益引起国内外学术界的广泛兴趣和重视，一大批学术研究成果相继推出。为帮助学者查找资料，方便检索，还出版了数部有关朱子学研究成果的书目，如赵炳熙先生的《朱熹研究论著索引》(《上饶师专学报》1986年第3期增刊)，林庆彰先生编著的文津出版社出版的《朱子学研究书目（1900—1991）》，吴展良先生编著的台湾大学出版中心出版的《朱子研究书目新编（1900—2002）》等。上饶师范学院朱子学研究所的同志收集了一些朱子学研究的论文索引挂在该所的网页上，但不成系统。本论著索引是在他们的基础上编辑而成。

2. 本书目索引的编纂，利用了国内外数十种大型电子数据库，以及中国国家图书馆的馆藏数据资源等，对于朱子学的研究成果，尽可能地收齐收全。

3. 为避免重复，本书目索引的搜集范围限定为：论文以1990年至2015年为时限，1990年以前的朱子学研究成果不收录，主要收录期刊论文、报纸论文、博士论文、硕士论文等；专著也以1990年至2015年为时限；对于作者的同一篇论文或同一部著作在不同的刊物或出版社发表或出版，为便于学者查找，也一并收录。

4. 书目索引论文部分的著录格式为：

①顺序号 ②责任者 ③论文题名 ④文献出处项：报刊名，年.卷期.起止页码

专著部分的著录格式主要根据国家标准《普通图书著录规则》进行著录，其格式为：

①顺序号 ②书名 ③/责任者 ④.—出版信息（出版地：出版者，出版时间） ⑤.—页数或卷册数。

5. 本书目索引分论文、论著两大部分。整体上，每一部分以年代为序进行编排。在同一年份内的条目，按首字汉语拼音首字母排序。

目　录

朱子学研究论文

朱子学研究著作

朱子学研究论文

1990 年

期刊论文

[1]（美）狄培瑞著；肖卫仪译．朱熹与《中庸》[J]．朱子学刊，1990.00：8–19.

[2]（日）冈田武彦著；周全华．林珍妮译．作为活学的朱子学[J]．朱子学刊，1990.00：1–7.

[3]（新加坡）龚道运．朱熹心学的特质[J]．朱子学刊，1990.00：30–47.

[4]．忠孝廉节堂[J]．湖南大学学报，1990.06：43.

[5]．朱熹论读书之法[J]．济南大学学报（综合版），1990.00：33.

[6]蔡方鹿．纪念朱子诞辰 860 周年国际学术会议综述[J]．四川社联通讯，1990.06：54–55.

[7]陈荣捷．读《朱熹哲学研究》[J]．中国社会科学，1990.06：136–138.

[8]陈荣捷．陈来《朱熹哲学研究》[J]．哲学与文化（台湾），1990.12：1139–1143.

[9]戴志钧．朱熹在楚辞研究中的开拓性贡献[J]．文史哲，1990.03：79–83.

[10]邓广铭．朱陈论辨中陈亮王霸义利观的确解[J]．北京大学学报（哲学社会科学版），1990.02：1–5.

[11]冯溪屏．朱熹的“触类可通”方法辨析[J]．玉溪师专学报，1990.06：1–8.

[12]郭齐家．评朱陆之争[J]．北京师范大学学报（社会科学版），

1990.06：47–53.

［13］韩钟文 . 旧学相商加邃密 新知培养转深沉——对朱熹文化教育思想研究的回顾与反思［J］. 教育评论，1990.06：42–47+76.

［14］韩钟文 . 溯源立大 综合创新——朱子学术思想再评价［J］. 上饶师专学报（社会科学版），1990.Z1：1–4+9.

［15］何植靖 . 朱熹的人生理论及其现实意义［J］. 南昌大学学报（人文社会科学版），1990.04：7–12.

［16］贺麟 . 谈儒家精神——致朱熹诞辰 860 周年学术讨论会［J］. 哲学动态，1990.12：19–21.

［17］洪波 . 论朱熹的理欲之辨［J］. 朱子学刊，1990.00：48–63.

［18］黄金钟 . 朱熹对提高闽人文化素质的贡献［J］. 教育评论，1990.06：48–49+9.

［19］霍晋明 . 朱子参究中和问题浅探［J］. 鹅湖月刊（台湾），1990.186：46–50.

［20］蒋步荣 . 朱熹年谱简明分事表［J］. 朱子学刊，1990.00：151–172.

［21］黎昕 . 纪念朱子诞辰 860 周年国际学术会议述要［J］. 福建论坛（文史哲版），1990.06：78.

［22］黎昕 . 朱熹道德起源说探微［J］. 中共福建省委党校学报，1990.04：44–46.

［23］黎昕 . 朱熹的道德修养方法论探微［J］. 教育评论，1990.06：52–55.

［24］黎昕 . 朱熹理欲观评析［J］. 福建论坛（文史哲版），1990.05：26–32.

［25］李明辉 . 朱子的伦理学可归入自律伦理学吗？［J］. 鹅湖学志（台湾），1990.04：129–135.

［26］李瑞全 . 敬答李明辉先生对“朱子道德学形态之重检”之批评［J］. 鹅湖学志（台湾），1990.04：137–142.

［27］李学勤 . 孔子朱子论《易》异同［J］. 朱子学刊，1990.00：20–29.

［28］李禹阶 . 论朱熹对儒家伦理思想的再造［J］. 重庆师院学报（哲

学社会科学版)，1990.02：41–53.

［29］梁宗华 . 朱熹《诗集传》对《诗经》研究的贡献［J］. 东岳论丛，1990.03：96–99.

［30］刘述先 . 由朱熹易说检讨其思想之特质、影响与局限［J］. 周易研究，1990.01：57–67.

［31］卢美松 . 朱熹的教育目的论和教育内容论浅释［J］. 教育评论，1990.06：50–51.

［32］卢钟锋 . 论朱熹及其《伊洛渊源录》［J］. 孔子研究，1990.03：61–72.

［33］蒙培元 . 从心性论看朱熹哲学的历史地位［J］. 福建论坛(文史哲版)，1990.06：1–6.

［34］潘新和 . 论朱熹的写作观［J］. 福建论坛(文史哲版)，1990.03：71–74.

［35］邱汉生 . 关于朱熹的经学著作［J］. 福建论坛(文史哲版)，1990.05：25.

［36］邱汉生 . 朱熹生平及其著述［J］. 朱子学刊，1990.00：134–150.

［37］饶祖天 . 朱熹法律思想举要［J］. 上饶师专学报(社会科学版)，1990.Z1：15–18+27.

［38］(日)三浦国雄 . 李文炳 . 李耕夫 . 朱熹的《易》学(下)［J］. 齐齐哈尔师范学院学报(哲学社会科学版)，1990.04：45–52.

［39］杨宗礼 . 薛瑄对朱熹哲学最高范畴“理”的改造［J］. 运城师专学报，1990.S1：54–59.

［40］尚乐林 . 朱熹“读书穷理”的辩证系统［J］. 江西教育学院学报(综合版)，1990.01：37–43.

［41］谭佛佑 . 朱子读书法评议［J］. 江西教育学院学报(综合版)，1990.02：32–36+16.

［42］汤勤福 . 朱熹历史哲学的层次分析［J］. 朱子学刊，1990.00：82–99.

［43］唐亦男 . 朱熹在传统儒学中地位之批判与认定：“别子为宗。”——“心体与性体”一书之宏观与通识举隅［J］. 鹅湖月刊(台湾)，

1990.177：1-10.

[44] 王国轩.《中庸章句》新论[J].社会科学辑刊，1990.03:5-12.

[45] 王金兴.朱熹的“理”和马勒伯朗士的“上帝”之比较[J].佛山大学佛山师专学报（社会科学版），1990.01：41-47.

[46] 温步腾.简谈朱熹的道德教育[J].中共福建省委党校学报，1990.04：47-50.

[47] 吴晓东.融会贯通 辨异求新——《朱熹教育思想研究》评述[J].上饶师专学报（社会科学版），1990.01：80-81+98.

[48] 吴长庚.朱熹论文势与风格[J].上饶师专学报（社会科学版），1990.Z1：10-14.

[49] 吴长庚.朱熹文章传世思想论[J].朱子学刊，1990.00：115-133.

[50] 肖钢.论朱熹对王安石新法新学的批判继承[J].河北学刊，1990.03：34-39.

[51] 肖群忠.《弟子规》述评[J].道德与文明，1990.04：20-22.

[52] 徐远和.朝鲜朱子学论著《朱子言论同异考》简介[J].朱子学刊，1990.00：182-187.

[53] 严振非.朱熹手迹“天然”石刻在黄岩发现[J].东南文化，1990.06：250.

[54] 严振非.朱熹与台州[J].东南文化，1990.06：282-285.

[55] 杨金鑫.朱熹与福建书院的兴盛[J].教育评论，1990.05：55-57.

[56].蔡尚思先生论朱熹及其研究[J].教育评论，1990.06：41+55.

[57] 叶建华.朱熹对历史文献学的贡献[J].史学史研究，1990.01：37-46.

[58] 叶建华.《资治通鉴纲目》简论[J].朱子学刊，1990.00：100-114.

[59] 余光贵.论程朱的伦理思想[J].四川大学学报（哲学社会科学版），1990.01：16-22.

[60] 原新梅.朱熹《诗集传》对《毛诗序》的批判和继承[J].徐

州师范学院学报，1990.04：80–84.

［61］张大鹏 . 朱子社仓法的基本内容及其社会保障功能［J］. 上饶师专学报（社会科学版），1990.Z1：19–22.

［62］张大鹏 . 朱子社仓法的基本内容及其社会保障功能［J］. 中国农史，1990.03：68–71+90.

［63］张坚 . 朱熹《观书有感》应为《醉园半亩塘诗》［J］. 南昌大学学报（人文社会科学版），1990.03：101.

［64］张景骞 . 朱熹流寓长溪及其遗迹考［J］. 朱子学刊，1990.00：173–181.

［65］张立文 . 朱熹与退溪价值观之比较［J］. 社会科学辑刊，1990.06：22–29.

［66］张世英 . 朱熹和柏拉图、黑格尔［J］. 北京大学学报（哲学社会科学版），1990.06：115–119.

［67］张旭曙 . 从道德走向审美——朱熹美学的逻辑归宿［J］. 吉林大学社会科学学报，1990.06：67–72.

［68］张玉奇 . 朱熹对道德结构三个层面的划分［J］. 上饶师专学报（社会科学版），1990.Z1：5–9.

［69］张玉奇 . 朱熹纲常论中的三纲要义［J］. 朱子学刊，1990.00：64–81.

［70］赵国权 . 朱熹学习心理思想再探［J］. 心理学探新，1990.02：32–34.

［71］赵士林 . 确立天本体——孔子·孟子·程颐·朱熹［J］. 北京社会科学，1990.02：20–25.

［72］周全华 . 从理学到心学——读日本学者高桥进先生的《朱子与王阳明》［J］. 上饶师专学报（社会科学版），1990.Z1：23–27.

［73］朱永新 . 试论朱熹的心理思想［J］. 齐齐哈尔师范学院学报（哲学社会科学版），1990.02：84–91.

［74］祝敏彻 .《朱子语类》中成语与结构的关系［J］. 湖北大学学报（哲学社会科学版），1990.02：1–3.

1991 年

期刊论文

［1］严书翔．从程朱学派的“异端之学”看理学与释道的关系［J］．学术研究，1991.02：20-24.

［2］陈荣捷．《朱子新探索》补遗［J］．朱子学刊，1991.02：88-94.

［3］（美）汤普森著；张海燕译．内在的理与义——朱熹思想的现实思考［J］．朱子学刊，1991.02：13-25.

［4］（日）冈日武彦著；吴光等译．论明代学术思想的源流——朱陆异同源流考［J］．朱子学刊，1991.02：184-201.

［5］蔡方鹿．朱熹“心统性情”说新论［J］．孔子研究，1991.04：74-78.

［6］蔡厚示．朱熹的诗和诗论［J］．福建论坛（文史哲版），1991.01：36-40.

［7］常耕．秦夫．中外专家关注《朱子学刊》［J］．上饶师专学报（社会科学版），1991.01：122.

［8］常耕．朱熹论韩愈［J］．朱子学刊，1991.01：101-117.

［9］陈根生．从朱熹的“三到”到胡适的“四到”——漫议读书方法［J］．江苏教育，1991.05：22-23.

［10］陈鸿儒．《朱熹反切考》后记［J］．怀化师专学报，1991.03：84-93.

［11］陈荣捷．朱子的创新［J］．哲学与文化（台湾），1991.12：1058-1066.

［12］陈颖．不著一字 尽得风流——朱熹《观书有感》赏析［J］．师范教育，1991.03：27.

［13］陈正夫．论朱熹对儒学继承和创新［J］．江西师范大学学报（哲学社会科学版），1991.03：34-42.

［14］董光璧．朱熹与科学［J］．朱子学刊，1991.01：33-45.

［15］方国根．纪念朱子诞辰 860 周年国际学术讨论会综述［J］．哲学动态，1991.01：13-14.

［16］傅云龙．评朱熹的“道心”说［J］．孔子研究，1991.02：

96–101.

［17］高令印．李退溪对朱熹书院教育观的继承和弘扬［J］．教育评论，1991.05：67–69.

［18］高时良．朱熹教学论的辩证思维［J］．课程．教材．教法，1991.06：6–9.

［19］高时良．朱熹与南宋书院教育传统［J］．福建师范大学学报（哲学社会科学版），1991.03：113–120.

［20］葛荣晋．朱熹理学体系中的实学思想［J］．福建论坛（文史哲版），1991.01：1–12.

［21］黎昕．纪念朱子诞辰 860 周年国际学术会议综述［J］．文史哲，1991.01：100–102.

［22］李廼扬．朱子学在日本的发展［J］．西北大学学报（哲学社会科学版），1991.04：48–56.

［23］李甦平．中日朱子学“理”范畴比较［J］．哲学研究，1991.09：69–75.

［24］李越．司晓宏．朱熹《小学》中的道德教育思想拾粹［J］．唐都学刊，1991.02：87–89.

［25］李之鉴．谈陆九渊、朱熹“尊德性”与“道问学”之辩——兼论红与专［J］．河南师范大学学报（哲学社会科学版），1991.01：6–10.

［26］林美惠．论朱子伦理主义中的唯美原则（上）［J］．鹅湖月刊（台湾），1991.188：12–22.

［27］林美惠．论朱子伦理主义中的唯美原则（下）［J］．鹅湖月刊（台湾），1991.189：41–51.

［28］孙永生．闽北朱氏宗族的族学资料［J］．中国社会经济史研究，1991.03：92–93.

［29］刘述先．朱熹的思想究竟是一元论或是二元论？［J］．中国文哲研究集刊（台湾），1991.01：181–198.

［30］楼宇烈．胡适的朱熹研究［J］．朱子学刊，1991.02：95–107.

［31］潘立勇．朱熹、黑格尔哲学、艺术本体论比较［J］．天津社会科学，1991.03：75–81.

［32］钱逊．《四书集注》与中国文化传统［J］．朱子学刊，1991.01：1–12.

［33］饶祖天．类比思维在朱熹自然观形成中的作用［J］．朱子学刊，1991.01：46–58.

［34］商聚德．朱熹“格物致知”论析评［J］．河北大学学报（哲学社会科学版），1991.01：36–42.

［35］孙明章．近代朱子学的分化［J］．厦门大学学报（哲学社会科学版），1991.04：71–77.

［36］汤勤福．朱熹与黑格尔历史哲学的比较研究（上）［J］．上饶师专学报（社会科学版），1991.06：1–9.

［37］汪高鑫．试论朱熹史学思想的积极因素［J］．安徽教育学院学报（社会科学版），1991.01：26–32.

［38］王葆玹．从王弼《周易大演论》看朱熹易数之学的渊源［J］．朱子学刊，1991.02：75–87.

［39］王铁藩．再论朱熹的“籍贯”［J］．福建学刊，1991.03：59–62.

［40］王煜．港台朱子学研究述评［J］．朱子学刊，1991.02：108–120.

［41］徐时仪．《朱子语类》词语考释［J］．上海师范大学学报（哲学社会科学版），1991.02：127–134.

［42］许柯．朱熹与辛弃疾的比较研究［J］．朱子学刊，1991.01：86–100.

［43］颜晨华．儒佛之争与《四书》的崛起——泛论朱子哲学的文化意义［J］．齐鲁学刊，1991.02：92–97.

［44］叶仓术．朱熹建阳事迹考商榷［J］．中国图书评论，1991.02：34.

［45］俞兆鹏．论朱熹按劾唐仲友事件——兼论朱熹的政治思想［J］．江西社会科学，1991.02：89–94.

［46］岳志明．朱熹的教学论思想［J］．广州教育，1991.10：32–37.

［47］张立文．戴震对朱熹形而上本体论的批判［J］．福建论坛（文史哲版），1991.03：27–35+64.

［48］张立文．朱子与退溪、栗谷的道心人心说之比较［J］．浙江学刊，1991.01：51–56+82.

［49］张艳红．朱熹与《老子》哲学思想的比较［J］．河南财经学院学报，

1991.03：110–114.

［50］周桂钿．朱熹的宇宙论和天文观［J］．福建论坛（文史哲版），1991.05：19–28.

［51］周景勳．千江有水千江月，万里无云万里明——谈朱熹的生命哲学［J］．哲学与文化（台湾），1991.02&–3：223–235.

［52］周伟民．论朱熹“格君心之非”的政治哲学[J]．海南大学学报(社会科学版)，1991.02：43–45.

［53］朱杰人．朱子诗论［J］．上海师范大学学报（哲学社会科学版），1991.04：67–73.

［54］朱瑞熙．朱熹对时文——八股文雏形的批判［J］．朱子学刊，1991.02：63–74.

［55］祝敏彻．《朱子语类》中的偏正复句［J］．湖北大学学报（哲学社会科学版），1991.01：45–49.

［56］祝振玉．论朱熹与辛弃疾的交游及理学对辛氏的影响［J］．朱子学刊，1991.01：72–85.

1992 年

期刊论文

［1］艾湘．参加纪念考亭书院始建 800 周年学术交流暨朱子故里文化考察活动抒怀［J］．湖南大学社会科学学报，1992.02：136.

［2］安平．从朱熹与黑格尔哲学的对比看哲学思想体系［J］．辽宁大学学报（哲学社会科学版），1992.04：28–30.

［3］毕诚．王阳明关于朱陆学术的评价［J］．福建论坛（文史哲版），1992.05：35–43+31.

［4］曹守诛．朱熹与体育散议［J］．体育文史，1992.05：35–36.

［5］曹小云．试评《孟子集注》的训诂得失［J］．淮北煤师院学报（社会科学版），1992.01：123–128.

［6］陈鸿儒．朱熹用韵考［J］．龙岩师专学报，1992.01：148–157.

［7］高建立．朱熹、陆九渊哲学思想辨异[J]．黄淮学刊(社会科学版)，1992.03：57–62.

［8］高令印．李退溪在理气关系上对朱熹思想的继承和发展［J］．厦

门大学学报（哲学社会科学版），1992.02：15-18+38.

［9］巩志．朱熹与武夷茶［J］．农业考古，1992.04：174-175.

［10］何洪峰．释《朱子语类》中带“绰”字的词［J］．郧阳师专学报，1992.02：58-61.

［11］何乃川．略论朱熹对老子的评价［J］．厦门大学学报（哲学社会科学版），1992.04：96-100.

［12］黄建荣．王逸、朱熹、蒋骥三家《楚辞》训释原因初探——王、朱、蒋三家《楚辞》注本比较研究之一［J］．抚州师专学报，1992.02：102-105+109.

［13］姜广辉．朱熹哲学余论［J］．哲学研究，1992.08：59-68.

［14］柯远扬．邓华祥．朱子治学之道初探［J］．福建师范大学学报（哲学社会科学版），1992.02：122-126.

［15］梁励．朱熹德育思想初探［J］．徐州师范学院学报，1992.02：84-89.

［16］林玉芯．朱熹故里有遗存［J］．东南文化，1992.01：180.

［17］潘畅和．李洪淳．程朱理学东渐：朝鲜与日本之比较［J］．延边大学学报（社会科学版），1992.04：4-9.

［18］潘立勇．朱熹“气象浑成”的审美理想［J］．福建论坛（文史哲版），1992.04：31-35+22.

［19］潘立勇．朱子美学及其艺术哲学［J］．浙江大学学报（社会科学版），1992.01：105-113.

［20］潘立勇．朱子艺术哲学中的主体修养论［J］．浙江社会科学，1992.06：51-55.

［21］钱传簪．闲话朱熹［J］．戏曲艺术，1992.01：101-102.

［22］谯守信．简析朱熹的学习过程理论［J］．四川师范大学学报（社会科学版），1992.01：27-33+91.

［23］秋羊．世界朱子后裔祭扫朱熹陵墓［J］．国际人才交流，1992.07：47.

［24］束景南．新发现朱熹佚文辨伪［J］．古籍整理研究学刊，1992.06：14-18+30.

［25］束景南．朱熹作《不自弃文》考辨［J］．红楼梦学刊，1992.03：

345-346.

［26］宋维高．“半亩方塘”在浙江不在江西或福建［J］．东南文化，1992.01：53.

［27］宋维高．朱熹与淳安“三瑞堂”［J］．东南文化，1992.01：123.

［28］孙以楷．朱熹与《太极图说》［J］．孔子研究，1992.03：32-36+114.

［29］孙以楷．朱熹与道家［J］．文史哲，1992.01：30-35.

［30］汤勤福．朱熹与黑格尔历史哲学的比较研究（下）［J］．上饶师专学报，1992.01：27-32.

［31］汪高鑫．朱熹正统论述评［J］．安徽教育学院学报（社会科学版），1992.03：52-55.

［32］（香港）王煜．评李秀雄《朱熹与李退溪诗比较研究》［J］．汕头大学学报（人文科学版），1992.02：16-18+28.

［33］吴长庚．朱火金．铅山《石岩朱氏家谱》述略［J］．上饶师专学报，1992.04：25-29.

［34］徐刚．佛道与朱熹自然哲学［J］．上饶师专学报，1992.01：20-26.

［35］徐远和．《朱子言论同异考》探析［J］．中州学刊，1992.01：55-60.

［36］羊涤生．朱熹与科学［J］．孔子研究，1992.01：58-64.

［37］杨国荣．从朱熹到王阳明［J］．哲学与文化（台湾），1992.07：626-638.

［38］杨天宇．朱熹的《诗经》说与《毛诗序》［J］．河南大学学报（社会科学版），1992.02：31-37.

［39］姚振武．《朱子语类》语词札记［J］．古汉语研究，1992.02：28-32+34.

［40］于述胜．朱熹的自修原则新诠［J］．山东师大学报（社会科学版），1992.06：46-50.

［41］张国风．《家礼》新考［J］．北京图书馆馆刊，1992.01：68-71.

［42］张祝平．以《诗》为教——朱熹《诗》论纲目［J］．南通师专学报（社会科学版），1992.01：19-23+28.

［43］郑钢．论朱熹教育思想的内在矛盾［J］．江西教育科研，1992.01：59-62.

［44］郑锦扬．朱熹音乐思想论稿［J］．中国音乐学，1992.03：93-101.

［45］钟彩钧．国际朱子学会议论文摘要（上）［J］．中国文哲研究通讯（台湾），1992.03：8-33.

［46］钟彩钧．国际朱子学会议论文摘要（下）［J］．中国文哲研究通讯（台湾），1992.04：27-36.

［47］周兆茂．戴震与程朱理学——兼论戴震哲学思想的形成与发展［J］．哲学研究，1992.01：66-75.

［48］朱汉民．对终极存在的时空追溯——朱熹哲学本体论新探［J］．求索，1992.03：64-68.

［49］朱研文．广东朱熹学术思想研究会举行成立大会［J］．学术研究，1992.03：115.

1993 年

期刊论文

［1］鲍希福．张栻朱熹论心性［J］．中国哲学史，1993.02：58-65.

［2］曾春海．《朱子语类》导读［J］．哲学与文化（台湾），1993.05：517-519.

［3］曾春海．船山易学与朱熹易学观之比较研究［J］．哲学与文化（台湾），1993.09：870-882.

［4］曾贻芬．朱熹的注释和辨伪［J］．史学史研究，1993.04：62-68+70.

［5］常耕．朱子学研究进入国际显学新阶段［J］．上饶师专学报，1993.04：2.

［6］陈建才．对传统文化的理性反思——读《朱子大传——多维文化视野中的朱熹》［J］．教育评论，1993.01：77-78.

［7］陈来．朱子学与近代科学发展的相关性［J］．朱子学刊，1993.00：24-27.

［8］陈勇．“理一分殊”在朱熹伦理学体系建构中的核心作用［J］．

孔子研究，1993.01：82–88.

［9］村风．朱熹的“俭朴诗”［J］．乡镇论坛，1993.09：39.

［10］方钦荣．学校德育方法：朱熹的几点启示［J］．南方教育论丛，1993.03：28–29+27.

［11］方同义．陈亮义利观辨析——简论陈亮与朱熹道德价值观的分歧［J］．中国哲学史，1993.01：106–109.

［12］方同义．历史化的道德和道德化的历史——陈亮、朱熹历史哲学比较［J］．学术月刊，1993.05：77–81+67.

［13］高建立．李之鉴．试论程朱理学由伪学到正宗的转变［J］．信阳师范学院学报（哲学社会科学版），1993.04：48–52.

［14］高林广．俯仰人生笑空明——朱熹词管窥［J］．阴山学刊（社会科学版），1993.03：21–26.

［15］高寿仙．自主意识与社会责任——读《朱子学与阳明学》札记［J］．社会科学家，1993.04：93–96+72.

［16］郭齐．朱熹、道谦交往考［J］．中国哲学史，1993.02：107–109.

［17］洪波．朱熹佚文四篇散论——附朱熹佚文四篇标点注释稿［J］．朱子学刊，1993.00：142–158.

［18］黄保万．多维文化视野研究的新硕果——束景南《朱子大传》评介［J］．福建学刊，1993.05：78–80+45.

［19］黄保万．李光地与朱学——《尊朱要旨》评析［J］．朱子学刊，1993.00：96–111.

［20］姜广辉．朱熹心性哲学的范畴定位［J］．孔子研究，1993.04：75–83.

［21］赖贤宗．论刘蕺山“心之性情”反对朱子“心统性情”的理论根据（上）［J］．鹅湖月刊（台湾），1993.222：12–18.

［22］李经元．朱熹义利观评述［J］．晋阳学刊，1993.01：61–63.

［23］李明德．略论程朱理学中的人治思想［J］．齐鲁学刊，1993.02：81–85+102.

［24］李明德．略论朱熹的司法思想［J］．中外法学，1993.05：30–33.

［25］李明德．略论朱熹对“德主刑辅”理论的发展［J］．法学家，1993.02：39–43.

［26］李思明．《朱子语类》中单独作谓语的能可性“得”［J］．安庆师范学院学报（社会科学版），1993.02：8–13.

［27］李甦平．中朝朱子学比较——“理”之比较［J］．社会科学研究，1993.02：82–87.

［28］李志林．论朱熹「理一分殊」说的积极意义［J］．哲学与文化（台湾），1993.10：999–1007.

［29］林安梧．“以理杀人”与道德教化——环绕戴东原对于朱子哲学的批评而展开对于道德教育的一些理解与检讨［J］．鹅湖学志（台湾），1993.10：91–116.

［30］刘长辉．山鹿素行の朱子学批判［J］．淡江日本论丛（台湾），1993.04：120–144.

［31］蒙培元．心灵与境界——朱熹哲学再探讨［J］．中国社会科学院研究生院学报，1993.01：12–19.

［32］潘富恩．徐洪兴．板凳坐冷 文章做实——评束景南先生的“朱子学”研究［J］．哲学研究，1993.05：72–78.

［33］潘立勇．朱熹艺术哲学的特色及其影响［J］．文艺理论研究，1993.01：65–67.

［34］庆甫．朱熹经典解释方法论初探［J］．华中师范大学学报（哲学社会科学版），1993.02：119–124.

［35］任继愈．朱熹的宗教感情［J］．群言，1993.08：30.

［36］束景南．朱熹《家礼》真伪辨［J］．朱子学刊，1993.00：112–120.

［37］童斌．朱子学研究会在江苏大丰成立［J］．盐城师专学报（哲学社会科学版），1993.04：124.

［38］汪大白．戴震《屈原赋注》对朱熹《楚辞集注》的借鉴与超越——兼评余嘉锡的“攘取”说［J］．阜阳师范学院学报（社会科学版），1993.03：68–75.

［39］汪高鑫．李俊英．朱熹史学思想浅探［J］．安庆师范学院学报（社会科学版），1993.02：69–74.

[40] 汪高鑫. 朱熹历史发展学说探析 [J]. 安徽教育学院学报（哲学社会科学版），1993.04：10-12.

[41] 王煜. 评李秀雄《朱熹与李退溪诗比较研究》[J]. 朱子学刊，1993.00：203-209.

[42] 吴长庚. 朱子先人世系略考 [J]. 朱子学刊，1993.00：121-141.

[43] 徐刚.《黄帝内经》与朱熹自然哲学 [J]. 自然辩证法研究，1993.07：57-62.

[44] 徐刚. 试论沈括与朱熹的自然观和方法论 [J]. 朱子学刊，1993.00：79-95.

[45] 杨青. 杨树. 朱熹诗词略论 [J]. 福建论坛（文史哲版），1993.04：40-42+7.

[46] 杨志刚.《司马氏书仪》和《朱子家礼》研究 [J]. 浙江学刊，1993.01：108-113.

[47]（日）源了圆著. 李甦平译. 新井白石与朱子学 [J]. 孔子研究，1993.03：103-110+84.

[48]（美）约翰·W. 查非著. 邓洪波译. 朱熹与白鹿洞书院的复兴（1179—1181）[J]. 湘潭大学学报（社会科学版），1993.02：73-80.

[49] 张静二. 朱熹的理气论与诗文观 [J]. 中外文学（台湾），1993.04：88-121.

[50] 张全明. 论朱熹对王安石及其变法的评价 [J]. 晋阳学刊，1993.03：75-78.

[51] 张祝平.《诗集传》体例特征 [J]. 古籍整理研究学刊，1993.01：31-36.

[52] 钟陵. 陈亮朱熹的王霸义利论辩与南宋儒学派之争 [J]. 南京师大学报（社会科学版），1993.01：85-88.

[53] 钟彩钧.《国际朱子学会议论文集·导言》[J]. 中国文哲研究通讯（台湾），1993.03：93-97.

[54] 钟彩钧.The Development of the Concepts of Heaven and of Man in the Philosophy of Chu Hsi [J]. 中国文哲研究通讯（台湾），1993.02：93-98.

1994 年

期刊论文

［1］千炳敦．朱子对《易传》“本体”的理解［J］．鹅湖月刊（台湾），1994.04：13–20.

［2］．朱熹并不一概反对写诗，反对文学［J］．文艺理论研究，1994.02：53.

［3］陈进坤．朱熹《大学》《中庸》注对中华文化的理论贡献［J］．厦门大学学报（哲学社会科学版），1994.02：12–17.

［4］陈宪猷．从“易”理看王夫之对朱熹的吸收和继承［J］．船山学刊，1994.01：87–98.

［5］陈增辉．朱熹民本思想简论［J］．朱子学刊，1994.00：17–30.

［6］崔永东．朱熹的道德教育思想评析［J］．辽宁教育学院学报，1994.04：22–25.

［7］邓广铭．我对束著《朱子大传》的评价［J］．书城，1994.05：10.

［8］邓新庆．朱熹佛学思想简论［J］．重庆师院学报（哲学社会科学版），1994.02：88–93.

［9］董路谊．时善刚．试论朱熹大书《千字文》的书法艺术［J］．徐州师范学院学报，1994.01：142–146.

［10］方彦寿．张品端．纪念武夷精舍创建 810 周年暨朱子学术思想研讨会综述［J］．教育评论，1994.01：73–75.

［11］高纪春．论朱熹对王安石的批判［J］．晋阳学刊，1994.05：71–77.

［12］龚剑锋．朱熹、吕祖谦、陈亮诗词文拾遗［J］．文献，1994.01：3–9.

［13］龚振黔．朱熹“气”的学说初探［J］．贵州社会科学，1994.02：43–47.

［14］郭齊．朱熹佚文疑伪考［J］．宋代文化研究，1994.00：340–358.

［15］憨斋．朱熹语文教育思想及教学实践初探［J］．广西教育学院学报（综合版），1994.04：1–6.

［16］何洪峰．释《朱子语类》中的“撮”“绰”——与袁庆述先生商榷［J］．武当学刊，1994.01：48–51.

［17］胡荣彬．黄远生家谱中发现朱熹佚文［J］．中国档案，1994.01：45–46.

［18］胡浙平．试论陈亮寿朱熹词［J］．浙江学刊，1994.01：87–89.

［19］黄甲渊．朱子“格物致知”工夫论的义理背景与其过程（上）［J］．鹅湖月刊（台湾），1994.225：9–15.

［20］黄甲渊．朱子“格物致知”工夫论的义理背景与其过程（下）［J］．鹅湖月刊（台湾），1994.226：48–54.

［21］黄坤．南宋理学宗师——朱熹［J］．中国典籍与文化，1994.01：13–18.

［22］姜广辉．朱熹［J］．朱子学刊，1994.00：229–246.

［23］金邦杰．朱熹返里事迹考［J］．朱子学刊，1994.00：114–126.

［24］金景芳．吕绍纲．论《中庸》——兼析朱熹“中庸”说之谬［J］．孔子研究，1994.02：38–47+86.

［25］金五德．朱熹诗论初探［J］．井冈山师范学院学报，1994.02：28–35.

［26］赖贤宗．对刘蕺山“心之性情”反对朱子“心统性情”的理论根据（下）［J］．鹅湖月刊（台湾），1994.223：34–39.

［27］乐文华．朱熹学术思想国际研讨会综述［J］．中国史研究动态，1994.10：20–22.

［28］李邦国．朱熹《白鹿洞书院揭示》的教育实践和哲学基础［J］．湖北师范学院学报（哲学社会科学版），1994.01：76–82+96.

［29］李思明．《朱子语类》的处置式［J］．安庆师范学院学报（社会科学版），1994.01：10–15+72.

［30］李太平．朱熹关于品德心理结构的思想［J］．湖北大学学报（哲学社会科学版），1994.01：64–68.

［31］李晓．试论程朱理学的人格思想及其时代性［J］．青海师范大学学报（社会科学版），1994.03：26–31.

［32］林金水．明清之际朱熹理学在西方的传播与影响［J］．朱子学刊，1994.00：267–288.

［33］林庆云．朱熹的俭朴诗［J］．经营与管理，1994.04：45.

［34］饶祖天．朱熹论情［J］．朱子学刊，1994.00：63–74.

［35］束景南．朱熹佚文补辑［J］．朱子学刊，1994.00：127–138.

［36］汤勤福．日本朱子学的起源问题［J］．南开学报，1994.04：64–69.

［37］汪高鑫．朱熹的史论和史学评论［J］．安徽史学，1994.04：6–8+34.

［38］王伟民．陈文蔚、徐元杰和会朱陆的倾向［J］．江西社会科学，1994.10：73–76.

［39］吴诚萍．朱熹读书法与现代学习学的内在关系［J］．教育评论，1994.02：55–56.

［40］吴怀祺．朱熹研究的一家言——读《白寿彝史学论集·朱熹撰述丛考》［J］．史学史研究，1994.03：49–55.

［41］吴疆．试论孔子哲学中“性”字的涵义——兼评朱熹与牟宗三对此字之歧解［J］．河南师范大学学报（哲学社会科学版），1994.05：7–10.

［42］吴疆．试论孔子哲学中“性”字的涵义——兼评朱熹与牟宗三对此字之歧解［J］．山东师大学报（社会科学版），1994.04：8–11.

［43］吴长庚．婺源朱氏家谱提要［J］．上饶师专学报，1994.03：48–53.

［44］吴长庚．朱熹的文学生涯［J］．朱子学刊，1994.00：45–62.

［45］徐刚．朱熹与陆游的比较研究［J］．朱子学刊，1994.00：31–44.

［46］徐公喜．朱熹犯罪预防思想略述［J］．朱子学刊，1994.00：75–92.

［47］徐公喜．朱熹关于犯罪原因的论述［J］．上饶师专学报，1994.03：54–57.

［48］徐远申．试论朱熹“格物致知”学说中的合理因素［J］．理论探讨，1994.03：87–88.

［49］杨艾湘．朱子学研究的新突破——《朱子大传》评介［J］．苏州大学学报（哲学社会科学版），1994.03：136–138.

［50］杨志刚．《朱子家礼》：民间通用礼［J］．传统文化与现代化，1994.04：40–46.

［51］杨志刚．论《朱子家礼》及其影响［J］．朱子学刊，1994.00：1–16.

［52］叶建华．论朱熹对孔子《春秋》的认识和评价［J］．孔子研究，1994.04：94–101.

［53］俞兆鹏．略论朱熹与“庆元党禁”［J］．南昌大学学报（社会科学版），1994.04：85–90+117.

［54］虞文华．陆九渊的做人之学及其对朱熹之学的批判［J］．中国哲学史，1994.04：107–110.

［55］张伏龙．周忠生．朱熹对周敦颐教育思想的继承和发展［J］．九江师专学报（哲学社会科学版），1994.01：68–70.

［56］张俊相．朱陆《太极图说》之辩的文化误区［J］．齐齐哈尔师范学院学报（哲学社会科学版），1994.03：13–15.

［57］张琅．爱林的南宋学者朱熹［J］．中国林业，1994.05：42.

［58］张立堂．朱熹的读书治学方法［J］．石油教育，1994.01：85–86.

［59］张立新．朱熹史学三题［J］．贵阳师专学报（社会科学版），1994.01：41–45.

［60］张元．评朱熹对历史人物的看法［J］．史学史研究，1994.01：43–52.

［61］郑家驹．朱熹的赋税思想及其评价［J］．福建税务，1994.06：51–54.

［62］郑秀清．武夷山水铸诗魂——试论朱熹的武夷山诗作［J］．福建金融管理干部学院学报，1994.03：68–71.

［63］周建峰．赵国权．试论朱熹的教学法思想［J］．中州大学学报（综合版），1994.03：26–29.

［64］周兆茂．论朱熹思想在徽州的流传和影响［J］．朱子学刊，1994.00：93–113.

［65］朱杰人．为朱熹辩［J］．学术月刊，1994.01：87–88.

［66］朱祥慧．浅议朱熹与朱子学［J］．临沂师专学报，1994.03：23–24+52.

［67］朱元．广西朱熹思想研究会成立大会综述 弘扬中华民族优秀传统文化 促进社会主义精神文明建设［J］．社科与经济信息，1994.07：

19-21.

［68］朱元．弘扬中华民族优秀传统文化 促进社会主义精神文明建设——广西朱熹思想研究会成立大会综述［J］．广西社会科学，1994.04：108-110.

1995年

期刊论文

［1］．纪念朱熹诞辰865周年国际学术讨论会在婺源——黄山隆重举行［J］．朱子学刊，1995.00：280.

［2］查清华．朱子诗观短说［J］．九江师专学报（哲学社会科学版），1995.01：55-56.

［3］常耕．永清．婺源朱子学国际学术会综述［J］．朱子学刊，1995.00：162-174.

［4］陈超．河图、洛书与朱熹哲学［J］．周易研究，1995.04：58-61.

［5］陈寒鸣．金华朱学：洪武儒学的主流［J］．朱子学刊，1995.00：356-366.

［6］崔永东．关于朱熹法律思想的几点探讨［J］．孔子研究，1995.04：76-82.

［7］刁晏斌．《朱子语类》中几种特殊的“被”字句［J］．古汉语研究，1995.03：26-28.

［8］丁钢．西方学者论朱熹及新儒家教育［J］．教育研究，1995.07：77-79.

［9］（美）J·A. 阿德勒著．方陆译．朱熹与《周易》之象数学［J］．天府新论，1995.05：51-54.

［10］方彦寿．朱熹刻书事迹考［J］．福建学刊，1995.01：75-79.

［11］高令印．朱熹、新儒学与东亚现代化模式［J］．福建论坛（文史哲版），1995.06：62-65.

［12］龚道运．朱熹论命［J］．朱子学刊，1995.00：22-30.

［13］龚道运．朱熹之乐学（提纲）［J］．朱子学刊，1995.00：101-104.

［14］巩志．朱熹以建茶论道［J］．福建茶叶，1995.03：40-42.

［15］郭齐.“拾遗”的朱熹诗文系伪作考［J］. 四川大学学报（哲学社会科学版），1995.03：57–58.

［16］郭齐. 弃儒崇释的真实写照——关于朱熹的两篇佚文［J］. 文献，1995.01：93–98.

［17］郭齐. 弃儒从释的真实写照——关于朱熹的两篇佚文［J］. 人文杂志，1995.02：29–31.

［18］郭齐. 弃儒从释的真实写照——关于朱熹的两篇佚文［J］. 中国哲学史，1995.06：43–45.

［19］郭齐. 朱熹二帖考［J］. 古籍整理研究学刊，1995.05：7–9.

［20］何明栋. 试论佛教对朱熹的影响［J］. 江西教育学院学报（社会科学），1995.05：43–46+42.

［21］何扬鸣. 朱熹与武夷精舍［J］. 风景名胜，1995.02：24.

［22］洪波. 新发现朱熹佚文辨正［J］. 朱子学刊，1995.00：144–161.

［23］胡迎建. 朱熹在南康军［J］. 朱子学刊，1995.00：105–114.

［24］黄保万. 朱熹闽学与二程洛学——从朱熹理学思想形成看洛学闽化的完成［J］. 朱子学刊，1995.00：62–75.

［25］黄征旺. 试论朱熹新儒学与现代新儒学［J］. 广西社会科学，1995.04：91–93.

［26］江初祥. 朱熹治学方法试解［J］. 龙岩师专学报，1995.04：101–103.

［27］江高鑫. 朱熹人性论浅探［J］. 学术界，1995.04：55–58.

［28］金春峰. 朱熹《仁说》剖析［J］. 求索，1995.04：76–82.

［29］景海峰. 朱子哲学体用观发微［J］. 深圳大学学报（人文社会科学版），1995.04：38–43.

［30］赖功欧. 朱熹哲学的自然主义思想基础［J］. 江西教育学院学报（社会科学），1995.05：26–30.

［31］乐文华. 从《诗集传》看朱熹的婚恋观念［J］. 江西教育学院学报（社会科学），1995.05：55–59.

［32］李邦国. 朱熹与白鹿洞书院在朝鲜日本的影响［J］. 湖北师范学院学报（哲学社会科学版），1995.01：98–101.

［33］李才栋．朱熹与中国书院［J］．江西教育学院学报（社会科学），1995.05：31–38.

［34］李经元．论朱熹的是非观［J］．朱子学刊，1995.00：1–21.

［35］（香港）李玉梅．从诠释学的理论重估朱熹的道德史观［J］．学术研究，1995.06：56–60.

［36］林金水．明清之际朱熹理学在西方的传播与影响（续）［J］．朱子学刊，1995.00：198–218.

［37］林丽真．如何看待易“象”——由虞翻、王弼与朱熹对易“象”的不同看法说起［J］．周易研究，1995.02：35–41.

［38］林校生．朱熹历史认识论二题［J］．宁德师专学报（哲学社会科学版），1995.01：23–27+14.

［39］刘海泉．朱熹哲学中的辩证思想［J］．黔东南民族师专学报（哲学社会科学版），1995.02：7–11.

［40］刘兴邦．论朱熹理欲观的价值义蕴［J］．船山学刊，1995.02：116–125.

［41］毛保华．一体二分——简析朱熹的理气观［J］．中山大学研究生学刊（社会科学版），1995.01：15–19.

［42］梅焕庭．论朱熹哲学体系诸范畴的理论价值［J］．学术研究，1995.05：58–62.

［43］明栋．朱熹的佛教因缘［J］．法音，1995.09：14–18.

［44］潘富恩．徐洪兴．求“道”的境界——评张立文先生的“朱子学”研究［J］．学术月刊，1995.07：33–38.

［45］潘立勇．从“感物道情”说看朱熹对艺术特征的认识［A］．古代文学理论研究丛刊（第十七辑），1995：138–147.

［46］潘立勇．朱子理学美学的社会文化个体人格和哲学体系背景［J］．中国文化研究，1995.03：116–124+4.

［47］（韩）朴永焕．朱熹的文学观和他注释《楚辞》的态度［J］．天府新论，1995.04：69–73.

［48］饶祖天．朱熹的人性生成论［J］．上饶师专学报，1995.04：26–30.

［49］饶祖天．朱熹的人性生成论［J］．朱子学刊，1995.00：76–86.

[50] 沈洁 . 白居易、苏东坡、朱熹的养生方法(一)[J]. 医古文知识，1995.03：20–21.

[51] 施炎平 . 朱熹对《周易》理性精神的阐发与创化[J]. 学术月刊，1995.07：39–42.

[52] 石云孙 . 朱熹集注释例[J]. 安庆师院社会科学学报，1995.01：2–9.

[53] 束景南 . 黄玉石写《朱熹传》[J]. 书城，1995.06：4–5.

[54] 束景南 . 朱熹佚文补辑(续)[J]. 朱子学刊，1995.00：130–143.

[55](台湾)唐亦男 . 从牟宗三的朱子研究看朱子思想的现代性[J]. 福建论坛(文史哲版)，1995.06：55–61.

[56] 田炳述 . 程伊川“格物致知”说与朱子“知先行后”说[J]. 鹅湖月刊(台湾)，1995.242：39–45.

[57] 屠承先 . 论朱熹哲学在王夫之哲学形成过程中的历史作用[J]. 甘肃社会科学，1995.01：17–20+50.

[58] 屠承先 . 论朱熹哲学在王夫之哲学形成过程中的历史作用[J]. 中国哲学史，1995.04：71–75.

[59] 汪高鑫 . 陈家骥 . 朱熹的人生境界观和价值论[J]. 中国史研究，1995.02：111–115.

[60] 汪高鑫 . 朱熹政治思想初探[J]. 安徽史学，1995.02：16–20.

[61] 王达钦 . 朱熹与独峰书院[J]. 风景名胜，1995.05：27.

[62] 王炯尧 . 陈文蔚对朱熹教育思想的继承和发展[J]. 江西教育学院学报(社会科学)，1995.05：52–54.

[63] 王威宣 . 论朱熹的法律思想[J]. 山西大学师范学院学报(综合版)，1995.01：43–45.

[64] 王祥堆 . 读朱熹《劝农文》[J]. 农业考古，1995.01：109–110.

[65] 吴小如 . 说陆游《祭朱元晦侍讲文》[J]. 名作欣赏，1995.01：14–15.

[66] 吴长庚 . 婺源阙里情[J]. 朱子学刊，1995.00：21.

[67] 吴长庚 . 朱熹文学研究之三大著述[J]. 上饶师专学报，1995.02：33–37.

[68] 徐安民 . 陈世富 . 朱熹读书法与现代教育心理探讨[J]. 重庆

师专学报（社会科学版），1995.03：45–48.

［69］徐刚．试论张载自然哲学对朱熹的影响［J］．华东师范大学学报（哲学社会科学版），1995.04：59–64.

［70］徐公喜．朱熹证据排伪法则思想［J］．朱子学刊，1995.00：87–100.

［71］徐文．朱熹与怀玉书院［J］．风景名胜，1995.06：41.

［72］杨艾湘．朱子学研究的新突破——《朱子大传》评介［J］．朱子学刊，1995.00：384–391.

［73］杨向奎．程朱哲学思想之异同［J］．中国哲学史，1995.06：46–50.

［74］（台湾）杨祖汉．李栗谷对朱子哲学的诠释（1）［J］．延边大学学报（哲学社会科学版），1995.01：67–71.

［75］（台湾）杨祖汉．李栗谷对朱子哲学的诠释（2）［J］．延边大学学报（哲学社会科学版），1995.02：56–60.

［76］叶建华．朱熹评王安石——兼论朱熹对历史人物的评价［J］．朱子学刊，1995.00：115–129.

［77］俞斌．瓯石．略论朱熹的教育思想［J］．复旦学报（社会科学版），1995.06：22–26.

［78］俞兆鹏．朱熹的反腐倡廉思想——兼论南宋中期的社会矛盾［J］．江西社会科学，1995.06：68–71.

［79］虞文霞．朱熹教育改革思想初探［J］．江西教育学院学报（社会科学），1995.05：39–42.

［80］岳天雷．朱熹“权”说探略［J］．朱子学刊，1995.00：47–61.

［81］张立文．《朱熹文学思想论》序［J］．上饶师专学报，1995.02：38–41.

［82］张品端．浅谈考亭学派对福建文化的影响［J］．宁德师专学报（哲学社会科学版），1995.02：17–19+22.

［83］张品端．朱子社仓法的社会保障功能［J］．福建论坛（文史哲版），1995.06：69–71.

［84］张启成．论朱熹《诗集传》［J］．贵州文史丛刊，1995.03：31–36.

［85］张毅．苏轼朱熹文化人格之比较［J］．文学遗产，1995.04：55–62.

［86］张应凯．由孔子和朱熹论儒家的人格价值观［J］．湖北教育学院学报（哲学社会科学版），1995.03：58–61.

［87］钟彩钧．西方朱子学论著二种述评［J］．朱子学刊，1995.00：219–251.

［88］朱瑞熙．论朱熹的公私观［J］．上海师范大学学报（哲学社会科学版），1995.04：94–97.

［89］朱义禄．朱熹思想三题［J］．朱子学刊，1995.00：31–46.

［90］朱元．广西“朱熹思想当今价值”学术研讨会综述［J］．社科与经济信息，1995.10：26–28.

［91］朱元．朱熹思想与经济新伦理［J］．广西社会科学，1995.04：65–67+79.

1996 年

期刊论文

［1］．朱熹和陆九渊的异同［J］．文史知识，1996.08：107.

［2］．朱熹教育子女依法纳税［J］．涉外税务，1996.12：36.

［3］．朱子读书法［J］．有色金属高教研究，1996.02：9.

［4］蔡方鹿．朱熹对道教的借鉴与吸取［J］．宗教学研究，1996.03：18–23.

［5］蔡方鹿．朱熹对中国传统文化的创新［J］．中华文化论坛，1996.03：73–77.

［6］蔡方鹿．朱熹经学之特征及其对中国经学、教育的影响［J］．湖南大学学报（社会科学版），1996.04：42–48.

［7］蔡方鹿．朱熹之礼学［J］．朱子学刊，1996.00：72–80.

［8］曾其海．朱熹理学与天台佛学的关系［J］．台州师专学报，1996.01：65–69.

［9］常耕．永清．婺源朱子学国际学术会综述［J］．上饶师专学报，1996.01：34–40.

［10］陈绂．《论语》郑注与朱注的比较研究［J］．古汉语研究，

1996.01：35–39.

［11］陈国平. 关于朱熹反《毛诗序》问题的探讨［J］. 常州技术师范学院学报，1996.01：54–59.

［12］陈国平. 朱熹辞官原因考［J］. 朱子学刊，1996.00：200–211.

［13］陈华. 朱熹《观书有感》诗读书思维模式的启迪［J］. 盐城师专学报（哲学社会科学版），1996.04：36–39.

［14］陈增辉. 朱熹的教育哲学［J］. 朱子学刊，1996.00：118–145.

［15］程利田. 朱熹理学对欧洲启蒙思想家的影响——兼论中国文明对西方文明的作用［J］. 学术论坛，1996.02：38–43.

［16］冯会明. 朱熹廉政思想的理论与实践［J］. 朱子学刊，1996.00：81–89.

［17］高令印. 朱熹、新儒学与现代化［J］. 中华文化论坛，1996.03：78–82.

［18］苟志效. 试论朱熹的解释理论及其思维教训［J］. 福建论坛（文史哲版），1996.04：23–27.

［19］郭齊. 尹波.《朱熹集》点校前言［J］. 宋代文化研究，1996.00：218–225.

［20］何洪峰. 释《朱子语类》中的“撮”“绰”——兼与袁庆述先生商榷［J］. 语文研究，1996.03：37–40.

［21］何隽. 叶适与朱熹道统观异同论［J］. 学术月刊，1996.08：25–28.

［22］何隽. 叶适与朱熹道统观异同论［J］. 鹅湖月刊（台湾），1996.251：24–29.

［23］何忠礼.《现存宋人别集版本目录》朱熹部分补正［J］. 古籍整理研究学刊，1996.01：36–37.

［24］何忠礼.《现存宋人别集版本目录》朱熹部分补正［J］. 文献，1996.03：238–240.

［25］冷成金. 苏轼、朱熹文艺观之比较［J］. 中国人民大学学报，1996.03：84–90+127.

［26］李丕洋. 静坐持敬——朱熹理学思想中之气功精蕴［J］. 中国气功科学，1996.07：36–37.

［27］李胜兰．余健波．朱熹自然学研究百年回顾［J］．文史知识，1996.07：114–119.

［28］李思明．《朱子语类》的让步复句［J］．安庆师院社会科学学报，1996.01：48–54.

［29］李文．论朱熹的人性学说［J］．重庆师院学报（哲学社会科学版），1996.03：13–19.

［30］李之鉴．评朱熹“见得理明不须更卜”的《易》学思想［J］．朱子学刊，1996.00：53–71.

［31］（台湾）林庆彰．姚际恒对朱子《诗集传》的批评［J］．河北师院学报（社会科学版），1996.02：81–85.

［32］（台湾）林庆彰．姚际恒对朱子《诗集传》的批评［J］．中国文哲研究集刊（台湾），1996.03：1–23.

［33］林振礼．朱熹泉州事迹考［J］．鹅湖月刊（台湾），1996.257：15–21.

［34］刘志刚．从《四书章句集注》看朱熹的训诂学与义理学（上）［J］．广东教育学院学报，1996.01：5–11.

［35］柳仁熙．孟子与新儒学——从朱子看孟子［J］．管子学刊，1996.02：24–25.

［36］平原．海南省朱熹研究会成立大会暨首届朱子学术思想报告会在海南大学举行［J］．海南大学学报（社会科学版），1996.04：8.

［37］钱念文．朱熹、王阳明的道德修养［J］．宁波师院学报（社会科学版），1996.04：7–13+33.

［38］石云孙．朱熹集注笺识［J］．徽州师专学报（哲学社会科学版），1996.04：1–7.

［39］束景南．朱熹佚文补辑（续）［J］．朱子学刊，1996.00：219–231.

［40］束景南．李军．活水源头辨文心——评吴长庚先生的《朱熹文学思想论》［J］．朱子学刊，1996.00：362–370.

［41］粟品孝．朱熹评议苏氏蜀学——立足于《朱子语类》的考察［J］．宋代文化研究，1996.00：131–144.

［42］孙以楷．陆建华．孔孟与朱熹仁学阐释——兼论仁的历程［J］．

朱子学刊，1996.00：20–36.

［43］谭承耕．是“存天理，灭人欲”命题新评——朱熹理欲观之现实价值［J］．船山学刊，1996.01：40–50.

［44］汪邦珠．朱熹在湖湘［J］．朱子学刊，1996.00：192–199.

［45］王德中．朱熹的教授法二则［J］．朱子学刊，1996.00：146–158.

［46］王飞龙．儒学和朱、戴的“理欲之辨”［J］．淮阴师专学报，1996.02：17–19.

［47］王晓平．朱熹劝善惩恶《诗经》说在日本的际遇［J］．天津师大学报（社会科学版），1996.04：69–74.

［48］王耀华．朱熹理学思想与福建音乐文化［J］．音乐研究，1996.04：57–65.

［49］谢水华．朱熹与南宋书院［J］．上饶师专学报，1996.05：83–86.

［50］徐刚．论莱布尼茨对朱熹自然哲学的评判［J］．朱子学刊，1996.00：37–52.

［51］徐刚．朱熹经济管理思想简论——朱熹管理思想研究之一［J］．管理与效益，1996.02：11–12+10.

［52］徐启斌．论朱熹自然宇宙观与社会历史观的分际［J］．朱子学刊，1996.00：103–117.

［53］徐远和．朱熹的社会发展观［J］．孔子研究，1996.01：45–52.

［54］许怀林．江西——朱熹故里、朱学园地［J］．朱子学刊，1996.00：166–174.

［55］许柯．邵雍与朱熹自然哲学［J］．朱子学刊，1996.00：90–102.

［56］严正．论朱熹的“格物”与“居敬”兼重的修养理论［J］．朱子学刊，1996.00：1–19.

［57］杨达荣．朱熹的天理人欲辨析［J］．甘肃社会科学，1996.03：9–12.

［58］杨志刚．《朱子家礼》在韩国的流传与影响［J］．朱子学刊，1996.00：232–246.

［59］杨祖汉．退溪与朱子持敬工夫论之涵义［J］．鹅湖月刊（台湾），1996.250：22–28.

[60] 伊启皓．郑万平．碧水丹山缅先贤——纪念朱熹诞辰八百六十五周年学术研讨[J]．台声，1996.01：30.

[61] 殷光熹．宋代疑古惑经思潮与《诗经》研究——兼论朱熹对《诗经》学的贡献[J]．思想战线，1996.05：41–45.

[62] 袁信爱．朱熹理气论中的人学思想[J]．哲学与文化（台湾），1996.05：1601–1612.

[63] 翟屯建．新安朱氏与朱熹[J]．安徽史学，1996.04：22–23.

[64] 张立文．论朱熹与王守仁思维理路之同[J]．中华文化论坛，1996.03：71–72.

[65] 张品端．朱熹在"庆元党禁"期间行迹考述[J]．朱子学刊，1996.00：180–191.

[66] 张旭曙．朱熹论画[J]．朱子学刊，1996.00：159–165.

[67] 张祝平．明代艳情小说的发展与朱熹的"淫诗说"[J]．书目季刊（台湾），1996.02：55–70.

[68] 赵华富．朱熹先世歙县故里考[J]．学术研究，1996.04：55–56.

[69] 赵华富．朱熹先世歙县故里考[J]．朱子学刊，1996.00：175–179.

[70] 郑克辛．朱熹与书院教育[J]．教师博览，1996.05：18.

[71] 周海平．理学先生的酒豪形象——朱熹《醉下祝融峰》解读[J]．名作欣赏，1996.04：42–46.

[72] 周梦江．叶适与朱熹[J]．书目季刊（台湾），1996.04：28–37.

[73] 朱伯骞．莫向人前浪分雪 世间真伪有谁知——纪念"亚圣"朱熹诞辰865周年[J]．重庆师专学报（社会科学版），1996.01：62–65.

[74] 朱绍煜．论朱熹饮食诗独特的审美视角[J]．食品与生活，1996.06：50–51.

1997年

期刊论文

[1]．中国传统文化的珍贵遗产朱熹思想的资料宝库《朱熹集》[J]．博览群书，1997.02：1.

［2］蔡方鹿．朱熹经学之特征［J］．中国哲学史，1997.02：65–74.

［3］蔡方鹿．朱熹尚书学析论［J］．孔子研究，1997.04：63–72.

［4］蔡方鹿．朱熹以图解《易》的思想［J］．重庆师院学报（哲学社会科学版），1997.02：59–64.

［5］陈声柏．阳明学与朱子学关系新探［J］．兰州学刊，1997.04：58–60.

［6］陈增辉．朱熹的教育哲学［J］．徽州师专学报（哲学社会科学版），1997.03：1–6.

［7］程利田．朱熹理学对德国哲学的影响——兼论中国文明对西方文明的作用［J］．南平师专学报（社会科学版），1997.03：36–43+69.

［8］范立舟．从“理欲之辨”看朱熹对历史动因的解释［J］．中州学刊，1997. 05：133–137.

［9］冯会明．朱熹廉政思想的理论与实践［J］．上饶师专学报，1997.1：28–32.

［10］耿彦君．冯友兰与朱熹“理在气先”说之比较［J］．锦州师范学院学报（哲学社会科学版），1997.02：43–46.

［11］龚振黔．谈朱熹认识论的合理因素［J］．贵州师范大学学报（社会科学版），1997.03：34–36.

［12］郭齐．朱熹入徽考［J］．安徽史学，1997. 02：22–26.

［13］郭齐．朱熹入徽考［J］．徽州师专学报（哲学社会科学版），1997. 02：46–49+45.

［14］郭齐．朱熹诗作六篇辨伪［J］．中国文学研究，1997.03：50–51.

［15］郭齐．尹波．宋刊闽浙二本《朱熹文集》关系考论［J］．四川大学学报（哲学社会科学版），1997.04：72–75.

［16］郭齐．尹波．台湾“故宫博物院”藏《晦阉先生文集》刊刻考［J］．古籍整理研究学刊，1997.06：38–44.

［17］何晓萍．浅谈朱熹的道德教育思想［J］．北方论丛，1997.01：96–98.

［18］华星白．朱熹的古籍注释［J］．解放军外语学院学报，1997.05：103–105.

［19］金春峰．朱熹思想之于湖湘学派［J］．求索，1997.03：76–83.

［20］金春峰．朱熹思想之与陆象山［J］．中州学刊，1997.01：75–79.

［21］康来云．朱熹道德价值观的现代意义［J］．开封大学学报，1997.01：111–113.

［22］赖江基．再论朱熹音韵系［J］．暨南学报（哲学社会科学），1997.01：112–122+150.

［23］乐爱国．高令印．朱熹格物致知论的科学精神及其历史作用［J］．厦门大学学报（哲学社会科学版），1997.01：54–58+64.

［24］李兰芝．朱熹的易学解释学［J］．周易研究，1997.02：54–61.

［25］李丽凉．《朱子文集》中的版本资料［J］．书目季刊（台湾），1997.02：49–64.

［26］李雄飞．清康熙刻本《四书集注》的版本确定［J］．古籍研究，1997.03：4.

［27］李作勋．儒佛交融与朱熹心性论的形成［J］．贵州社会科学，1997.02：27–32.

［28］连真然．中国传统文化的珍贵遗产 朱熹思想的资料宝库——四川教育出版社推出《朱熹集》［J］．出版参考，1997.09：6.

［29］凌佐义．朱熹研究的新创获——读《朱熹文学思想论》［J］．江西社会科学，1997.03：108–109.

［30］刘庆聚．乔德福侯殿收．朱熹教育思想与当代成人教育［J］．开封大学学报，1997.01：120–121.

［31］刘万伦．论朱熹儿童教育思想［J］．安徽教育学院学报（哲学社会科学版），1997.03：63–64+78.

［32］刘象彬．朱子学何以能对东亚文明有巨大的影响？［J］．开封大学学报，1997.01：22–25+21.

［33］刘彦生．梁晋华．从儒学伦理到儒学哲学——孔子儒学与朱熹儒学的比较［J］．思想战线，1997.04：42–47.

［34］路德斌．赵杰．论程、朱天理、人欲之辨的合理内核及其价值嬗变［J］．东岳论丛，1997.02：80–83.

［35］潘立勇．朱子理学美学的研究价值三论［J］．浙江社会科学，

1997.02：38-42.

［36］秦世军．谈朱熹重农经济思想［J］．大连大学学报，1997.05：25-27.

［37］任长龙．隗芾．从朱熹眼中的韩愈看儒学经典作家对前贤之继承［J］．周口师专学报，1997.S2：18-20+22.

［38］（新加坡）邵东方．论崔述与朱熹学术之关系［J］．中国哲学史，1997.03：111-120.

［39］束景南．李军．活水源头辨文心——评吴长庚先生的《朱熹文学思想论》［J］．上饶师专学报，1997.02：53-56.

［40］孙玉杰．从朱熹的理气说到何瑭的形神二元论［J］．开封大学学报，1997.01：66-68.

［41］汪高鑫．朱熹政治思想初探［J］．徽州师专学报（哲学社会科学版），1997.03：7-12.

［42］王成兴．朱熹的天文气象研究评析［J］．安徽大学学报（哲学社会科学版），1997.04：57-63.

［43］王立新．从《知言疑义》的产生看胡宏对朱熹的影响［J］．湘潭大学学报（哲学社会科学版），1997.06：21-26.

［44］王尚文．朱熹读书法的语文教育价值［J］．浙江师大学报（社会科学版），1997.06：99-103.

［45］王宪明．《红楼梦》中的朱子学［J］．昌潍师专学报（社会科学版），1997.06：57-59.

［46］文必方．论程朱“主敬”的工夫和境界［J］．嘉应大学学报（社会科学版），1997.04：7-10.

［47］吴亚文．谈朱熹的人格修养思想［J］．松辽学刊（社会科学版），1997.03：41-44.

［48］吴洲．朱熹理气共时性相即思路与其天理人欲观的内在矛盾［J］．福建论坛（文史哲版），1997.06：40-43.

［49］徐刚．关于朱熹自然哲学研究的思考［J］．上饶师专学报，1997.05：24-30.

［50］徐刚．邵雍自然哲学思想对朱熹的影响［J］．孔子研究，1997.03：69-76.

［51］徐刚．周敦颐自然哲学思想对朱熹的影响［J］．自然辩证法研究，1997.09：28–33+52.

［52］徐刚．朱熹行政管理思想简论［J］．管理与效益，1997.02：12–13.

［53］许龙．朱熹新儒家诗学思想的情性观［J］．嘉应大学学报（社会科学版），1997.05：49–54.

［54］严正．论朱熹“中和”学说的理论意义与现代价值［J］．中国哲学史，1997.01：44–50.

［55］尹元铉．朱子学中“天人”架构之意义与特色［J］．鹅湖学志（台湾），1997.18：111–166.

［56］余敦康．朱熹的易学思想［J］．中国哲学史，1997.04：39–47.

［57］杨慕震．参与创建朱子学的主将——理学家、乐律学家蔡元定［J］．黄钟（武汉音乐学院学报），1997.01：22–26.

［58］张品端．从社仓法看朱熹的社会保障思想［J］．徽州师专学报（哲学社会科学版），1997.03：13–16.

［59］张荣明．朱熹思想与佛教哲学［J］．华东理工大学学报（文科版），1997.03：38–45.

［60］张志和．御苑池中物　国宴席上珍——漫话朱熹故里荷包红鲤［J］．科学养鱼，1997.05：37.

［61］赵馥洁．朱熹“理”的价值内涵［J］．中国哲学史，1997.04：48–53.

［62］周梦江．叶适与朱熹［J］．杭州师范学院学报，1997.05：8–13.

［63］周兆茂．朱熹与戴震［J］．徽州师专学报（社会科学版），1997.02：38–45.

［64］朱克良．略论朱熹的哲学思想［J］．琼州大学学报（社会科学版），1997.01：82–88.

［65］朱绍煜．寄情图书馆——朱熹“教思堂”诗简说［J］．晋图学刊，1997.01：57–58.

［66］朱世良．朱光辉．朱熹新安先祖遗迹考略［J］．徽州师专学报（哲学社会科学版），1997.03：17–19.

［67］朱永龄．“鹅湖之会”结深情［J］．教师博览，1997.04：20.

1998 年

期刊论文

［1］昕 . 孔孟与朱熹仁学阐释——兼论仁的历程［J］. 安徽大学学报（哲学社会科学版），1998.01：43-49.

［2］蔡方鹿 . 程朱实学的时代精神、特点和历史地位［J］. 开封大学学报，1998.04：24-31.

［3］蔡方鹿 . 中韩程朱思想国际学术研讨会综述［J］. 中华文化论坛，1998.03：127-128.

［4］蔡方鹿 . 朱熹对佛教的借鉴与吸取［J］. 宗教哲学（台湾），1998.15：145-155.

［5］蔡一平 . 湖州紫阳朱氏后裔［J］. 湖州师专学报（哲学社会科学版），1998.02：74-81.

［6］陈国平 . 关于朱熹反《毛诗序》问题的探讨［J］. 朱子学刊，1998.00：215-227.

［7］陈启智 . 朱子、退溪与佛道思想［J］. 西南民族学院学报（哲学社会科学版），1998.03：65-71.

［8］陈声柏 . 朱熹、王阳明格物致知思想之比较——兼论阳明学与朱子学的关系［J］. 兰州大学学报（社会科学版），1998.01：84-90.

［9］陈增辉 . 朱熹教育哲学简论［J］. 上海大学学报（社会科学版），1998.01：83-88.

［10］陈长根 . 浅论朱熹的理欲观及其现实教育意义［J］. 南平师专学报（社会科学版），1998.03：36-40.

［11］程利田 . 朱熹理学对德国哲学的影响［J］. 福建学刊，1998.02：35-40.

［12］褚斌杰 . 常森 . 朱子《诗》学特征论略［J］. 河北师范大学学报（自然科学版），1998.02：54-60.

［13］范立舟 . 康德、朱熹历史发展观之比较［J］. 朱子学刊，1998.00：120-130.

［14］方利山 . 黄山市新安朱子研究会成立暨朱子学术讨论会综述［J］. 徽州师专学报，1998.01：81-82.

［15］甘民 . 朱熹教学组织形式对高校文科课堂教学改革的启示［J］. 益阳师专学报，1998.04：109–111.

［16］顾宏义 . 朱熹论《春秋》书法［J］. 朱子学刊，1998.00：131–139.

［17］郭齐 . 理学泰斗　画坛宗师——朱熹与祝次仲［J］. 中国典籍与文化，1998.03：87–88.

［18］郭齐 . 朱熹从道谦学禅补证［J］. 人文杂志，1998.02：17–19.

［19］郭学信 . 试论朱熹“心与理一”的人生境界观［J］. 石油大学学报（社会科学版），1998.01：42–44.

［20］胡益民 . 朱熹哲理诗赏析［J］. 名作欣赏，1998.04：22–25.

［21］乐爱国 . 高令印 . 朱熹的科技伦理思想［J］. 孔子研究，1998.03：89–92.

［22］李加林 . 朱晦翁与陆放翁的交情［J］. 科学与文化，1998.03：44.

［23］李锦全 . 从孔、孟到程、朱——兼论儒学发展历程中的双重价值效应［J］. 孔子研究，1998.02：24–31.

［24］李锦全 . 朱熹的“忠君”与“直谏”［J］. 朱子学刊，1998.00：85–86.

［25］李锦全 . 朱熹理学的历史命运与陈献章的思想关系［J］. 齐鲁学刊，1998.01：54–61.

［26］李禹阶 . 论朱熹的解经思想［J］. 重庆师院学报（哲学社会科学版），1998.02：3–9.

［27］林兆荣 . 高令印与朱子学研究［J］. 教育评论，1998.02：1–3.

［28］林振礼 . 朱熹泉州事迹续考［J］. 泉州师专学报（社会科学版），1998.04：54–57.

［29］刘述先 . 田浩《儒家论说与朱熹地位之提升》评介［J］. 中国文哲研究通讯（台湾），1998.03：117–119.

［30］鲁非 . 朱熹墨宝“鼎山堂”拍摄记［J］. 浙江档案，1998.01：41.

［31］闵正国 . 朱熹的咏茶诗［J］. 农业考古，1998.04：149–150.

［32］宁新昌 . 从“心性论”到“理本论”——朱熹哲学思想轨迹探

寻［J］. 佛山科学技术学院学报（社会科学版），1998.04：29-38.

［33］宁新昌. 朱熹人生境界理论述评［J］. 佛山科学技术学院学报（社会科学版），1998.01：51-61.

［34］彭林. 金沙溪《丧礼备要》与《朱子家礼》的朝鲜化［J］. 中国文化研究，1998.02：127-131.

［35］彭永捷. "理一分殊"新释——兼论朱子对"理"的本体地位的论证［J］. 中国人民大学学报，1998. 01：36-41.

［36］沙先一. 试论朱熹对杜甫夔州诗的评价［J］. 杜甫研究学刊，1998.03：38-41.

［37］商德江. 朱熹的阅读教育理论［J］. 首都师范大学学报（社会科学版），1998.02：102-109.

［38］束景南. 朱熹佚文补辑（续）［J］. 朱子学刊，1998.00：246-260.

［39］苏海鸥. 感知朱夫子［J］. 琼州大学学报（社会科学版），1998.01：56-61.

［40］孙慧玲. 朱熹的理想人格论［J］. 内蒙古社会科学，1998.05：15-19.

［41］孙慧玲. 朱熹的理想人格思想论［J］. 牡丹江师范学院学报（哲学社会科学版），1998.02：15-18.

［42］谭德姿. 朱熹论教学［J］. 山东师大学报（社会科学版），1998.02：68-72.

［43］汤恩佳. 朱熹思想与现代文明建设［J］. 朱子学刊，1998.00：28-32.

［44］汤勤福. 论朱熹的考据学［J］. 北方论丛，1998.06：95-99.

［45］汤勤福. 试论朱熹的历史人物评价法［J］. 上饶师专学报，1998.05：20-25.

［46］汤勤福. 试论朱熹的史学人才观——与刘知几、章学诚的比较研究［J］. 社会科学战线，1998.06：159-164.

［47］汤勤福. 试论朱熹实证主义的治史方法论［J］. 上海师范大学学报（社会科学版），1998.04：55-59.

［48］汤勤福. 郑朱史学思想的比较研究［J］. 朱子学刊，1998.00：

104–119.

［49］汤勤福．朱熹给赵师渊“八书”考辨［J］．史学史研究，1998.03：57–63+77.

［50］汤勤福．朱熹与《通鉴纲目》［J］．史学史研究，1998.02：45–50.

［51］汤勤福．朱熹治史价值论阐微［J］．江海学刊，1998.05：129–135.

［52］汪邦珠．千年学府宗朱熹［J］．朱子学刊，1998.00：241–245.

［53］汪邦珠．朱熹的治学比喻［J］．朱子学刊，1998.00：214.

［54］汪高鑫．朱熹和史学［J］．史学史研究，1998.03：43–50.

［55］王德中．在学术争议中接近朱熹［J］．徽州师专学报（哲学社会科学版），1998.01：79–80.

［56］王广新．朱熹之后第一人——论元朝著名教育家许衡［J］．西安教育学院学报，1998.03：45–48.

［57］王玉莲．鲍善冰．《朱子家训》与中国传统家庭伦理道德［J］．山西高等学校社会科学学报，1998.05：31–32.

［58］韦政通．“庆元学禁”中的朱熹［J］．朱子学刊，1998.00：157–190.

［59］魏晋．未觉诗情与道妨——朱熹《春日》解析［J］．名作欣赏，1998.03：59–60.

［60］吴腾霄．从蔡元定的黄钟律管看朱熹学派的物理实验思想（摘要）［J］．集美大学学报（自然科学版），1998.01：92.

［61］吴长庚．朱陆学术考辨五种［J］．抚州师专学报，1998.01：35–38.

［62］吴长庚．朱熹倡言絜矩之道的历史贡献［J］．朱子学刊，1998.00：87–103.

［63］徐德明．《四书章句集注》版本考略［J］．华东师范大学学报（哲学社会科学版），1998.04：71–77.

［64］徐刚．二程自然哲学思想对朱熹的影响［J］．朱子学刊，1998.00：191–214.

［65］徐刚．莱布尼茨与朱熹自然哲学［J］．自然辩证法通讯，

1998.05：23–28.

［66］徐刚．论朱熹对《黄帝内经》自然哲学方法的继承与发展［J］．上饶师专学报，1998.05：26–30.

［67］徐公喜．朱熹《舜典象刑说》的刑法思想［J］．上饶师专学报，1998.01：35–39.

［68］徐公喜．王卫红．朱熹土地所有权思想［J］．朱子学刊，1998.00：140–156.

［69］徐启斌．朱熹理学真是客观唯心主义吗？［J］．人文杂志，1998.03：28–33.

［70］徐仪明．朱子心性论对退溪四端七情说形成的影响［J］．河南师范大学学报（哲学社会科学版），1998.5：1–4.

［71］徐梓．朱学与元代书院［J］．文史知识，1998.09：73–78.

［72］杨晋龙．朱熹《诗序辨说》述义［J］．中国文哲研究集刊（台湾），1998.12：295–353.

［73］姚海燕．论朱熹《诗集传》之“淫诗说”［J］．上海师范大学学报（社会科学版），1998.01：62–65.

［74］张立文．论朱熹哲学的时代精神——《朱熹评传》前言［J］．文史哲，1998.04：50–53.

［75］张品端．朱熹教育思想中的积极因素［J］．南平师专学报，1998.03：31–35+48.

［76］张品端．朱熹在韩国的后裔［J］．当代韩国，1998.01：96–97.

［77］（韩）张闰洙．退溪的“敬”论与朱熹的主敬思想［J］．中国哲学史，1998.01：116–120.

［78］张旭曙．朱熹《诗经》解释方法新探［J］．江汉论坛，1998.01：56–59.

［79］张旭曙．朱熹的《诗经》解释方法初探［J］．朱子学刊，1998.00：228–240.

［80］张旭曙．朱熹的平淡美理想［J］．安徽师大学报（哲学社会科学版），1998.04：516–520.

［81］张志强．朱熹的理学思想及评介［J］．福州大学学报（社会科学版），1998.02：61–64.

［82］赵峰．论朱熹的格物致知之旨［J］．孔子研究，1998.04：74–82.

［83］赵乃章．论日本近世独立儒学朱子学之祖藤原惺窝的哲学思想［J］．辽宁大学学报（哲学社会科学版），1998.04：62–64.

［84］钟肇鹏．儒学的更新与朱熹在儒学发展中的贡献［J］．孔子研究，1998.02：32–37.

［85］衷尔钜．理学“衣钵海外传”的欧阳玄——一位久被忽略的朱子学高丽传宗师［J］．孔子研究，1998.04：83–90.

［86］朱火金．朱熹一生爱植树［J］．朱子学刊，1998.00：347–349.

［87］朱瑞熙．朱熹和陈亮“义利之辩”的启示［J］．上海师范大学学报（哲学社会科学版），1998.03：31–34.

［88］祝尚书．朱熹集无成化本辨［J］．文献，1998.04：274–277.

1999 年

期刊论文

［1］．朱熹行政管理思想简论［J］．管理科学文摘，1999.01：2.

［2］（日）佐藤仁著．冉毅译．朱熹和陆游［J］．中国文学研究，1999.02：80–85.

［3］蔡方鹿．二程、朱熹对中国儒学的发展［J］．中国文化研究，1999.02：24–30.

［4］岑贤安．朱熹人道哲学的心性论基础［J］．学术论坛，1999.06：36–39.

［5］曾春海．朱熹理学与佛学之交涉［J］．哲学与文化（台湾），1999.09：794–804.

［6］陈代湘．朱熹的政治思想与政治实践［J］．湘潭大学社会科学学报，1999.05：25–28.

［7］陈广忠．朱熹《诗集传》叶音考辨［J］．安徽大学学报（哲学社会科学版），1999.02：69–77.

［8］陈广忠．朱熹《诗集传》叶音考辨（续）［J］．安徽大学学报（哲学社会科学版），1999.03：26–35.

［9］陈寒鸣．《道一编》《朱子晚年定论》及其影响［J］．朱子学刊，

1999.00：99-117.

［10］陈升平．朱（熹）、张（栻）岳麓会讲及其对湖湘文化的影响［J］．朱子学刊，1999.00：374-387.

［11］陈遵沂．宋代理学文化入闽与朱熹闽学学说的命运［J］．朱子学刊，1999.00：360-373.

［12］程勇．朱熹审美思想抉微［J］．齐鲁学刊，1999.06：38-41.

［13］方如金．姜鹏．论“朱陈之辩”并非陈亮的“免死之计”——与汤勤富同志商榷［J］．浙江师大学报（社会科学版），1999.06：38-42.

［14］冯达文．简论朱熹之“小学”教育理念［J］．中国哲学史，1999.04：49-56.

［15］冯会明．刘佩芝．朱熹治国思想在清初的实践［J］．朱子学刊，1999.00：297-310.

［16］郭柏春．“朱熹判定”的启示［J］．道德与文明，1999.02：46.

［17］郭齐．论小学在朱熹思想体系中的地位［J］．四川大学学报（哲学社会科学版），1999.05：72-79.

［18］郭淑新．朱熹理学与徽商的商业理性［J］．朱子学刊，1999.00：335-349.

［19］郭学信．简评朱学的处世哲学［J］．济宁师范专科学校学报，1999.01：42-44.

［20］郭振香．日本朱子学与朱熹哲学修养方法之比较［J］．安徽大学学报（哲学社会科学版），1999.04：38-41.

［21］黄甲渊．从“心具理”观念看朱子道德哲学的特性［J］．鹅湖学志（台湾），1999.23：43-70.

［22］黄俊杰.The Philosophical Argumentation by Historical Narration in Sung China：The Case of Chu His［J］．台湾大学文史哲学报（台湾），1999.4：55-57+59.

［23］季娄．朱熹与八大书院［J］．河北企业，1999.01：45.

［24］姜国柱．朱熹对张载思想的发展［J］．朱子学刊，1999.00：222-237.

［25］姜新．试析朱熹的鬼神观［J］．南通师专学报（社会科学版），1999.01：23-25.

［26］解光宇．“和会朱、陆”历程及程敏政的“早异晚同”论［J］．朱子学刊，1999.00：118–136.

［27］金其桢．略论程朱教育思想对现代教育之借鉴［J］．南京师大学报（社会科学版），1999.05：58–63.

［28］乐爱国．李约瑟评朱熹的科学思想及其现代意义［J］．自然辩证法研究，1999.03：48–50+60.

［29］黎新第．从量变看朱熹反切中的全浊清化［J］．语言研究，1999.01：47–60.

［30］黎新第．从量变看朱熹反切中的浊上变去［J］．重庆师院学报（哲学社会科学版），1999.01：73–82.

［31］李珑．朱熹注评“二南”诗得失初探［J］．社科纵横，1999.05：38–40.

［32］李士金．朱熹关于修辞本质的论述［J］．修辞学习，1999.02：5–7.

［33］李士金．朱熹论修辞的本质［J］．修辞学习，1999.05：8–9.

［34］李之鉴．评朱熹“随时变易”的《易》学思想［J］．河南师范大学学报（哲学社会科学版），1999.02：22–26.

［35］梁宗华．朱熹与李退溪理气观异同及意义［J］．孔子研究，1999.04：73–80.

［36］林振礼．小山丛竹·温陵·堪舆——朱熹泉州事迹考评［J］．黎明职业大学学报，1999.03：19–23.

［37］莫砺锋．论朱熹对历代散文的批评［J］．漳州师院学报（哲学社会科学版），1999.01：1–9.

［38］裴传永．朱熹《论语集注》辨误［J］．文献，1999.03：213–221.

［39］彭永捷．朱子“宇宙生成论”之检讨——试论朱子的天地生成论［J］．孔子研究，1999.02：68–75.

［40］任冠文．读《朱熹的史学思想》［J］．朱子学刊，1999.00：450–452.

［41］石福祁．试论朱熹解决理气矛盾的方式［J］．社科纵横，1999.02：52–53.

［42］粟品孝．朱熹对范祖禹学术的吸取［J］．成都大学学报（社会

科学版），1999.04：39–42+59.

［43］汤勤福 . 朱熹“重理据实”的史著评价思想［J］. 浙江学刊，1999.01：105–108.

［44］汤勤福 . 朱熹的史料整理思想［J］. 上饶师专学报，1999.05：89–92.

［45］汤勤福 . 朱熹史学思想在宋代史学上的地位［J］. 学术月刊，1999.07：75–81.

［46］汤勤福 . 朱熹是个“空谈义理”的理学家吗？——试论朱熹经世致用思想［J］. 安徽史学，1999.02：8–10+7.

［47］汪大白 . 方利山 . 朱熹与徽商［J］. 朱子学刊，1999.00：311–321.

［48］汪红汛 . 每文 . 从《朱子家训》到《家庭美德歌》［J］. 黄山高等专科学校学报，1999.03：54–55.

［49］汪小洋 .《牧斋净稿》的道教内容及审美意义［J］. 朱子学刊，1999.00：440–449.

［50］王昌伟 . 陈乾初《大学办》对朱子的驳难［J］. 鹅湖月刊（台湾），1999.288：8–14.

［51］王利民 .《朱熹集 · 训蒙绝句》辨正［J］. 江海学刊，1999.06：20.

［52］王利民 .《朱熹集 · 训蒙绝句》辨正［J］. 南通师专学报（社会科学版），1999.01：26–35.

［53］王利民 . 陈子昂的玄感和朱熹的理兴——《感遇》与《寓斋感兴》对读［J］. 中国韵文学刊，.1999.01：1–8.

［54］王伟民 . 朱熹“外面入去”的儒学体系［J］. 朱子学刊，1999.00：34–53.

［55］温带维 . 论朱子宇宙论中恶之可能［J］. 哲学与文化（台湾），1999.07：665–672.

［56］吴冠宏 . 二愚之际 : 朱熹注《论语》“甯武子”章义涵再探［J］. 东华人文学报（台湾），1999.07：131–145.

［57］吴培德 .《朱子语类》论《诗经》［J］. 云南师范大学学报（哲学社会科学版），1999.02：63–68.

［58］吴亚文．论朱熹的“教”与“学”思想［J］．松辽学刊（社会科学版），1999.02：49–51.

［59］吴长庚．鹅湖之会与朱陆异同“早晚论”的历史演变［J］．朱子学刊，1999.00：78–98.

［60］新元．朱熹哲学性质的若干思考［J］．延边大学学报（社会科学版），1999.03：17–19.

［61］熊铁基．从“存天理，灭人欲”看朱熹的道家思想［J］．史学月刊，1999.05：40–44.

［62］徐刚．李约瑟对朱熹自然哲学的评判［J］．华东师范大学学报（哲学社会科学版），1999.03：52–56.

［63］徐刚．试论《孟子》对朱熹自然哲学的影响［J］．朱子学刊，1999.00：273–296.

［64］徐刚．朱熹环境伦理思想简论［J］．自然辩证法研究，1999.06：43–47.

［65］徐公喜．李绂与《朱子晚年全论》［J］．上饶师专学报，1999.05：93–96.

［66］严文儒．《通鉴纲目》宋元版本考［J］．华东师范大学学报（哲学社会科学版），1999.03：42–44.

［67］杨达荣．朱熹哲学本体论三家合流之印迹［J］．朱子学刊，1999.00：256–272.

［68］杨建犹．试析朱熹的师德观［J］．吉安师专学报（哲学社会科学版），1999.01：84–89.

［69］杨小明．朱熹理学本体论的科学内涵和意义发微［J］．华侨大学学报（哲学社会科学版），1999.04：109–113.

［70］杨小明．朱熹认识论的科学内涵和意义［J］．山西高等学校社会科学学报，1999.05：32–33+102.

［71］杨玉华．从朱熹论“兴”看其文学观念［J］．钦州师范高等专科学校学报，1999.02：31–35.

［72］姚徽．论朱熹《论语集注》的特点及贡献［J］．安徽教育学院学报（哲学社会科学版），1999.04：60–62+92.

［73］叶海烟．儒佛之间—对曾春海教授《朱熹理学与佛学之交涉》

一文的回应［J］. 哲学与文化（台湾），1999.09：889-891.

［74］张金岭 . 一部锐意创新的学术思想史佳作——评粟品孝博士《朱熹与宋代蜀学》［J］. 中华文化论坛，1999.02：121-122.

［75］张立文 . 论“大礼议”与朱熹王阳明思想的冲突［J］. 南昌大学学报（人文社会科学版），1999.02：65-69.

［76］张良才 . 和会朱陆：元代理学教育哲学的特点［J］. 齐鲁学刊，1999.05：45-51.

［77］张如珍 . 白鹿洞书院学规发微［J］. 西北师大学报（社会科学版），1999.04：69-72.

［78］张艳清 . 朱熹之学与老庄［J］. 中国哲学史，1999.02：50-54+109.

［79］张跃 . 试论朱熹的义利思想［J］. 历史教学，1999.09：48-51.

［80］郑晓江 . 成“圣”成“贤”之路——朱熹其人其学［J］. 中国典籍与文化，1999.02：34-36.

［81］周茶仙 . 朱熹军事思想述论［J］. 朱子学刊，1999.00：322-334.

［82］周霜梅 . 朱熹法律思想论析［J］. 江汉论坛，1999.08：35-37+42.

［83］朱汉民 . 朱熹的“四书”学［J］. 朱子学刊，1999.00：238-255.

［84］朱汉民 . 朱熹与他的文化理念世界［J］. 华夏文化，1999.03：12-14.

［85］朱火金 . 朱熹与我国古代书院的发展［J］. 朱子学刊，1999.00：350-359.

［86］朱其祥 . 籍灿 . 李兴富 . 朱熹与休宁［J］. 黄山高等专科学校学报，1999.04：21-24.

［87］朱荣元 . 研究朱熹历史遗产　振兴闽北文化经济［J］. 南平师专学报，1999.01：27-29+49.

2000 年

期刊论文

［1］（日）田久孝翁 . 朱子学与昌平黉办学精神［J］. 朱子学刊，2000.00：329-338.

［2］陈代湘．牟宗三与钱穆朱子学研究主要差异述评［J］．朱子学刊，2000.00：368–379.

［3］蔡仁厚．朱陆异同与象山实学［J］．朱子学刊，2000.00：27–42.

［4］曹虹．略论中国赋的感春传统及其在朝鲜的流衍——以朱子《感春赋》与宋尤庵《次感春赋》为中心［J］．南京大学学报（哲学·人文科学·社会科学版），2000.01：105–111.

［5］曾春海．从“理一分殊”观朱熹易学与环保哲学［J］．哲学与文化（台湾），2000.09：818–827.

［6］陈凤．简论朱熹的道德教育思想及其现代意义［J］．喀什师范学院学报（社会科学版），2000.04：88–91.

［7］陈鸿儒．《诗集传》叶音与朱熹古韵［J］．古汉语研究，2000.01：23–30.

［8］陈赟．论朱熹关于中庸的语义辩证［J］．中州学刊，2000.05：85–88.

［9］陈赟．论道学对新儒学心性形上学的影响——以朱熹哲学为中心［J］．宗教哲学（台湾），2000.22：144–160.

［10］程利田．论朱熹的社会改革思想——纪念朱熹逝世800周年［J］．南平师专学报，2000.03：1–13.

［11］程勇．宋红霞．刘月．朱熹论山水田园之乐及其审美思想［J］．青海师范大学学报（哲学社会科学版），2000.03：70–74.

［12］邓新华．朱熹以“涵泳”为中心的文学解读理论［J］．名作欣赏，2000.04：3–10.

［13］董金裕．“心”在朱子思想中的关键地位［J］．朱子学刊，2000.00：155–165.

［14］段景莲．王丽霞．从《大学章句》和《大学问》看朱熹与王阳明在认识论中的异同［J］．河北职工大学学报，2000.02：1–4.

［15］方爱龙．朱熹墨迹三种考辨［J］．杭州师范学院学报，2000.04：56–60.

［16］方既明．司马光、苏东坡、朱熹与池州［J］．池州师专学报，2000.01：65–68.

［17］方利山．朱熹与戴震——纪念朱熹诞辰870周年逝世800周年

［J］. 黄山高等专科学校学报，2000.03：12–17.

［18］方利山 . 汪大白 . 朱熹与徽商［J］. 黄山高等专科学校学报，2000.01：15–18.

［19］方彦寿 . 朱熹学派刻书与版权观念的形成［J］. 文献，2000.01：88–94.

［20］冯会明 . 陈建的《学蔀通辨》及朱陆“早同晚异”论［J］. 朱子学刊，2000.00：114–125.

［21］高柏园 . 朱子思想与当代新儒学的发展［J］. 鹅湖月刊（台湾），2000.306：0–0.

［22］耿湘沅 . 晦庵词述评［J］. 朱子学刊，2000.00：346–359.

［23］龚颖 . 林罗山和朱熹的排佛论比较［J］. 哲学研究，2000.09：50–54.

［24］巩志 . 宋儒朱熹与武夷茶［J］. 茶业通报，2000.04：48– 封三 .

［25］郭齐 . 道教对朱熹思想的深刻影响［J］. 中国道教，2000.01：28–30.

［26］郭齐 . 论朱熹诗［J］. 四川大学学报（哲学社会科学版），2000.02：83–88.

［27］郭齐 . 朱熹《四书》次序考论［J］. 四川大学学报（哲学社会科学版），2000.06：93–96.

［28］郭淑新 .“理之尊严”与“理之无能”——论朱熹哲学的理气关系说［J］. 淮北煤师院学报（哲学社会科学版），2000.03：14–16+39.

［29］郭淑新 . 朱熹伦理思想的当代价值［J］. 理论与现代化，2000.09：42–44.

［30］郭自伟 . 植树绿化思朱熹［J］. 绿化与生活，2000.06：24.

［31］何绵山 . 从《朱熹集》看朱子对孔子的继承与发展［J］. 福州师专学报（社会科学版），2000.05：30–32.

［32］洪军 . 试论朱子学与李栗谷哲学［J］. 韩国研究论丛，2000.00：356–366.

［33］（韩）姜春华 . 洪大容与朱熹的认识论比较研究［J］. 韩国研究论丛，2000.00：340–355.

［34］解光宇 . 朱熹为《董氏宗谱》作序［J］. 朱子学刊，2000.00：

495.

[35] 金仁权 . 崔昌海 . 二程与朱熹的主敬思想 [J]. 东疆学刊，2000.01 : 8–13.

[36] 金周生 .《诗集传》非叶韵音切语与朱熹赞《诗》方法试析 [J]. 声韵论丛（台湾），2000.09 : 59–83.

[37] 孔令宏 . 试论朱熹理一分殊思想的道家道教渊源[J]. 朱子学刊，2000.00 : 145–154.

[38] 孔令宏 . 朱熹思想对道教的影响 [J]. 孔子研究，2000.05 : 87–95.

[39] 孔令慧 . 弘扬传统精华 建设精神文明——浅谈《朱子家训》对精神文明建设的价值 [J]. 运城高等专科学校学报，2000.S1 : 11–12.

[40] 赖功欧 . 朱子人性论的“自然常道”之思想基础 [J]. 江西社会科学，2000.08 : 6–10.

[41] 兰宗荣 . 朱熹家庭伦理思想探微 [J]. 南平师专学报，2000.03 : 21–24.

[42] 黎建球 . 朱熹死生论 [J]. 朱子学刊，2000.00 : 225–227.

[43] 黎康 . 论朱子之“理”的内在二重性 [J]. 江西社会科学，2000.10 : 61–64.

[44] 李才栋 . 关于鹅湖之会与鹅湖书院 [J]. 南昌航空工业学院学报（社会科学版），2000.02 : 54–57.

[45] 李虎 . 浅议朝鲜朱子学特性及其演变 [J]. 延边大学学报（社会科学版），2000.03 : 51–53.

[46] 李锦全 . 海瑞对朱、陆思想的承传与扬弃——朱、陆对后世思想影响的一个例证 [J]. 朱子学刊，2000.00 : 74–83.

[47] 李士金 . 读《中国修辞学通史 · 朱熹篇》——关于理解修辞的理论 [J]. 新疆大学学报（社会科学版），2000.04 : 104–106.

[48] 李士金 . 朱熹修辞理论的时代精神 [J]. 修辞学习，2000.02 : 10–11.

[49] 李振纲 . 理性与道德理想主义——论朱子学的精神 [J]. 朱子学刊，2000.00 : 273–288.

[50] 林建勋 . 朱子历史解释的疑虑及价值 [J]. 朱子学刊，2000.00 :

242–258.

［51］林振礼．从《婺源茶院朱氏世谱后序》看朱熹的籍贯［J］．朱子学刊，2000.00：380–384.

［52］罗林．朱熹对儒家教育传统的集大成作用［J］．湛江师范学院学报（哲学社会科学版），2000.02：105–109.

［53］马涛．朱熹的《通鉴纲目》及史学思想的新阐发——读汤勤福新著《朱熹的史学思想》［J］．学术月刊，2000.11：107–109.

［54］马兴祥．试论朱熹文学批评的“玩味”说［J］．廊坊师专学报，2000.04：16–19.

［55］莫砺锋．论朱熹的散文创作［J］．阴山学刊，2000.01：34–40+66.

［56］莫砺锋．论朱熹的文学史观［J］．江海学刊，2000.01：156–160.

［57］莫砺锋．论朱熹对《诗序》的态度［J］．文献，2000.01：112–129.

［58］莫砺锋．论朱熹对历代诗歌的批评［J］．南京大学学报（哲学·人文科学·社会科学版），2000.01：85–95.

［59］莫砺锋．论朱熹关于作家人品的观点［J］．文学遗产，2000.02：62–73+140.

［60］莫砺锋．论朱熹文学家身份的历史性消解［J］．江汉论坛，2000.10：38–41.

［61］潘富恩．论朱子与东莱思想之异同［J］．朱子学刊，2000.00：18–26.

［62］潘冠海．从朱熹的读书方法谈自学能力培养［J］．南宁师范高等专科学校学报，2000.02：54–56.

［63］潘立勇．朱熹人格美育的化育精神［J］．朱子学刊，2000.00：259–272.

［64］彭永捷．论理学人性论的两个方向——以朱子和象山为中心［J］．东方论坛（青岛大学学报），2000.04：1–10.

［65］彭永捷．论理学人性论的两个方向——以朱子和象山为中心［J］．朱子学刊，2000.00：101–113.

［66］钱晓勤．略论朱熹教育思想的当代价值［J］．南通师范学院学

报（哲学社会科学版），2000.02：107–109.

［67］任冠文 . 朱熹与佛、道文化［J］. 朱子学刊，2000.00：194–205.

［68］任继愈 . 朱熹格物说的历史意义［J］. 朱子学刊，2000.00：140–144.

［69］沈谦 . 朱熹的诗境与心境［J］. 朱子学刊，2000.00：339–345.

［70］施炎平 . 仁智和理智：儒家智慧的两重进路——以孔子、董仲舒和程朱为例［J］. 鹅湖月刊（台湾），2000.304：40–45.

［71］司马云杰 . 论人心人性与历史的本质——从朱熹与陈同甫的论战看社会历史存在的心性论基础［J］. 北京行政学院学报，2000.04：58–62.

［72］粟品孝 . 理学与非理学之间：朱熹对苏轼学术的批评和吸取［J］. 社会科学研究，2000.01：89–93.

［73］孙利 . 朱熹“心”论［J］. 朱子学刊，2000.00：180–193.

［74］汤恩佳 . 发扬鹅湖之会的学术精神——在江西鹅湖举行纪念朱子诞辰 870 周年国际学术研讨会上的讲话［J］. 朱子学刊，2000.00：56–59.

［75］唐牛 . 朱熹：教育大家与理学大师［J］. 黄山高等专科学校学报，2000.04：47–49.

［76］田海舰 . 朱熹哲学研究的新进展——读孔令宏《儒道关系视野中的朱熹哲学》［J］. 朱子学刊，2000.00：496–501.

［77］王昌伟 . 李二曲调和朱子与陆王的方法［J］. 孔子研究，2000.06：87–97.

［78］王承略 . 杨锦先 . 论朱熹与唐仲友间的一桩公案［J］. 烟台师范学院学报（哲学社会科学版），2000.01：23–26.

［79］王法贵 . 诤友论敌两相知——朱、陆交往叙考［J］. 抚州师专学报，2000.01：12–16+102.

［80］王立新 . 朱子与湖湘学派［J］. 朱子学刊，2000.00：289–299.

［81］王丽霞 . 朱熹《大学章句》与王阳明《大学问》认识论之比较［J］. 学术论坛，2000.05：29–32.

［82］王丽霞 . 朱熹王阳明格物观之比较［J］. 中山大学研究生学刊（社会科学版），2000.04：8–13.

［83］王利民.《训蒙绝句》与朱子学的形成［J］. 朱子学刊，2000.00：300–314.

［84］王利民. 从《训蒙绝句》看朱子学的发生过程［J］. 南京化工大学学报（哲学社会科学版），2000.02：70–75+81.

［85］王利民. 刘子翚“不远复”三字符及其对朱熹的影响［J］. 宁波大学学报（人文科学版），2000.01：56–59.

［86］王哲平. 朱熹文学思想论略［J］. 南昌大学学报（人文社会科学版），2000.03：97–102.

［87］温海明. 朱熹河图洛书说的演变［J］. 周易研究，2000.04：52–57.

［88］吴定安. 朱子社仓之法及其影响［J］. 江西社会科学，2000.12：30–32.

［89］吴长庚. 方国根. 衷尔钜. 朱子学思想研究新突破——“纪念朱子诞辰 870 周年”和“朱子学与 21 世纪”国际学术讨论会综述［J］. 哲学动态，2000.12：7–9.

［90］吴震. 身心技法：静坐——试析朱子学的修养论［J］. 朱子学刊，2000.00：206–224.

［91］夏晓远.《朱子理学美学》［J］. 文艺研究，2000.05：155–156.

［92］肖居孝. 彭绪铭. 试论朱熹的援佛入儒［J］. 赣南师范学院学报，2000.05：21–23.

［93］萧永明. 朱熹与诗［J］. 华夏文化，2000.04：35–36.

［94］徐刚. 朱熹时间哲学思想述要［J］. 朱子学刊，2000.00：228–241.

［95］徐公喜. 十六字心传思想发展轨迹［J］. 朱子学刊，2000.00：481–495.

［96］徐洪兴. 从朱陆关于“无极”“太极”之辩论朱熹对本体论思想的阐发［J］. 朱子学刊，2000.00：60–73.

［97］徐时仪. 略论《朱子语类》在近代汉语研究上的价值［J］. 上海师范大学学报（哲学社会科学版），2000.02：39–49.

［98］徐仪明. 试述朱熹与古代中医学之关系［J］. 朱子学刊，2000.00：360–367.

［99］徐勇．朱熹与湖州［J］．朱子学刊，2000.00：392–395.

［100］杨光辉．理学成熟期之理学诗——试论陆九渊与朱熹的诗［J］．宁波大学学报（人文科学版），2000.03：16–20.

［101］杨儒宾．战后台湾的朱子学研究［J］．汉学研究通讯（台湾），2000.04：572–580.

［102］杨瑞荣．先哲风苑后人传扬——武夷山举行纪念朱熹逝世 800 周年活动［J］．台声，2000.12：38.

［103］杨永龙．《朱子语类》中“不成”的句法语义分析［J］．中州学刊，2000.02：107–111.

［104］杨泽波．朱子在儒家心性之学中的地位之我见［J］．朱子学刊，2000.00：166–179.

［105］叶求利．朱陆学术论争——鹅湖之会［J］．南平师专学报，2000.03：25–28.

［106］俞怡生．朱子与铅山［J］．朱子学刊，2000.00：131–139.

［107］张家成．开拓理学与美学研究的新领域——评潘立勇教授新著《朱子理学美学》［J］．浙江社会科学，2000.05：156.

［108］张品端．朱子学东渐及其朝鲜化的过程［J］．南平师专学报，2000.03：14–17+28.

［109］张义德．从“鹅湖之会”到“庆元党禁”——南宋学术界命运略述［J］．朱子学刊，2000.00：43–55.

［110］张志雄．和谐主义的伦理观——从《朱子家训》看朱熹的伦理观［J］．南平师专学报，2000.03：18–20.

［111］张子立．再论朱子归入自律伦理学的可能性［J］．鹅湖月刊（台湾），2000.305：54–64.

［112］赵灿鹏．朱熹校书考［J］．安徽史学，2000.01：21–29.

［113］赵华富．元代新安理学家弘扬朱子学的学术活动［J］．安徽大学学报（哲学社会科学版），2000.06：8–12.

［114］赵玉兰．“以天统人”与“以人统天”——从对《大学》的重解看朱熹、王阳明的天人合一［J］．中山大学研究生学刊（社会科学版），2000.04：1–7.

［115］郑传贵．杨颖．论朱熹的“理一分殊”说［J］．曲靖师专学报，

2000.04：12–14.

［116］郑闰 . 张兵 . 朱熹穷“理”三清山——兼论《读书有感》诗的哲理内涵［J］. 复旦学报（社会科学版），2000.01：108–112.

［117］郑晓江 . 论“隐居陆梭山先生”之行与思——兼及“朱陆之辨”［J］. 朱子学刊，2000.00：84–100.

［118］郑威 . 朱熹《行书十一月七日帖》考释［J］. 上海博物馆集刊，2000.00：487–491.

［119］周茶仙 . 王懋竑与《朱子年谱》［J］. 朱子学刊，2000.00：396–406.

［120］周光庆 . 朱熹《四书》解释方法论［J］. 孔子研究，2000.06：48–58.

［121］周光庆 . 朱熹心理解释方法论［J］. 华中师范大学学报（人文社会科学版），2000.02：52–56.

［122］周行之 . 朱文公与韩文公的道统观［J］. 朱子学刊，2000.00：315–328.

［123］朱康 . 朱海蛟 . 朱熹后裔在练湖［J］. 档案与建设，2000.04：53–55.

硕博论文

［1］常建勇 . 朱熹自我教育思想探析［D］. 首都师范大学，2000. 硕士论文 .

［2］陈扬东 . 朱熹阅读教学理论研究［D］. 广西师范大学，2000. 硕士论文 .

［3］李红军 . 朱熹与退溪的人性论之比较［D］. 延边大学，2000. 硕士论文 .

［4 ］吴冬梅 . 朱熹的“持敬”说读解［D］. 山东师范大学，2000. 硕士论文 .

报纸论文

［1］. 国家古籍整理重点项目《朱熹全书》编就出版［N］. 中国教育报，2000–10–29002.

［2］. 朱熹与《周易本义》［N］. 光明日报，2000-04-18.
［3］鹤鸣 . 朱子学与中国文化重心南移［N］. 福建日报，2000-10-13B01.
［4］莫砺锋 . 朱熹的文学活动［N］. 人民政协报，2000-09-15004
［5］石劲松 . 从朱熹追讨赠诗想到的［N］. 健康报，2000-08-18002.
［6］小草 . 朱子学在海外的传播及影响［N］. 福建日报，2000-10-13B01.
［7］朱杰人 .《朱熹全书》编修缘起［N］. 光明日报，2000-12-21C03.

2001 年

期刊论文

［1］. 武夷山朱熹研究中心［J］. 孔子研究，2001.04：3.
［2］蔡方鹿 ."朱子学的回顾与二十一世纪的展望"学术研讨会综述［J］. 中华文化论坛，2001.02：141-142.
［3］蔡方鹿 . 纪念朱熹诞辰 870 周年、逝世 800 周年国际学术研讨会综述［J］. 中华文化论坛，2001.01：80-81.
［4］蔡方鹿 . 朱熹对宋代易学的发展——兼论朱熹、程颐易学思想之异同［J］. 周易研究，2001.04：37-47.
［5］蔡方鹿 . 顾宏义 . 纪念朱熹诞辰 870 周年、逝世 800 周年国际学术研讨会综述［J］. 华东师范大学学报（哲学社会科学版），2001.01：119-123.
［6］蔡仁厚 . 朱子逝世八百年——出席鹅湖与武夷山会议志感［J］. 鹅湖月刊（台湾），2001.308：10-11.
［7］蔡仁厚 . 朱子性理系统形成的关键与过程［J］. 哲学与文化（台湾），2001.07：597-605.
［8］曾振宇 . 朱子学研究的一部力作——读《朱子性理语类》注释［J］. 东方论坛 . 青岛大学学报，2001.03：94.
［9］常耕文 . 我校隆重举办纪念朱子诞辰 870 周年国际学术会议［J］. 上饶师范学院学报，2001.01：44.
［10］陈伯强 . 论朱熹治学上的创新精神［J］. 福建师范大学学报（哲学社会科学版），2001.01：99-102+123.

［11］陈代湘 . 牟宗三对朱子中和学说的阐析［J］. 湘潭大学社会科学学报，2001.05：110–114.

［12］陈代湘 . 钱穆的朱子心学论评析［J］. 中国文化研究，2001.03：74–78+3.

［13］陈鸿儒 .《诗集传》叶音辨［J］. 古汉语研究，2001.02：20–25.

［14］陈利华 . 朱熹与道教与武夷山的情结［J］. 南平师专学报，2001.01：82–83+87.

［15］陈敏 . 朱子论诚敬［J］. 福建师范大学学报（哲学社会科学版），2001.02：119–121.

［16］陈庆元 . 平林欸乃声犹在——朱熹《武夷棹歌》的文化意蕴［J］. 中国典籍与文化，2001. 04：101–108.

［17］程利田 . 朱子学与现代经济发展［J］. 南平师专学报，2001.01：76–81.

［18］程勇 . 简论朱熹的人格美思想［J］. 青海师范大学学报（哲学社会科学版），2001.04：122–125.

［19］邓克铭 . 明中叶罗钦顺格物说之特色及其效果［J］. 鹅湖学志（台湾），2001.26：67–105.

［20］邓联合 . 周广立 . 程颐、朱熹“格物致知”论思路判析——从近代认识论角度［J］. 徐州师范大学学报（哲学社会科学版），2001.03：123–126.

［21］丁为祥 . 从形式与质料到真际与实际——冯友兰朱子诠释刍议［J］. 人文杂志，2001.04：52–57.

［22］杜纯梓 . 孔子“诗三百思无邪说”正解新探——兼评诗序与朱熹淫诗说［J］. 云梦学刊，2001.06：50–51.

［23］范世珍 . 朱熹和柏拉图:“理学”和“理念论”思想之比较［J］. 宁德师专学报（哲学社会科学版），2001.02：21–24.

［24］方国根 . 读朱谦之《日本的朱子学》和《日本的古学及阳明学》［J］. 日本学刊，2001.06：147–151.

［25］方利山 . 朱熹语言文字学之创获［J］. 黄山高等专科学校学报，2001.01：28–32.

［26］傅佩荣 . 朱注《论语》的商榷［J］. 哲学与文化（台湾），

2001.07：629–637.

［27］高建立．朱陆两次论争及其历史影响［J］．徐州教育学院学报，2001.01：47–49.

［28］高令印．朱子学是“东亚文明的体现”［J］．益阳师专学报，2001.04：1–7.

［29］郭齐．关于朱熹编修《资治通鉴纲目》的若干问题［J］．四川大学学报（哲学社会科学版），2001.06：84–90.

［30］郭齐勇．朱熹与王夫之的性情论之比较［J］．文史哲，2001.03：75–82+128.

［31］郭淑新．论朱熹在理气论上的创造和贡献［J］．中国哲学史，2001.02：55–58.

［32］郭晓东．善与至善：论朱子对《大学》阐释的一个向度［J］．台大历史学报（台湾），2001.28：23–49.

［33］胡成业．朱熹与绩溪及其对胡适的影响［J］．黄山高等专科学校学报，2001.01：39–41.

［34］黄钊．朱熹以“存理灭欲”为特征的道德修养论述评［J］．武汉大学学报（社会科学版），2001.05：575–581.

［35］霍炬．论朱熹诗学的理论统一性［J］．陕西师范大学学报（哲学社会科学版），2001.01：58–62.

［36］戢斗勇．朱熹的编辑思想及其价值［J］．编辑学刊，2001.02：58–59.

［37］贾玉英．赵文东．略论朱熹的荒政思想与实践［J］．河南大学学报（社会科学版），2001.05：13–16.

［38］姜真硕．朱熹“与道为体”思想的哲学意义［J］．孔子研究，2001.03：72–87.

［39］蒋冀骋．朱熹反切音系中已有舌尖前高元音说质疑［J］．，古汉语研究，2001.04：16–19.

［40］匡鹏飞．《论语》郑玄与朱熹解释之比较［J］．孔子研究，2001.04：106–113+46.

［41］匡鹏飞．从《静女》看《诗经》毛亨朱熹解释的差异［J］．沈阳师范学院学报（社会科学版），2001.02：21–25.

［42］乐爱国．朱熹“理一分殊”与现代科学的综合化［J］．中华文化论坛，2001.01：87–90.

［43］雷小波．朱熹常规教育思想的现实启迪［J］．常德师范学院学报（社会科学版），2001.02：85–87.

［44］黎新第．对朱熹反切中的全浊清化例证的再探讨［J］．古汉语研究，2001.01：20–24.

［45］李士金．朱熹修辞学说的哲学精神［J］．修辞学习，2001.02：7–8.

［46］李士金．朱熹理解修辞理论探析［J］．修辞学习，2001.06：7–8.

［47］李甦平．神佛儒和合的朱子学——石门心学探究［J］．日本学刊，2001.05：108–121.

［48］李天凤．朱熹［J］．云南师范大学学报，2001.05：3.

［49］李延仓．试论朱熹与陆九渊心性论的区别［J］．中华文化论坛，2001.03：91–94.

［50］李振纲．理性与道德理想主义——论朱子学的精神［J］．河北大学学报（哲学社会科学版），2001.01：42–50.

［51］李之鉴．孙奇逢光大朱熹《易》学思想精华的几个方面［J］．洛阳大学学报，2001.03：13–16.

［52］林建华．关于朱熹理气神化动静的思想［J］．福建省社会主义学院学报，2001.03：18–20.

［53］林建华．简论朱熹心性动静的思想［J］．福州党校学报，2001.04：46–48.

［54］林长榕．武夷读《朱子》［J］．文明与宣传，2001.07：53.

［55］林振礼．朱熹谱序发微［J］．中国哲学史，2001.01：62–71.

［56］林振礼．朱熹与狐仙怪异传说探索［J］．泉州师范学院学报（社会科学版），2001.03：62–68.

［57］刘京菊．朱熹心论初探［J］．河北大学学报（哲学社会科学版），2001.04：105–108.

［58］刘佩芝．康熙帝对朱熹治国思想的继承［J］．华侨大学学报（人文社会科学版），2001.04：111–114.

［59］刘佩芝．试论康熙对朱熹治国方略的实践［J］．上饶师范学院学报，2001.05：74–77.

［60］刘示范．一本理解朱熹学术思想的好书——读《〈朱子性理语类〉译注》［J］．孔子研究，2001.05：127–128.

［61］刘述先．「理一分殊」的规约原则与道德伦理重建之方向［J］．哲学与文化（台湾），2001.07：585–596.

［62］刘述先．朱子学精神的现代意义——“理一分殊”新解［J］．鹅湖月刊（台湾），2001.02：12–13.

［63］刘树胜．论“郑声淫”——回到朱熹的时代去［J］．沧州师范专科学校学报，2001.02：22–25.

［64］刘晓南．朱熹与闽方言［J］．方言，2001.01：17–33.

［65］刘毓庆．从朱熹到徐常吉——《诗经》文学研究轨迹探寻［J］．西北师大学报（社会科学版），2001.02：1–5.

［66］刘宗贤．从朱熹到王阳明:“性理”与“心性”的理论转换［J］．东方论坛（青岛大学学报），2001.01：1–6.

［67］陆建猷．《学》《庸》《论》《孟》中的心性义理基础——朱熹《四书集注》理学思想系列之一［J］．人文杂志，2001.01：111–114.

［68］罗敏中．以儒注屈 融屈于儒——论朱熹的尊屈倾向之一［J］．湖南师范大学社会科学学报，2001.06：11–15.

［69］罗敏中．以儒批儒 拨儒于屈——论朱熹的尊屈倾向之二［J］．求索，2001.05：93–95.

［70］马兴祥．试论朱熹文学批评的“玩味”说［J］．廊坊师范学院学报，2001.02：56–58.

［71］木易．蔡方鹿著《朱熹与中国文化》一书出版［J］．中华文化论坛，2001，01：33.

［72］孟宪军．浅谈朱熹理学思想的形成［J］．辽宁师范大学学报（社会科学版），2001.02：90–92.

［73］莫砺锋．从经学走向文学:朱熹“淫诗”说的实质［J］．文学评论，2001.02：79–88.

［74］莫砺锋．理学家的诗情——论朱熹诗的主题特征［J］．中国文化，2001.Z1：165–175.

［75］宁新昌．知识与境界——朱熹人生境界论再探［J］．北京社会科学，2001.04：123–126.

［76］潘德荣．理解中的原义与原意：朱熹与梅莱尔马赫的理解观之比较［J］．台大历史学报（台湾），2001.28：51-67.

［77］潘富恩．朱子学研究史上的新突破——评陈来《朱子哲学研究》增订本［J］．孔子研究，2001.06：121-123+84.

［78］潘立勇．"气"在朱子理学美学中的意义［J］．中国哲学史，200102：29-36.

［79］潘立勇．朱熹对文道观的本体论发展及其内在矛盾［J］．学术月刊，2001.05：48-56.

［80］潘立勇．朱熹人格美育的化育精神［J］．浙江大学学报（人文社会科学版），2001.03：32-38.

［81］潘立勇．朱子"心与理一"的人格理想［J］．浙江学刊，2001.01：170-174.

［82］潘立勇．朱子理学美学与德国古典美学之比较［J］．文艺研究，2001.03：56-64.

［83］潘立勇．朱子人格美学的逻辑结构［J］．文史哲，2001.02：43-50+128.

［84］任吉悌．关于朱熹"存天理去人欲"的问辩［J］．学术界，2001.01：192-196.

［85］任继愈．朱熹格物说的历史意义［J］．南昌大学学报（人文社会科学版），2001.01：1-3+17.

［86］沈清松．建构体系与感谢他者——纪念朱子辞世八百周年［J］．哲学与文化（台湾），2001.03：193-205.

［87］孙利．朱熹"十六字心诀"释义［J］．河北大学学报（哲学社会科学版），2001.02：79-81.

［88］唐哲夫．一部集朱熹研究之大成的佳作——《读朱熹与中国文化》［J］．天府新论，2001.04：94-95.

［89］田海舰．朱熹哲学研究的新进展——读孔令宏《儒道关系视野中的朱熹哲学》［J］．孔子研究，2001.06：124-125.

［90］汪大白．传统《诗经》学的重大历史转折——朱熹"以《诗》言《诗》"说申论［J］．安徽师范大学学报（人文社会科学版），2001.02：292-297.

［91］汪大白．革新：胡适评论朱熹诗经学的出发点与归结点［J］．安徽大学学报（哲学社会科学版），2001.02：71–76.

［92］王国良．朝鲜朱子学的传播与思想倾向［J］．安徽大学学报（哲学社会科学版），2001.06：65–68.

［93］王岚．朱熹论宋代诗人诗作［J］．中文自学指导，2001.05：43–45+49.

［94］王利民．徐艳．朱熹《东归乱稿》的理学意蕴与理语情趣［J］．南通师范学院学报（哲学社会科学版），2001.03：54–59.

［95］王向清．王立梅．胡宏与朱熹本体论思想之分歧［J］．五邑大学学报（社会科学版），2001.03：5–8.

［96］韦丹．朱熹"郑诗淫"辨析［J］．贵州教育学院学报（社会科学版），2001.01：34–36+105.

［97］韦英生．发掘朱熹思想精华为社会主义现代化服务［J］．广西社会主义学院学报，2001.03：42–49.

［98］魏宗禹．朱子学与当代中国思维［J］．山西师大学报（社会科学版），2001.04：23–27.

［99］温海明．朱子早年易学本体思想之形成过程［J］．东南学术，2001.01：81–86.

［100］吴法源．试论朱熹的文道观［J］．上海师范大学学报（哲学社会科学版），2001.02：86–91.

［101］吴全兰．理学的缩影——从《诗集传》看朱熹的爱情婚姻观［J］．桂林市教育学院学报（综合版），2001.01：34–38.

［102］吴长庚．纪念朱子诞辰870周年国际学术讨论会综述［J］．孔子研究，2001.02：122–125.

［103］吴长庚．冯会明．纪念朱子诞辰870周年国际学术会综述［J］．上饶师范学院学报，2001.01：40–44.

［104］吴正岚．朱熹涵泳《诗经》的方法论意义［J］．江苏社会科学，2001.04：72–76.

［105］肖永明．论朱熹的天理史观［J］．广西大学学报（哲学社会科学版），2001.01：7–12.

［106］萧永明．朱熹史学观三题［J］．史学史研究，2001.02：20–25.

［107］（韩）徐大源 . 论程朱易学异同——两贤如何理解《周易》其书［J］. 周易研究，2001.03：36-45.

［108］徐刚 .《大学》、《中庸》与朱熹自然哲学［J］. 华东师范大学学报（哲学社会科学版），2001.03：50-56+63+126+127.

［109］徐佩清 . 朱熹的“为学”观［J］. 东南大学学报（哲学社会科学版），2001.S2：42-43.

［110］徐晓望 . 论朱熹与清官性格的塑造［J］. 中共福建省委党校学报，2001.10：65-69.

［111］徐仪明 . 简论朱熹对古代中医学发展的影响［J］. 中华医史杂志，2001.04：230-233.

［112］徐仪明 . 研究朱熹史学思想的一部开拓之作——评汤勤福《朱熹的史学思想》［J］. 孔子研究，2001.03：121-123.

［113］徐仪明 . 朱熹思想研究的综合创新——评蔡方鹿《朱熹与中国文化》［J］. 社会科学研究，2001.05：152-153.

［114］闫孟祥 . 朱熹理生气小释［J］. 河北学刊，2001.02：114-115.

［115］杨国荣 . 理念与境遇——论朱熹的伦理思想［J］. 孔子研究，2001.03：88-93.

［116］杨忠东 . 试析刘智的人生理想论——兼论刘智和朱熹的区别［J］. 新疆大学学报（社会科学版），2001.01：53-56.

［117］易平 . 论朱熹的教育观［J］. 建材高教理论与实践，2001.05：44-45.

［118］余敦康 . 朱熹《周易本义》卷首九图与《易学启蒙》解读［J］. 中国哲学史，2001.04：5-14.

［119］张崑将 . 朱子对《论语・颜渊》“克己复礼”章的诠释及其争议［J］. 台大历史学报（台湾），2001.27：83-124.

［120］张立文 . 超越与创新——20 世纪朱子学研究的回顾与展望［J］. 中华文化论坛，2001.01：75-79.

［121］张立文 . 朱熹“心统性情”论的现代价值［J］. 中国文化研究，2001.02：26-31.

［122］张品端 .“朱子学与 21 世纪”国际学术研讨会概述［J］. 文史哲，2001.02：121-123.

［123］张伟．潘峰．格物致知观的发展——从朱子学到阳明学［J］．枣庄师范专科学校学报，2001.06：78–80.

［124］张兴成．剜苔剔藓露节角　安置妥贴平不颇——评束景南著《朱熹年谱长编》［J］．浙江社会科学，2001.01：160–161.

［125］张兴成．务信弃奇 析理居正——简评《朱熹年谱长编》［J］．浙江大学学报（人文社会科学版），2001.02：136.

［126］张永隽．清代朱子学的历史处境及其发展［J］．哲学与文化（台湾），2001.07：606–628.

［127］张永儁．朱熹“义利之辨”之伦理价值观探源［J］．哲学与文化（台湾），2001.01：1–10.

［128］张祝平．朱熹的读《诗》方法论［J］．南通师范学院学报（哲学社会科学版），2001.02：144–147.

［129］赵卫东．德性主义的重建——王阳明之良知对朱熹天理的扬弃［J］．山东师大学报（人文社会科学版），2001.02：56–59.

［130］衷尔钜．罗钦顺的气一元论——兼谈其在日本朱子学派中的影响［J］．东方论坛（青岛大学学报），2001.01：7–14.

［131］衷尔钜．朱熹哲学思想及其传播和展望——纪念朱熹逝世 800 周年［J］．佛山科学技术学院学报（社会科学版），2001.01：5–12.

［132］周博裕．“朱子与宋明儒学”学术研讨会翦影［J］．鹅湖月刊（台湾），2001.308：32–33.

［133］周瑾．学承古哲 思接当代——评蔡方鹿《朱熹与中国文化》［J］．中华文化论坛，2001.04：107–110.

［134］周月琴．论朱子学对韩半岛的历史文化贡献［J］．中国文化研究，2001.02：143–148.

［135］朱汉民．朱熹陈亮论战的文化意义［J］．船山学刊，2001.04：60–64.

［136］朱火金．朱熹：开金门办学之先河［J］．台声，2001.03：43.

［137］邹其昌．“生生之德”与北宋理学美学的核心问题简论——朱熹美学核心问题研究前论之一［J］．湖南工程学院学报（社会科学版），2001.02：16–19.

［138］邹其昌．“敬”与审美——朱熹美学的基本特性研究［J］．武

汉教育学院学报，2001.05：5-9.

硕博论文

［1］董煜宇．朱熹科学思想管窥［D］．郑州大学，2001．硕士论文．

［2］李煌明．理念与天理——柏拉图与朱熹［D］．云南师范大学，2001．硕士论文．

［3］闫杰．朱熹省察思想评析［D］．山东师范大学，2001．硕士论文．

报纸论文

［1］张立文．朱熹的“为政以德”与“为政以刑”思想［N］．光明日报，2001-04-24B04.

2002 年

期刊论文

［1］蔡方鹿．朱熹经学之渊源［J］．东南学术，2002.06：20-24.

［2］蔡方鹿．朱熹经典诠释法［J］．朱子学刊，2002.00：27-45.

［3］蔡雁彬．朱子《小学》流衍海东考［J］．南京大学学报（哲学·人文科学·社会科学版），2002.04：96-105.

［4］蔡子谔．朱熹以理学为精神内核的服饰美学思想［J］．河北师范大学学报（哲学社会科学版），2002.02：61-65.

［5］曹之．朱熹与出版［J］．出版史料，2002.04：111-114.

［6］曾春海．评束景南著《朱熹年谱长编》［J］．哲学与文化（台湾），2002.07：667-671.

［7］曾凡朝．程朱“性即理”管窥［J］．山东教育学院学报，2002.04：34-35.

［8］陈代湘．冯友兰方法论与朱熹工夫论［J］．湘潭大学社会科学学报，2002.06：31-36.

［9］陈代湘．论钱穆与牟宗三对朱子中和学说的研究［J］．泉州师范学院学报（社会科学版），2002.01：97-100+146.

［10］陈代湘．评牟宗三对胡宏和朱熹工夫论的阐析［J］．南开学报（哲学社会科学版），2002.03：28-34.

［11］陈代湘．现代新儒家的朱子学研究概述［J］．哲学动态，2002.07：25–28.

［12］陈代湘．朱熹对周敦颐宇宙本体论的继承与改造［J］．上饶师范学院学报（社会科学版），2002.01：24–28.

［13］陈剑峰．朱子与浙江湖州关系考辨［J］．湖州师范学院学报，2002.05：126–131.

［14］陈剑鍠．高攀龙对“静”的体认——兼及对朱熹未发、已发说的修正［J］．鹅湖学志（台湾），2002.28：119–147.

［15］陈利华．朱熹家庭教育思想简说［J］．朱子学刊，2002.00：215–227.

［16］陈颖．朱熹的道德教育思想及其模式研究［J］．江苏教育学院学报（社会科学版），2002.04：25–27.

［17］陈友益．李骏．论朱熹曾孙朱潜是韩国和中国湖州朱氏后裔的共同始祖［J］．湖州师范学院学报，2002.05：121–125.

［18］程海霞．论朱熹“居敬”思想中的理性自觉原则［J］．学术交流，2002.06：9–12.

［19］程继红．论《诗集传》对《诗经》文学性的接受及原因［J］．朱子学刊，2002.00：60–73.

［20］丁原明．朱熹理学对道家、道教思想的援用［J］．孔子研究，2002.02：95–102.

［21］董瑞美．试论朱熹的哲学思想及其他［J］．西南师范大学学报（人文社会科学版），2002.02：115–117.

［22］樊凤玉．从朱熹对谢良佐的批评见儒老之学的合流与分际［J］．中极学刊（台湾），2002.2：117–134.

［23］冯会明．论朱熹的德治思想［J］．朱子学刊，2002.00：204–214.

［24］傅小凡．王日根．本体与存在——浅析朱熹的哲学本体论［J］．东南学术，2002.06：25–29.

［25］龚群．从孟子到朱熹的心性哲学［J］．南昌大学学报（人文社会科学版），2002.03：1–5+50.

［26］郭齐．评朱熹对史学的基本态度［J］．四川大学学报（哲学社

会科学版），2002.05：91–94.

［27］郭学信．朱熹人生哲学通论［J］．聊城大学学报（哲学社会科学版），2002.02：54–59.

［28］郝桂敏．从《诗集解》和《诗集传》诗旨差异看朱熹《诗》学观念的转变及原因［J］．孔子研究，2002.03：96–100.

［29］郝桂敏．朱熹《诗》学研究转变论［J］．辽宁师范大学学报（社会科学版），2002.02：74–76.

［30］何乃川．朱子对孔子“孝”论的继承和发展［J］．泉州师范学院学报（社会科学版），2002.01：32–35.

［31］何生根．朱熹与浙江书院［J］．宁波大学学报（教育科学版），2002.03：56–59.

［32］洪军．论朝鲜朱子学与李栗谷哲学［J］．东疆学刊，2002.02：27–32.

［33］洪军．朱子与栗谷格物论思想之比较［J］．韩国研究论丛，2002.00：313–325.

［34］洪映萱．另一种声音——对朱熹“存天理、灭人欲”等理学观念的反思［J］．厦门教育学院学报，2002.01：10–12.

［35］黄开国．综括前贤 后出转精——评蔡方鹿《朱熹与中国文化》［J］．中国图书评论，2002.08：35–36.

［36］黄世福．朱熹思想与佛禅［J］．安徽农业大学学报（社会科学版），2002.06：38–40.

［37］江右瑜．朱熹对庄子之评论［J］．中极学刊（台湾），2002.2：91–116.

［38］金文明．朱熹之死不在 1199 年——读余秋雨散文札记之二［J］．咬文嚼字，2002.12：44–45.

［39］孔令宏．朱熹的科学思想与道家、道教［J］．自然辩证法通讯，2002.02：62–67+95–96.

［40］乐爱国．朱熹：一位被遗忘的天文学家［J］．东南学术，2002.06：36–41.

［41］冷成金．从《东坡易传》看苏轼文艺思想的基本特征——兼与朱熹文艺思想相比较［J］．文学评论，2002.02：145–152.

［42］李昌舒．康德与朱熹的道德底形而上学比较［J］．江淮论坛，2002.06：72–80.

［43］李清良．“缘情”：朱熹治经之依据［J］．湖南师范大学社会科学学报，2002.03：30–33.

［44］李胜．《朱熹书院门人考》补佚一则［J］．四川大学学报（哲学社会科学版），2002.05：101.

［45］李士金．朱熹论明白平易的总体文风［J］．修辞学习，2002.04：36–37.

［46］李伟国．朱熹《名臣言行录》八百年历史公案［J］．学术月刊，2002.12：89–99.

［47］李侠．朱熹、胡适作文教学观之比较［J］．陕西师范大学学报（哲学社会科学版），2002.S1：288–290.

［48］廖云仙．论金元时期两本批判朱子《论语集注》的著作——从《论语辨惑》到《论语辨疑》［J］．东海中文学报（台湾），2002.14：59–96.

［49］林建华．简论朱熹心性动静的思想［J］．福州大学学报（哲学社会科学版），2002.01：66–68.

［50］林建勳．朱子历史解释的疑虑及其价值［J］．文藻学报（台湾），2002.16：281–296.

［51］林振礼．从朱熹的风水观看殡葬改革——婺源朱子文化新考察［J］．泉州师范学院学报（社会科学版），2002.05：27–35.

［52］林振礼．闽南安溪朱子文化发微［J］．集美大学学报（哲学社会科学版），2002.01：78–82.

［53］林振礼．方彦寿．朱子学派与南宋出版［J］．江西社会科学，2002.11：115–119.

［54］刘晓南．朱熹诗经楚辞叶音中的闽音声母［J］．方言，2002.04：299–321.

［55］刘兴邦．朱熹理学与以德治国［J］．江西社会科学，2002.12：65–69.

［56］刘旭光．格物与涵泳——论朱熹思想对中国美学的意义［J］．兰州大学学报（社会科学版），2002.03：80–85.

［57］刘泽亮．从《五经》到《四书》：儒学典据嬗变及其意义——

兼论朱子对禅佛思想挑战的回应［J］. 东南学术，2002. 06：14–19.

［58］刘真伦 . 论朱熹对方崧卿《韩集举正》的批评一方崧卿、朱熹校勘思想比较研究［J］. 中国文哲研究集刊（台湾），2002.21：371–406.

［59］刘振维 . 论朱熹对孟子“性善”说的诠释及其问题——“性善”与人性本善辩议（上）［J］. 哲学与文化（台湾），2002. 06：504–531.

［60］刘振维 . 论朱熹对孟子“性善”说的诠释及其问题——“性善”与人性本善辩议（下）［J］. 哲学与文化（台湾），2002. 07：617–627.

［61］楼笑笑 . 刘连开 . 朱熹改革思想浅论［J］. 杭州教育学院学报，2002.01：9–12.

［62］陆建伟 . 朱熹家族与湖州长春书院考略［J］. 湖州师范学院学报，2002.05：132–135.

［63］陆建猷 . 宗朱学派的四书学思想［J］. 西安交通大学学报（社会科学版），2002.03：87–93.

［64］马兴祥 . 20 世纪朱熹文学研究述评［J］. 新疆大学学报（社会科学版），2002.04：115–119.

［65］马耘 .《论语》“仁”概念朱注献疑——兼论“仁”概念之确义［J］. 哲学与文化（台湾），2002.07：638–651.

［66］牟玉亭 .《诗集传》的三种版本［J］. 诗经研究丛刊，2002.01：188–197.

［67］聂沉香 . 论朱熹本体论对二程的继承与发展［J］. 湖南环境生物职业技术学院学报，2002.01：55–57.

［68］潘畅和 . 古代朝鲜和日本朱子学特色比较［J］. 哲学研究，2002.12：50–55+77.

［69］潘德荣 . 经典与诠释——论朱熹的诠释思想［J］. 中国社会科学，2002.01：56–66+206.

［70］彭维杰 . 孔子与朱子的诗教思想比较——兼及对现代诗歌教育的启示［J］. 国文学志（台湾），2002.06：53–76.

［71］石明庆 . 登山思无穷 临水心未厌——朱熹的山水情怀及其山水诗创作［J］. 武警学院学报，2002.02：71–74.

［72］石明庆 . 朱熹晚年诗学活动与其心态［J］. 海南师范学院学报（人文社会科学版），2002.05：64–69.

［73］孙丽．论荻生徂徕对朱子学连续性思维的[redacted]［J］．延边大学学报（社会科学版），2002.01：8–10.

［74］孙利．道学心态下的朱熹［J］．南开学报[redacted]社会科学版），2002.03：35–41.

［75］孙利．朱熹“心”论［J］．江淮论坛，2002.[redacted]：66–70.

［76］孙利．朱熹从“中和旧说”到“中和新说”的思想演变［J］．湘潭大学社会科学学报，2002.04：37–39.

［77］孙利．朱熹的精神哲学及其现代价值［J］．云南社会科学，2002.06：25–29.

［78］孙萌．李二曲是如何兼取朱子陆王的——与王昌伟先生商榷［J］．孔子研究，2002.06：67–75.

［79］汤勤福．传统文化精神的体现——读蔡方鹿《朱熹与中国文化》［J］．孔子研究，2002.01：127–128.

［80］唐贤清．《朱子语类》副词“旋旋”杂议［J］．零陵学院学报（社会科学版），2002.01：57–60.

［81］唐贤清．《朱子语类》中的副词“大段”［J］．湖南大学学报（社会科学版），2002.06：80–83.

［82］陶有浩．杨小云．程朱理欲观形成的背景探析［J］．云梦学刊，2002.03：26–28.

［83］汪大白．传统《诗经》学的重大历史转折——朱熹“以《诗》言《诗》”说申论［J］．孔子研究，2002. 03：87–95.

［84］汪高鑫．董文武．朱熹的历史观及其易学思维特征［J］．河北师范大学学报（哲学社会科学版），2002.04：68–71.

［85］汪希．朱熹反君主专制意义言行初考［J］．湖南师范大学社会科学学报，2002.03：123–127.

［86］汪志强．朱熹领导思想发微［J］．湖北省社会主义学院学报，2002.03：52–54.

［87］汪志强．朱熹治国思想发微［J］．湖北行政学院学报，2002.03：74–78.

［88］汪志强．朱熹治国思想及其历史观照［J］．江汉石油职工大学学报，2002.04：4–6.

［89］王建[redacted]丹琼．论朱熹的《大学》观［J］．西北大学学报（哲学社会科学版）[redacted]2.02：72–76.

［90］王利[redacted]《牧斋净稿》看朱熹的道教信仰［J］．宗教学研究，2002.04：1–8+[redacted]2.

［91］王利[redacted][illegible]朱熹诗文的文道一本论［J］．浙江大学学报（人文社会科学版），20[illegible]：104–109.

［92］王龙[illegible]赖大仁．韩愈与朱熹文道观之比较［J］．朱子学刊，2002.00：74–7[illegible]

［93］王心[illegible]世纪中国大陆程朱理学研究综述［J］．哲学动态，2002.01：32–3[illegible]

［94］王玉[illegible]孝经刊误》的是与非——兼论朱熹的治学态度与精神［J］．中州学[illegible]002.02：142–144.

［95］王元[illegible]耀华．朱熹闽东之行及其影响［J］．朱子学刊，2002.00：323–330.

［96］吴冬梅．论持敬在朱熹心性修养中的作用［J］．北京理工大学学报（社会科学版），2002.03：37–40.

［97］吴锋．朱熹对传统孝观念的理论贡献［J］．朱子学刊，2002.00：185–203.

［98］向熹．读朱熹《诗集传》［J］．乐山师范学院学报，2002.02：49–54.

［99］谢晓东．经学与理学之间——朱熹之理学诠释学原则初探［J］．唐都学刊，2002.03：12–15.

［100］熊瑜．朱熹家庭教育简论［J］．四川大学学报（哲学社会科学版），2002.05：95–101.

［101］徐刚．试论朱熹生命哲学思想［J］．哲学研究，2002.10：31–36.

［102］徐刚．朱熹自然哲学论纲［J］．自然辩证法研究，2002.11：33–35+48.

［103］徐刚．自然哲学双峰：朱熹与柏拉图比较研究［J］．上饶师范学院学报（社会科学版），2002.04：23–29.

［104］徐刚．试论朱熹自然哲学思想对近代科学启蒙思潮影响［J］．

朱子学刊，2002.00：79–91.

［105］徐公喜．朱熹盐法思想［J］．盐业史研究，2002.04：14–19.

［106］徐公喜．朱熹立法原则思想研究［J］．朱子学刊，2002.00：114–127.

［107］杨婷．王秋菊．从华严宗“一多”关系到朱熹的“理一分殊”——试论儒佛之异同［J］．青海社会科学，2002.05：62–64+83.

［108］游慕贤．张乐初．陈德松．寻访朱熹“半亩方塘”与茶花古树［J］．中国花卉园艺，2002.15：42–43.

［109］于民雄．朱熹的“理”与道德理性［J］．贵州社会科学，2002.04：45–49.

［110］余英时．朱熹挽孝宗诗笺释［J］．中国文化，2002.Z1：1–5.

［111］俞允海．从《诗集传》考察朱熹的语法意识［J］．古汉语研究，2002.03：87–89.

［112］詹建志．周学英．朱熹“格物致知”说述评［J］．江西社会科学，2002.12：70–71.

［113］詹石窗．专题研讨：朱熹的文化解读［J］．东南学术，2002.06：11–13.

［114］詹石窗．于国庆．论朱熹的身心健康思想［J］．东南学术，2002.06：30–35.

［115］张怀满．略论朱熹教育思想的当代价值［J］．学术交流，2002.02：149–151.

［116］张京华．朱子所论《易传》“一二四”与《老子》“一二三”问题及其得失［J］．朱子学刊，2002.00：92–113.

［117］张树旺．从治道角度看朱熹哲学［J］．华南理工大学学报（社会科学版），2002.03：14–18.

［118］张树旺．从治道角度看朱熹哲学［J］．中山大学研究生学刊（社会科学版），2002.01：12–18.

［119］张伟．阐释《大学》的二重向度——从朱子与阳明不同的哲学进路看《大学》［J］．浙江社会科学，2002.04：110–111.

［120］张新民．朱子“去恶全善”思想的本体论与工夫论［J］．孔子研究，2002.04：44–53.

［121］张映梦．陶渊明在宋代的地位及其与苏轼、朱熹之关系［J］．内蒙古社会科学（汉文版），2002.02：67-69.

［122］张祝平．论朱熹读《诗》方法论及其理学桎梏［J］．贵州文史丛刊，2002.02：33-37.

［123］赵刚．郑婷．邱忠善．试析明儒李材的《大学》改本——兼与朱子《大学章句》比较［J］．复旦学报（社会科学版），2002.02：38-44.

［124］赵建功．朱子思想的终极关怀［J］．学术探索，2002.02：25-26.

［125］郑万耕．朱熹易学简论［J］．江西社会科学，2002.02：41-45.

［126］钟明奇．《朱熹年谱长编》出版［J］．大学出版，2002.03：12.

［127］周茶仙．朱熹经济思想述论［J］．朱子学刊，2002.00：128-142.

［128］周桂芹．朱熹“格物致知”说学理价值评析［J］．江西社会科学，2002.06：29-32.

［129］周焕卿．从《诗集传》看朱熹的理学思想［J］．宁波大学学报（人文科学版），2002.01：28-32.

［130］周瑾．求道、为诗与作人——朱熹研究刍议：一种生存论的观照［J］．西昌师范高等专科学校学报，2002.04：33-36+40.

［131］朱人求．朱熹哲学的生命意识［J］．朱子学刊，2002.00：12-26.

［132］朱荣英．朱熹理学及其喻象与转识成智［J］．洛阳师范学院学报，2002.01：12-14.

［133］朱亚宗．朱熹理学的内在结构与科学功能［J］．朱子学刊，2002.00：01-11.

［134］朱颖．朱秩．《朱文公家训》试析［J］．朱子学刊，2002.00：228-238.

［135］邹其昌．论朱熹诗经诠释学美学中的“礼乐”观［J］．朱子学刊，2002.00：46-59.

［136］邹然．金龙．朱熹“《诗》说”述要［J］．南昌大学学报（人文社会科学版），2002.04：90-95.

硕博论文

［1］程海霞．唤醒沉睡的道德自觉——朱熹修养论研究［D］．扬州大学，2002. 硕士论文．

［2］郭兆云．朱熹阅读教育理论述评［D］. 扬州大学，2002. 硕士论文．

［3］李春桃．朱熹诗浅论［D］．湖南师范大学，2002. 硕士论文．

［4］孙丽．论荻生徂徕对朱子学连续性思维的解构［D］．延边大学，2002. 硕士论文．

［5］吴法源．文学与哲学的冲突和融合［D］．华东师范大学，2002. 硕士论文．

［6］陈代湘．现代新儒学与朱子学［D］．南开大学，2002. 博士论文．

［7］刘承相．朱子早年思想研究［D］．中国社会科学院研究生院，2002. 博士论文．

报纸论文

［1］汤源生．开拓朱熹哲学研究新领域［N］．福建日报，2002-11-25.

［2］伍松乔．与朱熹一起漂九曲［N］．四川日报，2002-12-26T00.

［3］张文彪．自然哲学对朱熹的新解释［N］．光明日报，2002-12-12.

［4］《朱熹评传》作者张立文．朱熹的求理精神［N］．光明日报，2002-05-14.

2003 年

期刊论文

［1］白洁．朱子学东渡日本始末及其影响［J］．日语知识，2003.05：33-34.

［2］白奚．从孟子到程、朱——儒家仁学的诠释与历史发展［J］．首都师范大学学报（社会科学版），2003. 06：43-48.

［3］毕新丁．新发现的两篇朱熹佚文［J］．朱子学刊，2003.00：460-461.

［4］蔡方鹿．全面详密 博考精审——评束景南先生著《朱熹年谱长编》［J］．中华文化论坛，2003. 02：154-156.

［5］蔡方鹿．朱熹《尚书》学的影响和地位［J］．天府新论，2003.04：11-15.

［6］蔡方鹿．朱熹经典诠释学之我见［J］．文史哲，2003.02：42-47.

［7］蔡方鹿．朱熹经学对中国经学发展的影响［J］．江南大学学报（人文社会科学版），2003.03：35-38+41.

［8］蔡方鹿．朱熹经学对中国经学发展的影响［J］．朱子学刊，2003.00：7-17.

［9］蔡方鹿．朱熹经学与宋学［J］．社会科学研究，2003.05：56-60.

［10］蔡方鹿．注经与哲学——朱熹经学对中国传统哲学的发展［J］．哲学研究，2003.03：53-59.

［11］蔡志军．朱熹与图斐利理性主义特色的确认与比较——兼论"李约瑟难题"［J］．安徽教育学院学报，2003. 04：10-14.

［12］曹之．朱熹反盗版［J］．出版参考，2003.15：24.

［13］曾春海．对比朱熹与伊川的易学［J］．哲学与文化（台湾），2003.03：115-134.

［14］曾亦．陈怡．性情问题与朱子、张南轩辩仁爱之不同［J］．哲学与文化（台湾），2003.10：27-41.

［15］常耕．龚曦．朱子学与当代社会国际学术会综述［J］．朱子学刊，2003.00：462-472

［16］陈壁生．格物致知——从朱王注解看其学术异同［J］．中山大学研究生学刊（社会科学版），2003.03：1-7.

［17］陈代湘．冯友兰对朱子学的继承和超越［J］．船山学刊，2003.01：109-112

［18］陈代湘．王船山对朱子格物致知论的继承与发展［J］．湘潭大学社会科学学报，2003.03：9-11.

［19］陈代湘．论刘述先对朱子学现代意义的阐发［J］．朱子学刊，2003.00：442-459

［20］陈凤．略论朱熹的道德教育思想及现实启迪［J］．福建师大福清分校学报，2003.04：84-87.

［21］陈剑峰．陆建伟．陈友益．浙江湖州新发现的朱子家谱及其所反映的主要情况［J］．福建论坛（人文社会科学版），2003.04：38–43.

［22］陈戍国．孙思旺．略论朱熹与白鹿洞书院之关系［J］．湖南大学学报（社会科学版），2003.04：8–11.

［23］陈修英．朱熹整理文献探讨［J］．淮北煤炭师范学院学报（哲学社会科学版），2003.03：98–101.

［24］程继红．傅惠敏．论信州在朱熹理学传播中的地理意义［J］．朱子学刊，2003.00：252–262.

［25］程利田．朱子学的世界传播和影响［J］．南平师专学报，2003.03：21–26.

［26］程梅花．论朱熹“致中和”的方法论［J］．中国哲学史，2003.02：17–23.

［27］崔玉军．陈荣捷和他的朱熹研究［J］．中国哲学史，2003.03：100–110.

［28］丁为祥．朱子本体意识的裂变及其意义［J］．中国文哲研究通讯（台湾），2003.02：101–116.

［29］董艳丽．姜新梅．朱熹的“涵泳”思想对语文教学的指导［J］．当代教育科学，2003.17：54–55.

［30］傅寿宗．朱熹思想对增强中华民族凝聚力的意义［J］．韶关学院学报（社会科学版），2003.02：68–71.

［31］高建立．程朱理学的正统化实现及其历史命运［J］．吉林师范大学学报（人文社会科学版），2003.05：24–28

［32］高建立．程朱理学的正统化实现及其历史命运［J］．朱子学刊，2003.00：311–321.

［33］顾歆艺．金开诚．《四书章句集注》研究［J］．中国典籍与文化，2003.03：50.

［34］郭淑新．朱子、阳明圣人观比较［J］．安徽师范大学学报（人文社会科学版），2003.01：56–61.

［35］郭振香．由朱熹性理学说观“理一分殊”之多重意蕴［J］．安徽大学学报（哲学社会科学版），2003.06：58–63.

［36］韩英．试论丁若镛对朱子学的批判［J］．当代韩国，2003.03：

27–31.

［37］（韩）河娫和．朱子美学构架［J］．首都师范大学学报（社会科学版），2003.05：54–65.

［38］洪军．朱熹、李栗谷经济思想之比较［J］．韩国研究论丛，2003.00：236–250.

［39］胡可涛．论朱熹生死观［J］．朱子学刊，2003.00：113–125.

［40］黄柯．一项中国古代自然哲学研究的新成果——《朱熹自然哲学思想论稿》一书出版［J］．哲学动态，2003. 10：2.

［41］黄训美．朱熹教育思想历史价值之检讨［J］．朱子学刊，2003.00：148–158.

［42］黄钊．论朱熹对圣贤人格的执着追求及其现实价值［J］．朱子学刊，2003.00：65–73.

［43］汲军．童腮军．择婿婚及对朱熹的女性观形成的影响［J］．朱子学刊，2003.00：174–185.

［44］贾忠婷．朱熹透过《孟子》所阐述的“心性情”三分之义理内涵［J］．鹅湖月刊（台湾），2003.341：54–63.

［45］姜广辉．程朱理学道德观的现代意义［J］．朱子学刊，2003.00：186–189.

［46］姜国柱．朱熹的军事思想［J］．朱子学刊，2003.00：126–140.

［47］姜国柱．朱熹的求知论［J］．江西社会科学，2003.02：43–48.

［48］金东勋．朱熹与朝鲜李滉之汉诗创作联姻关系考［J］．延边大学学报（社会科学版），2003.01：55–59.

［49］金东勋．朱熹与李滉之诗论、诗风联姻关系考［J］．延边大学学报（社会科学版），2003.02：53–57.

［50］金仁权．论李滉对程朱“主敬”思想的扬弃［J］．延边大学学报（社会科学版），2003.04：13–17.

［51］柯林．潜心闽学 躬耕十载——徐刚与他的朱子研究［J］．政协天地，2003.03：35.

［52］柯远洋．樊如霞．孔子与朱子的“德治”理念内涵解读［J］．朱子学刊，2003.00：201–209.

［53］乐爱国．吴鸿雅．蔡元定乐律理论中的九进制思想［J］．朱子

学刊，2003.00：412–419.

［54］冷天吉．科学视域中的康德和朱熹［J］．朱子学刊，2003.00：87–96.

［55］李承贵．朱熹对禅宗的理解与误读［J］．朱子学刊，2003.00：74–86.

［56］李煌明．朱熹对“孔颜之乐”的诠释［J］．昆明师范高等专科学校学报，2003.01：14–21.

［57］李锦全．朱熹家庭教育思想的当今价值——对《朱子家训》作点分析［J］．朱子学刊，2003.00：190–196.

［58］李良华．柏拉图正义论与朱熹理学比较采撷［J］．中南民族大学学报（人文社会科学版），2003.S2：28–29.

［59］李明山．广东朱熹学术思想研讨会在韶关市南雄召开［J］．韶关学院学报（社会科学版），2003.01：95

［60］李清良．郭瑞芳．论朱熹对理解之蔽的认识——兼论中西阐释学理论的一项本质区别［J］．湖南师范大学社会科学学报，2003.02：27–31.

［61］李秋丽．朱熹对邵雍先天象数学的继承和发展［J］．周易研究，2003.01：69–74.

［62］林瀚．从《大学》看朱熹与王夫之的“心”论［J］．韩山师范学院学报，2003.04：39–42+67.

［63］林衡勋．“文皆是从道中流出”——试论朱熹的文学道本体论［J］．湛江师范学院学报（哲学社会科学），2003.04：47–52.

［64］林俊宏．朱舜水与日本江户时代朱子学派的关系［J］．鹅湖月刊（台湾），2003.340：53–64.

［65］（韩）林孝宣．李退溪对朱熹性情观的继承和发展［J］．求是学刊，2003.06：12–16.

［66］林振礼．新发现朱熹佚文真伪考辨——兼谈《泉州同安鹤浦祖祠堂记》的研究价值［J］．泉州师范学院学报（社会科学版），2003.05：45–48+54.

［67］林振礼．朱熹风水观与闽南民俗［J］．朱子学刊，2003.00：159–173.

［68］刘鄂培．论朱熹理学体系的“源头活水”［J］．船山学刊，2003.04：44–47.

［69］刘桂莉．朱熹的人性论［J］．江西社会科学，2003.07：19–21.

［70］刘佩芝．冯会明．朱熹德治思想的借鉴与反思［J］．江西社会科学，2003.10：81–83.

［71］刘天利．孤寂情怀与闲适情趣——朱熹的早期诗歌简说［J］．古典文学知识，2003.01：56–60.

［72］刘晓南．论朱熹诗骚叶音的语音根据及其价值［J］．古汉语研究，2003.04：25–35.

［73］刘兴邦．江门心学与朱熹理学［J］．朱子学刊，2003.00：420–432.

［74］刘振维．略论朱熹“人性本善”说与佛教中国化中之“佛性”的关联——以朱熹《四书集注》与圭峰宗密《华严原人论》为例［J］．哲学与文化（台湾），2003.06：43–61.

［75］卢子震．浅谈朱熹的“理一分殊”［J］．河北大学学报（哲学社会科学版），2003.04：56–58.

［76］鲁元贵．祁润兴．朱熹“理欲之辨”的逻辑解析和意义澄清［J］．内蒙古社会科学（汉文版），2003.03：59–63.

［77］陆建华．孙以楷．朱熹视界中的老子［J］．哲学与文化（台湾），2003.10：43–56.

［78］罗伽禄．朱熹与南城关系考析［J］．朱子学刊，2003.00：279–289.

［79］罗来平．朱熹与呈坎［J］．合肥教育学院学报，2003.03：37–41.

［80］马继武．论朱熹理学中的“理欲”与“义利”［J］．潍坊学院学报，2003.01：43–45.

［81］蒙培元．朱熹哲学生态观（上）［J］．泉州师范学院学报（社会科学版），2003.03：15–22.

［82］蒙培元．朱熹哲学生态观（下）［J］．泉州师范学院学报（社会科学版），2003.05：1–8.

［83］潘畅和．金德子．古代朝鲜朱子学道学精神及其论辩性特色［J］.

东疆学刊，2003.01：22-29.

［84］（韩）权相佑．从“关系”的思维模式来探索朱熹宇宙本体论［J］．孔子研究，2003.06：61-69.

［85］（韩）权相佑．朱熹理一分殊思想对当代建立全球普遍论理的意义［J］．太原师范学院学报（社会科学版），2003.04：16-20.

［86］石明庆．朱熹诗学思想的渊源与诗歌创作［J］．南开学报（哲学社会科学版），2003.01：100-105.

［87］束景南．从新发现的《与程允夫书》看朱熹绍兴十九年的婺源之行［J］．朱子学刊，2003.00：239-251.

［88］孙丽．荻生徂徕与朱子学“道论”之比较［J］．天津社会科学，2003.04：127-129.

［89］孙利．朱熹心性学研究概述［J］．中华文化论坛，2003.01：119-122.

［90］孙涛．从朱子学道德性优位到徂徕学政法性优位的转变——日本近世政治思想的嬗变之一［J］．泰安教育学院学报岱宗学刊，2003.02：29-31.

［91］孙以楷．朱熹论墨子之兼爱说［J］．孔子研究，2003.04：91-97.

［92］檀作文．朱熹对《诗经》文学性的深刻体认［J］．湘潭大学社会科学学报，2003.05：132-137

［93］檀作文．朱熹废《诗序》详考［J］．中国诗歌研究，2003.00：168-191+368-369.

［94］汤恩佳．朱熹德治思想对“以德治国”方针的借鉴意义［J］．韶关学院学报（社会科学版），2003.02：64-67.

［95］汤恩佳．朱熹德治思想与“以德治国”方针［J］．朱子学刊，2003.00：197-200.

［96］唐贤清．《朱子语类》副词“大故”探析［J］．船山学刊，2003.02：131-134.

［97］唐贤清．《朱子语类》中的“太”、“煞”与“太煞”［J］．云梦学刊，2003.03：108-111.

［98］唐贤清．《朱子语类》重叠式副词的类型［J］．中南大学学报（社

会科学版），2003.04：547–551.

［99］唐贤清.《朱子语类》重叠式副词的语义、语法分析［J］. 湖南大学学报（社会科学版），2003.05：85–88

［100］唐贤清.《朱子语类》重叠式副词的语用分析［J］. 湖南广播电视大学学报，2003.03：35–37.

［101］王风. 从《朱子语类》看《周易本义》成稿过程［J］. 中国哲学史，2003.04：57–66.

［102］王公山. 朱熹《四书章句集注》寓教于注方法的运用及其意义［J］. 山东教育学院学报，2003.03：14–16.

［103］王国良. 朱熹理学的解构与中国哲学传统的再诠释［J］. 安徽师范大学学报（人文社会科学版），2003.02：131–136.

［104］王国良. 朱熹与新安理学［J］. 中国哲学史，2003.01：107–111.

［105］王维先. 试论神道"土金传"与朱子学的关系［J］. 齐鲁学刊，2003.05：25–30.

［106］王维先. 宫云维. 朱子《家礼》对日本近世丧葬礼俗的影响［J］. 浙江大学学报（人文社会科学版），2003.06：148–150.

［107］王维先. 王俊梅. 从天人合一到天人唯一：作为方法的闇斋派朱子学［J］. 山东大学学报（哲学社会科学版），2003.05：53–56.

［108］王兴喜.《朱熹自然哲学思想论稿》：一项开拓性的研究成果［J］. 福建论坛（人文社会科学版），2003 .05：107–108.

［109］吴定安. 朱子游否金溪考［J］. 南方文物，2003.04：69–72.

［110］吴定安. 朱子游否金溪考［J］. 朱子学刊，2003.00：270–278.

［111］吴建辉. 朱熹对《诗经·郑风》训释的突破及其意义［J］. 中国韵文学刊，2003.02：68–72.

［112］吴长庚. 婺源朱子学与当代社会国际学术研讨会开幕词［J］. 朱子学刊，2003.00：1–2.

［113］吴正岚. 揭示理学宗师光环下的文学家面目——评《朱熹文学研究》［J］. 南京大学学报（哲学·人文科学·社会科学版），2003.05：159–160.

［114］武道房. 对戴震批评朱熹理欲观的再认识［J］. 安徽大学学

报（哲学社会科学版），2003.05：75-78.

［115］谢晓东．论小学涵养在朱熹哲学体系中的地位［J］．汉中师范学院学报（社会科学版），2003.01：68-71+80.

［116］徐鼎一．朱子《诗集传》浅说［J］．北京大学学报（哲学社会科学版），2003.S1：94-101.

［117］徐刚．朱熹自然哲学思想逻辑结构之解析［J］．朱子学刊，2003.00：52-64.

［118］徐公喜．朱熹诉讼公正思想探微［J］．船山学刊，2003.04：48-50.

［119］徐公喜．朱熹盐业管理改革思想初探［J］．上饶师范学院学报（社会科学版），2003.02：63-66+103

［120］徐信国．书评:金春峰《朱熹哲学思想》［J］．哲学与文化（台湾），2003.06：121-124.

［121］徐仪明．试论程朱的心欲观［J］．朱子学刊，2003.00：41-51.

［122］许丽莉．《文史通义》释“下学上达”疏证——兼论章学诚与朱熹、王阳明学术思想之关系［J］．琼州大学学报，2003.04：68-70.

［123］许亦善．谈《朱子家训》的美学价值［J］．南平师专学报，2003.01：59-60.

［124］杨星．文学的超越与迷失——朱熹《诗》学特征简述［J］．厦门教育学院学报，2003.04：78-80.

［125］杨忠东．形似与神异——刘智与朱熹的比较研究［J］．新疆大学学报（社会科学版），2003.01：48-51.

［126］杨柱才．朱熹的诚说［J］．朱子学刊，2003.00：30-40.

［127］原新梅．简明平易：朱熹《诗集传》注释的修辞特色［J］．修辞学习，2003.06：45-46.

［128］岳珍．朱熹《韩文考异》摘疵一则［J］．古汉语研究，2003.02：90-91.

［129］臧宏．郭淑新．朱熹形而上学论究［J］．朱子学刊，2003.00：18-29.

［130］张德民．朱熹是“明代大知识分子”？［J］．咬文嚼字，2003.07：13.

［131］张继涛．朱丽霞．作为“文”的《诗经》与朱熹“道”学的形成［J］．朱子学刊，2003.00：97–112.

［132］张品端．朱熹的道德观对家庭美德建设的意义［J］．韶关学院学报（社会科学版），2003.02：72–76.

［133］张体云．论朱熹的山林情趣与他的诗歌创作［J］．四川师范学院学报（哲学社会科学版），2003.02：108–112.

［134］张文彪．中国自然哲学研究的新突破——评徐刚《朱熹自然哲学思想论稿》［J］．自然辩证法研究，2003.05：94.

［135］张艳清．本体与境界——释朱熹的“心与理一”［J］．北方工业大学学报，2003.04：37–41.

［136］张艳清．从“元晦”到“不远复”——朱熹早期教育环境的道家影响［J］．新疆师范大学学报（哲学社会科学版），2003.01：47–50.

［137］赵蓓．科学理性精神：朱熹理学的另一面［J］．船山学刊，2003.04：154–156.

［138］赵伯雄．朱熹《春秋》学考述［J］．孔子研究，2003.01：63–72.

［139］赵峰．朱熹论孔颜乐处［J］．江苏行政学院学报，2003.04：28–33.

［140］赵健．朱熹教育思想的新审视［J］．广西右江民族师专学报，2003.02：76–80.

［141］郑晓江．文达复斋先生之行与思——兼及复斋与“乾淳诸老”的讲习活动［J］．朱子学刊，2003 00：391–411.

［142］郑颖．“朱子读书法”的现代学习论解读［J］．开封大学学报，2003. 03：13–15.

［143］周秉高．朱熹反王逸功过论［J］．职大学报，2003.01：18–22.

［144］周茶仙．王卫红．试论朱熹的重农思想［J］．朱子学刊，2003.00：141–147.

［145］周建华．朱熹南赣理学和文学活动考［J］．朱子学刊，2003.00：263–269.

［146］周瑾．求道、为诗与作人——朱熹研究刍议：一种生存论的观照［J］．中华文化论坛，2003. 03：124–128.

[147] 周志川 . 朱子太极观对后世的影响——以清初理学家为中心 [J]. 通识研究集刊（台湾），2003.03：195–207.

[148] 邹其昌 . 林彬晖 . "感物道情" 与 "诗言志" ——朱熹诗经诠释学美学审美创作旨趣研究 [J]. 湘潭师范学院学报（社会科学版），2003.05：48–51.

[149] 邹其昌 . 朱熹"气象"审美论[J]. 江汉大学学报(人文科学版)，2003.03：42–45.

[150] 邹其昌 . 朱熹美学思想与中国美学精神 [J]. 武汉理工大学学报（社会科学版），2003.06：711–715.

[151] 邹玉华 . "惟" 字崛起和朱熹有关 [J]. 咬文嚼字，2003.04：42–43.

硕博论文

[1] 高会霞 . 朱熹仁学思想研究 [D]. 河南大学，2003. 硕士论文 .

[2] 黄世福 . 朱熹理学与佛学之比较 [D]. 安徽大学，2003. 硕士论文

[3] 罗小如 . 论朱熹《论语集注》的训诂价值 [D]. 宁夏大学，2003. 硕士论文 .

[4] 毛哲山 . 朱熹和栗谷理气论之比较研究 [D]. 延边大学，2003. 硕士论文 .

[5] 陶有浩 . 朱熹的理欲思想述评 [D]. 湖南师范大学，2003. 硕士论文 .

[6] 田智忠 . 朱熹论"曾点气象"研究[D]. 河北大学,2003. 硕士论文 .

[7] 肖雄杰 . 朱熹语文教育思想研究 [D]. 贵州师范大学，2003. 硕士论文 .

[8] 谢晓东 . 朱子道心人心思想探微 [D]. 陕西师范大学，2003. 硕士论文 .

[9] 姚宇亮 . 从朱熹书学看宋代儒学复兴对书法的影响 [D]. 首都师范大学，2003. 硕士论文 .

[10] 张华冕 . 试论朱熹的书院教学思想 [D]. 华中师范大学，2003. 硕士论文 .

［11］张体云．张栻与朱熹诗比较研究［D］．湘潭大学，2003．硕士论文．

［12］周雪敏．宋元之际白鹭洲书院朱子后学的气节和气节修养思想研究［D］．江西师范大学，2003．硕士论文．

［13］（韩）权相佑．朱熹理一分殊思想研究［D］．中国社会科学院研究生院，2003．博士论文．

［14］唐贤清．朱子语类副词研究［D］．湖南师范大学，2003．博士论文．

［15］熊瑜．朱熹伦理教化研究［D］．四川大学，2003．博士论文．

报纸论文

［1］记者严红枫　通讯员严元俭．浙西发现朱熹家族宗谱［N］．光明日报．2003/10/13.

［2］记者余传诗．《朱子全集》出版［N］．光明日报．2003-08-14.

［3］特约撰稿 要刚．朱熹传世墨宝仅见的大字真迹［N］．人民政协报．2003/06/05A03.

［4］王国良．朱熹与新安理学的价值［N］．光明日报．2003/05/20.

［5］新华社记者张乐．朱熹后裔，想拿祖风当“卖点”［N］．新华每日电讯．2003/02/19007.

［6］朱健．道光碗上的朱子家训［N］．中国艺术报．2003-09-05B04.

2004 年

期刊论文

［1］．安徽省朱子学术研讨会观点综述［J］．合肥学院学报（社会科学版），2004.02：26-28.

［2］毕民智．道德文章 照耀千古——试论朱熹的社会生命智慧［J］．黄山学院学报，2004.04：10-13.

［3］蔡贞明．试析朱熹的“理”“欲”观［J］．毕节师范高等专科学校学报（综合版），2004.04：51-52.

［4］曾春海．书评：蔡方鹿《朱熹经学与中国经学》第六章〈朱熹的易学〉［J］．哲学与文化（台湾），2004.10：173-174.

［5］陈爱中．朱熹史料掇拾［J］．黄山学院学报，2004.04：37-39.

［6］陈安金．论永嘉学派与朱子学派的分歧［J］．江汉论坛，

2004.07：79–82.

［7］陈国代．南宋大儒朱熹与医药姻缘考［J］．中医药学刊，2004.12：2303–2304.

［8］程继红．程国栋．朱熹与信州文人集团交游考［J］．朱子学刊，2004.00：77–86.

［9］程利田．朱熹的道德观与职业道德［J］．朱子学刊，2004.00：110–133.

［10］程利田．朱子理学诗述评［J］．南平师专学报，2004.03：31–34.

［11］邓雄．略谈朱熹与紫阳书院［J］．邵阳学院学报（社会科学版），2004.02：52–53.

［12］刁永新．读书明理：朱熹读书观刍议［J］．当代教育科学，2004.11：58–59.

［13］丁为祥．宁新昌．朱子本体意识的形成及其特征［J］．陕西师范大学学报（哲学社会科学版），2004.04：39–45.

［14］丁亚杰．士大夫生命的自我投射——方苞《朱子诗义补正》的女性认知［J］．东华汉学（台湾），2004.02：201–226.

［15］杜保瑞．从朱熹鬼神观谈三教辨正问题的儒学理论建构［J］．东吴哲学学报（台湾），2004.10：55–92.

［16］杜保瑞．书评：金春峰《朱熹哲学思想》［J］．哲学与文化（台湾），2004.08：133–138.

［17］杜保瑞．书评：刘述先《朱子哲学思想的发展与完成》［J］．哲学与文化（台湾），2004.08：127–131.

［18］杜哉．朱熹误说昆虫［J］．咬文嚼字，2004.06：39–40.

［19］范立舟．蒋启俊．康德、朱熹历史发展观之比较［J］．理论学刊，2004.06：91–94.

［20］方利山．朱熹“为民”思想及其影响［J］．黄山学院学报，2004.04：29–31+39

［21］方利山．朱熹理学对徽商影响之两面［J］．合肥学院学报（社会科学版），2004.04：23–25.

［22］冯会明．余罗玉．论朱熹的人才思想［J］．江西社会科学，

2004.10：236-238.

［23］傅箭星．罗晓丹．论朱熹的科技思想［J］．南方文物，2004.04：109-111+108.

［24］葛兆光．拆了门槛便无内无外：在政治、思想与社会史之间——读余英时先生《朱熹的历史世界》及相关评论［J］．书城，2004.01：43-49+4.

［25］巩志．宋大儒朱熹的茶道人生［J］．茶叶科学技术，2004.03：44-45.

［26］巩志．宋大儒朱熹的茶道人生［J］．农业考古，2004.02：35-37+68.

［27］管丽霞．朱熹、王阳明哲学进路比较研究——从对《大学》文本的不同解释来看［J］．燕山大学学报（哲学社会科学版），2004.02：17-20.

［28］郭齐．性与天道：朱熹"理从天出"说辨析［J］．四川大学学报（哲学社会科学版），2004.02：103-106.

［29］洪军．金今花．朱熹与栗谷教育思想之比较［J］．当代韩国，2004.03：25-30.

［30］胡发贵．朱熹"格正君心"与儒家禁欲思想中的政治关切［J］．黄山学院学报，2004.04：1-5+9.

［31］胡青．周雪敏．白鹭洲书院朱子后学的气节修养思想［J］．教育评论，2004.03：76-79.

［32］黄荟．从"视域融合"的视角来看朱熹对"四书"的解释［J］．兰州学刊，2004.02：55-56.

［33］黄开国．朱熹经学研究的重大成果［J］．社会科学战线，2004.06：268.

［34］黄世瑞．"莫言先哲轻科技，鱼跃鸢飞别有天"——朱熹科技思想浅探［J］．华南师范大学学报（社会科学版），2004.01：20-24+157.

［35］黄耘．试论《朱子读书法》［J］．广西教育学院学报，2004.03：31-33.

［36］汲军．家族中寡妇的生活对朱熹守节观的影响［J］．朱子学刊，2004.00：179-187

［37］金昌权．关于朱熹哲学性质的重新定位问题［J］．临沂师范学院学报，2004.05：102–104.

［38］金洪培．壬辰倭乱与朝鲜朱子学的东渐［J］．东疆学刊，2004.04：17–21.

［39］金生杨．程朱理学与王安石《易解》［J］．孔子研究，2004.03：83–90.

［40］金五德．朱熹诗中的情愫［J］．黄山学院学报，2004.04：32–36.

［41］（韩）金周昌．程、朱《周易》观之分析与比较［J］．江南大学学报（人文社会科学版），2004.01：42–43+60.

［42］阚红艳．冯友兰哲学与程朱理学之异同［J］．安徽电气工程职业技术学院学报，2004.02：19–21.

［43］乐爱国．胡行华．略论朱熹对浑仪的研究［J］．上饶师范学院学报（社会科学版），2004.05：17–20+45.

［44］黎昕．朱熹对儒家忠恕思想的阐发及意义［J］．朱子学刊，2004.00：202–211.

［45］李兵．书院大师朱熹的科举生涯与科举观评析［J］．湖南大学学报（社会科学版），2004.03：20–23.

［46］李承贵．朱熹佛教常识论——朱熹对佛教常识的认知及其检讨［J］．江西师范大学学报（哲学社会科学版），2004.01：25–31.

［47］李承贵．朱熹视野中的禅宗［J］．华夏文化，2004.02：28–30.

［48］李春桃．朱熹的诗学观念与诗歌创作［J］．兰州学刊，2004.04：244–246.

［49］李华瑞．王海鹏．朱熹禳弭救荒思想述论［J］．中国农史，2004.03：82–89.

［50］李锦全．从理欲观的演进看徽州文化与时俱进的一个侧面——以朱熹与戴震理欲观比较作剖析［J］．黄山学院学报，2004.04：62–66.

［51］李敏辞．《朱子语类》词语义释［J］．衡阳师范学院学报（社会科学版），2004.04：96–99.

［52］李敏辞．《朱子语类》口语词释义［J］．长沙电力学院学报（社会科学版），2004.02：106–108.

［53］李清良．王栋．修养工夫与经典阐释——朱熹阐释思想研究之

一［J］. 湖南大学学报（社会科学版），2004.05：25–29.

［54］李士金 . 朱熹关于“存天理、灭人欲”的理论思考——对“义利”关系的深刻认识［J］. 新疆大学学报（社会科学版），2004.02：33–35+82.

［55］李士金 . 朱熹关于“存天理、灭人欲”的理论思考——朱子性论精神分析［J］. 郑州航空工业管理学院学报（社会科学版），2004.04：28–29+62.

［56］李士金 . 朱熹关于“存天理、灭人欲”的哲学思考［J］. 山东师范大学学报（人文社会科学版），2004.05：28–30.

［57］李士金 . 朱熹论“修辞立其诚”的深刻意蕴［J］. 修辞学习，2004.02：59–60.

［58］李士金 . 朱熹自我检讨精神分析［J］. 福建论坛（人文社会科学版），2004.03：50–53.

［59］李士金 . 朱子论“无极”、“太极”的理论意义［J］. 求索，2004.04：156–158.

［60］李薇 . 朱熹教学方法论［J］. 陕西广播电视大学学报（综合版），2004.01：38–40.

［61］李禹阶 . 朱熹的家族礼仪论与乡村控制思想［J］. 重庆师范大学学报（哲学社会科学版），2004.04：71–76

［62］梁涛 . 中国哲学合法性的证明——读《朱陆之辨——朱熹陆九渊哲学比较研究》［J］. 东方论坛（青岛大学学报），2004.02：126–127.

［63］梁涛 . 朱熹对“慎独”的误读及其在经学诠释中的意义［J］. 哲学研究，2004.03：48–53+96.

［64］梁韦弦 . 船山先生对邵雍、朱熹易学的批评［J］. 船山学刊，2004.03：22–25.

［65］林国标 . 一种考察清代哲学的新视角——清初朱子学的理论价值及历史意义［J］. 衡阳师范学院学报（社会科学版），2004.01：19–22.

［66］林振礼 . 填补空白 新见迭出——读陈代湘《现代新儒学与朱子学》［J］. 孔子研究，2004.03：120–122.

［67］林振礼 . 朱熹《观书有感》非作于淳熙三年［J］. 泉州师范学院学报（社会科学版），2004.03：124.

［68］林振礼．朱熹与摩尼教新探［J］．泉州师范学院学报（社会科学版），2004.01：30–37.

［69］刘伯山．《程朱阙里志》与朱熹二程出自徽州考［J］．中国地方志，2004.12：37–41.

［70］刘成国．“以道自任”与“自我正义化”——从《朱熹的历史世界》说到北宋士风的另一侧面［J］．中国图书评论，2004.03：31–33.

［71］刘笃才．朱熹法律思想的价值重估［J］．黄山学院学报，2004.04：14–17.

［72］刘固盛．论朱熹的庄学思想［J］．朱子学刊，2004.00：1–20.

［73］刘经富．朱熹在江西事迹考（之一）［J］．江西社会科学，2004.05：220–228.

［74］刘佩芝．俞来德．朱熹的旅游实践与旅游思想［J］．江西社会科学，2004.10：232–235.

［75］刘少航．朱熹理学的思想渊源［J］．零陵学院学报，2004.01：101–103.

［76］刘晓南．周赛红．朱熹吴棫毛诗音叶异同考［J］．语言研究，2004.04：38–41.

［77］刘晓南．朱熹叶音本意考［J］．古汉语研究，2004.03：2–7.

［78］刘学智．《朱子语类》中朱熹所犯的一个错误辩证［J］．陕西师范大学学报（哲学社会科学版），2004.05：79.

［79］刘玉晶．浅论朱熹的语文教育思想［J］．辽宁教育行政学院学报，2004.05：48–49.

［80］刘昭仁．朱熹与吕祖谦的交谊［J］．黄山学院学报，2004.04：48–57.

［81］龙念．初读朱熹［J］．合肥学院学报（社会科学版），2004.02：10–15.

［82］罗小如．朱熹《论语集注》与何晏《论语集解》之比较［J］．龙岩师专学报，2004.05：92–95.

［83］吕福松．朱熹儿童道德教育思想探论［J］．朱子学刊，2004.00：134–146

［84］马继武．朱熹论“义”［J］．潍坊学院学报，2004.01：100–

101+104.

［85］孟淑媛 . 于川 . 朱熹法哲学思想初探［J］. 朱子学刊，2004.00：98-109.

［86］孟淑媛 . 于川 . 试论朱熹以“理”为基石的法制思想［J］. 安徽商贸职业技术学院学报（社会科学版），2004.02：15-18.

［87］闵正国 . 新发现的一篇朱熹佚文［J］. 朱子学刊，2004.00：441-442.

［88］钱明锵 . 武夷山步朱熹《九曲棹歌》原韵十首［J］. 厦门教育学院学报，2004.03：2+91.

［89］钦伟刚 . 朱熹删改《参同契》经文考［J］. 宗教学研究，2004.03：24-40.

［90］芮常木 . 朱熹、戴震对儒学的继承和创新［J］. 黄山学院学报，2004.04：40-43.

［91］沈艾娥 . 和谐与矛盾——再议朱熹“淫诗”说［J］. 怀化学院学报，2004.04：76-77.

［92］盛学峰 . 谈“朱子”旅游产品的开发［J］. 黄山学院学报，2004.04：122-124

［93］史少博 . 朱熹理学的易学底蕴［J］. 青岛科技大学学报（社会科学版），2004.01：59-64.

［94］斯彦莉 . 黄振萍 . 进一步的“哥白尼回转”——从余英时《朱熹的历史世界》说起［J］. 东岳论丛，2004.04：16-21.

［95］粟品孝 . 文本与行为：朱熹《家礼》与其家礼活动［J］. 安徽师范大学学报（人文社会科学版），2004.01：99-105.

［96］孙利 . 朱熹对儒家传统心性论的诠释与创新［J］. 玉溪师范学院学报，2004.11：15-19.

［97］檀作文 . 朱熹对《诗经》文学性的深刻体认［J］. 首都师范大学学报（社会科学版），2004.01：69-74.

［98］檀作文 . 朱熹废《诗序》详考［J］. 中国诗歌研究，2004.00：168-191+368-369.

［99］汤思佳 . 朱熹思想与“以德治国”［J］. 黄山学院学报，2004.04：69-71.

［100］唐贤清．从《朱子语类》的“索性”看汉语副词的发展［J］．邵阳学院学报（社会科学版），2004.01：110-112

［101］（美）田浩著．程钢译．评余英时的《朱熹的历史世界》［J］．世界哲学，2004.04：103-107.

［102］（美）田浩（Hoyt Cleveland Tillman）．阎琨合译．所谓“朱子的社仓”与当代道学社群和政府里的士大夫的关系［J］．黄山学院学报，2004.04：26-28.

［103］（美）田浩．余英时．《朱熹的历史世界》［J］．湖南大学学报（社会科学版），2004.05：35-38.

［104］田文军．“无边光景一时新”——读《朱熹诗经诠释学美学研究》［J］．中国图书评论，2004.12：18-19.

［105］汪超．朱熹《选》诗观及其产生原因探略［J］．朱子学刊，2004.00：64-76.

［106］汪雁．略论朱熹教育思想及其意义［J］．长春工业大学学报（高教研究版），2004.02：29-31.

［107］王斌．学界泰斗与朱熹宗祠［J］．中华文化论坛，2004.01：153-154.

［108］王法贵．亦敌亦友两心知——朱、陆交往叙考［J］．滁州师专学报，2004.01：5-8.

［109］王风．朱熹新道统说之形成及与易学之关系［J］．哲学研究，2004.11：33-38.

［110］王公山．朱熹对“以意逆志”的诠释及运用［J］．临沂师范学院学报，2004.05：52-55.

［111］王广．“圣人深见《易》道之无穷”——朱熹治《易》理路刍议［J］．周易研究，2004.05：45-49.

［112］王国良．孔孟·朱熹·戴震——中国生存论哲学传统的建构［J］．社会科学战线，2004.04：57-62.

［113］王国银．论朱熹的书院理念［J］．湖州师范学院学报，2004.03：95-101.

［114］王昊．辛弃疾与朱熹交游关系考论［J］．吉林大学社会科学学报，2004.03：67-73.

［115］王玲莉．论朱熹之“信”［J］．朱子学刊，2004.00：21–34.

［116］王明真．骄枝吝本——朱子注《论语》一则之阐释［J］．莱阳农学院学报（社会科学版），2004.04：57–60.

［117］文豪．朱熹与龙泉文化发展论坛综述［J］．中华文化论坛，2004.03：158–159.

［118］吴功正．论朱熹的美学思想［J］．苏州大学学报（哲学社会科学版），2004.05：57–62.

［119］吴展良．圣人之书与天理的恒常性：朱子的经典诠释之前提假设［J］．台大历史学报（台湾），2004.33：71–95.

［120］吴长庚．徐公喜．朱子学研究的新成果——“朱子学与当代社会国际学术研讨会”综述［J］．南昌大学学报（人文社会科学版），2004.02：30–34.

［121］武振玉．《朱子语类》中的“十分”［J］．古籍整理研究学刊，2004.02：56–59.

［122］夏汉宁．朱熹、周必大关于欧阳修《范公神道碑》的论争［J］．江西社会科学，2004.03：222–229.

［123］夏汉宁．朱熹论欧阳修［J］．朱子学刊，2004.00：35–63.

［124］夏汉宁．朱熹论欧阳修古文创作［J］．创作评谭，2004.10：24–32.

［125］肖永明．朱熹《四书》学的治学特点［J］．湖南大学学报（社会科学版），2004.01：18–21.

［126］谢大宁．“诠释”与“推证”——朱子格物说的再检讨［J］．中正大学中文学术年刊（台湾），2004.06：171–189.

［127］谢桂娟．苏静艳．孟子与朱熹仁政说之比较［J］．延边大学学报（社会科学版），2004.02：9–12.

［128］谢桂娟．王海鹰．朱熹与李退溪仁政说之比较［J］．东疆学刊，2004.03：19–23.

［129］谢水华．程继红．朱熹与辛弃疾交游述考［J］．江西社会科学，2004.08：114–117

［130］谢晓东．《朱子语类》中两条重要语录辩误［J］．中国哲学史，2004.01：125–128.

［131］熊吕茂．“存天理灭人欲”思想的现代启示——重评朱熹的理欲观［J］．黄山学院学报，2004.04：22–25.

［132］熊吕茂．“存天理灭人欲”思想的现代启示——重评朱熹的理欲观［J］．湖南科技大学学报（社会科学版），2004.02：11–14.

［133］徐刚．试论朱熹哲学对元明清中医学的影响［J］．南京中医药大学学报（社会科学版），2004.01：4–7+21.

［134］徐刚．朱熹风水观：对一种文化现象的解构［J］．朱子学刊，2004.00：156–167.

［135］徐公喜．朱熹十六字心传道统思想形成论［J］．宜宾学院学报，2004.01：10–13.

［136］徐公喜．朱熹无讼思想探析［J］．朱子学刊，2004.00：87–97.

［137］徐公喜．朱熹义理法律思想论［J］．中华文化论坛，2004.02：119–123.

［138］徐公喜．邹毅．朱熹道统谱系论［J］．江西社会科学，2004.08：118–121.

［139］徐规．新本《朱子语类》订误举例［J］．文献，2004.02：128–137.

［140］徐丽琴．修复书院 振兴理学——朱熹与白鹿洞书院［J］．江西教育学院学报（社会科学版），2004.04：36–40.

［141］徐仪明．中国古代自然哲学研究的奇葩——读徐刚《朱熹自然哲学思想论稿》［J］．朱子学刊，2004.00：422–426.

［142］徐永文．朱熹道德教育思想的探析［J］．朱子学刊，2004.00：147–155.

［143］闫孟祥．论朱熹对佛教的认识［J］．烟台大学学报（哲学社会科学版），2004.01：96–102.

［144］严铭．理性光照下的蓬勃的生命观——读朱熹的山水诗［J］．成都教育学院学报，2004.05：7–8.

［145］杨俊．弘扬朱子理学 发展地方文化——“中国朱熹与龙泉文化发展论坛”综述［J］．成都大学学报（社会科学版），2004.03：55–57.

［146］杨玉华．试论朱熹的鉴赏理论［J］．曲靖师范学院学报，2004.01：7–9.

［147］杨中安．朱子语文教育思想的当今思考［J］．广西教育学院学报，2004.02：45–49.

［148］杨柱才．杨爱群．朱子关于“诚”的义理疏解［J］．南昌大学学报（人文社会科学版），2004.02：21–24+84.

［149］尹波．郭齐．朱熹文集版本源流考［J］．西南民族大学学报（人文社科版），2004.03：447–453.

［150］余龙生．张文革．清初理学名臣陆陇其的治政思想评述［J］．朱子学刊，2004.00：323–331.

［151］俞兆鹏．论朱熹的民本主义思想［J］．南昌大学学报（人文社会科学版），2004.02：25–29.

［152］张立文．《朱熹经学与中国经学》序［J］．中华文化论坛，2004.04：102–106.

［153］张立文．《朱熹经学与中国经学》序［J］．朱子学刊，2004.00：408–421.

［154］张品端．朱熹《白鹿洞书院揭示》在日本的流传及其影响［J］．南平师专学报，2004.03：35–37.

［155］张品端．朱熹的民本思想［J］．宁波大学学报（人文科学版），2004.05：87–89+94.

［156］张品端．朱子理学对法国启蒙思想家的影响［J］．东南学术，2004.02：117–123.

［157］张体云．论朱熹诗歌意象与意境［J］．合肥学院学报（社会科学版），2004.03：17–21.

［158］张婷婷．朱熹音乐观刍议［J］．艺术百家，2004.06：86–91+147.

［159］张燕伶．从张荫麟问题看朱熹的格物致知之旨［J］．泰山学院学报，2004.01：26–30.

［160］张元．朱子讲历史之一：春秋时代的大势［J］．历史月刊（台湾），2004.200：98–100.

［161］张允熠．论朱熹哲学的世界历史意义［J］．合肥学院学报（社会科学版），2004.02：16–25.

［162］赵德兴．南京“朱子巷”小考［J］．攀登，2004.01：100.

［163］赵榆．中贸秋拍朱熹领军［J］．中国书画，2004.11：128.

［164］赵榆．朱熹领军 倪瓒挂帅——中贸圣佳秋拍前瞻［J］．收藏界，2004.12：77.

［165］赵玉兰．“以天统人”与“以人统天”——从对《大学》的重解看朱熹、王阳明的天人合一［J］．船山学刊，2004.03：85–88.

［166］郑少翀．论朱熹的“天理人欲”观对孔子“仁”学的歧出［J］．闽江学院学报，2004.04：7–9.

［167］钟锦．从稼轩词看朱陆治学之异［J］．南阳师范学院学报（社会科学版），2004.05：87–88.

［168］钟明奇．“李约瑟难题”的哲学探解——评金永植教授《朱熹的自然哲学》［J］．博览群书，2004.03：98–101.

［169］周茶仙．简论朱熹的商业思想［J］．朱子学刊，2004.00：168–178.

［170］周茶仙．简论朱熹赈济救荒的社会福利思想与活动［J］．江西社会科学，2004.08：122–124.

［171］周瑾．“诗见得人”——朱熹诗论的生存论诠释［J］．浙江社会科学，2004.02：179–187.

［172］周梦江．宋代义利之辩与叶适对朱熹的批评——兼论温州商业社会与永嘉学派的关系［J］．温州师范学院学报（哲学社会科学版），2004.01：1–7.

［173］周晓光．试论朱熹在徽州的理学教育活动及其影响［J］．华东师范大学学报（教育科学版），2004.03：75–80.

［174］周铮．朱熹《赠门人彦忠、彦孝同榜登第》诗册考［J］．中国书画，2004.11：4–15.

［175］周铮．朱熹赠门人彦忠彦孝同榜登第诗册考［J］．收藏家，2004.11：54–56.

［176］朱汉民．儒家人文信仰的完成——朱熹《四书集注》的思想信仰分析［J］．湖南大学学报（社会科学版），2004.05：13–17.

［177］朱汉民．实践–体验：朱熹的《四书》诠释方法［J］．中国哲学史，2004.04：91–94.

［178］朱汉民．言·意·理——朱熹的《四书》诠释方法：语言——

文献［J］. 孔子研究，2004.05：73-80+127.

［179］朱汉民. 朱熹《四书》学的人文信仰特征［J］. 求索，2004.10：230-231+201.

［180］朱汉民. 朱熹《四书》学诠释的二重进路［J］. 求索，2004.01：150-151+154.

［181］朱竞生. 略论朱熹的书法风格及其书法思想［J］. 南京艺术学院学报（美术与设计版），2004.02：139-140.

［182］朱明勋. 论朱熹《孝经刊误》的影响［J］. 安徽大学学报（哲学社会科学版），2004.02：10-15.

［183］朱奇才. 朱子伦理思想与现代文明道德［J］. 黄山学院学报，2004.04：18-21.

［184］朱松美. 对朱熹君权制约论的历史性考察［J］. 山东师范大学学报（人文社会科学版），2004.02：108-111.

［185］朱松美. 权变：朱熹注重义理阐释的经学依据［J］. 聊城大学学报（社会科学版），2004.02：44-46+192.

［186］邹其昌. 论朱熹的“感物道情”与“交感”说——朱熹诗经诠释学美学审美创作旨趣研究［J］. 江汉论坛，2004.01：93-96.

［187］邹其昌. 论朱熹诗经诠释学美学诠释方式［J］. 湖南师范大学社会科学学报，2004.01：31-35.

［188］邹其昌. 以《诗》说《诗》——朱熹诗经诠释学美学研究系列［J］. 江汉大学学报（人文科学版），2004.01：37-39.

硕博论文

［1］侯长生. 朱熹山水诗的渊源与嬗变［D］. 陕西师范大学，2004. 硕士论文.

［2］李斌. 朱子与退溪、栗谷人心道心说之比较［D］. 延边大学，2004. 硕士论文.

［3］印宗焕. 朱熹与李退溪之理气性情论比较研究［D］. 吉林大学，2004. 硕士论文.

［4］郑俊晖. 朱熹主要音乐著述的文献学研究——以《朱文公文集》为中心［D］. 福建师范大学，2004. 硕士论文.

［5］张才圣．江户时代朱子学的衰落与日本近代化［D］．延边大学，2004．硕士论文．

［6］包丽虹．朱熹《诗集传》文献学研究［D］．浙江大学，2004．博士论文．

报纸论文

［1］本报记者 陈念．"朱熹失踪" 拍场安全令人揪心［N］．中国商报，2004/12/16.

［2］楚欣．武夷双星：柳永与朱熹［N］．福建日报，2004-09-15.

［3］高秀昌．二程洛学与朱熹闽学［N］．光明日报，2004-10-19.

［4］粟品孝．朱熹的官德思想［N］．光明日报，2004-02-17.

［5］李冰燕．本报记者赵一．874 了 朱熹十陵"过生"［N］．成都日报，2004/10/29T00.

［6］童曙泉．朱熹大字书法现身北京拍场［N］．北京日报，2004-11-24.

［7］晓辰．朱熹倪瓒挂帅中贸秋拍［N］．中国商报，2004-11-25.

2005 年

期刊论文

［1］．"朱子学与和谐社会" 论坛将举办［J］．教育评论，2005.04：63.

［2］．朱子文化研讨会在朱熹诞生地尤溪县召开［J］．教育评论，2005.05：22.

［3］安国楼．朱熹的礼仪观与《朱子家礼》［J］．郑州大学学报（哲学社会科学版），2005.01：143-146.

［4］白盾．一个巨大的否定之否定——从朱熹到戴震、胡适的徽州文化发展轨迹［J］．黄山学院学报，2005.01：10-15.

［5］曾文光．朱陆治学思想比较分析［J］．内蒙古电大学刊，2005.01：24-26.

［6］陈爱中．毛泽东评点朱熹［J］．党史文苑，2005.03：23.

［7］陈逢源．黄瀚仪．朱熹《四书章句集注》征引书目辑考［J］．政

大中文学报（台湾），2005.03：147–179.

［8］陈逢源．道统的建构——重论朱熹四书编次［J］．东华汉学（台湾），2005.03：221–251.

［9］陈国代．朱熹与中医古籍［J］．中医药学刊，2005.09：1694–1696.

［10］陈家生．格物致知 即物穷理——朱熹咏物诗的理学思想内蕴［J］．忻州师范学院学报，2005.06：14–17.

［11］陈丽．朱熹的美学思想述评［J］．南昌高专学报，2005.04：88–89+98.

［12］程继红．儒学的传播策略及其他——从孔子到朱熹［J］．朱子学刊，2005.00：356–368.

［13］程继红．在理学与文学的交通线上——论南宋交通新“十”字构架在朱熹理学与稼轩词派传播中的意义［J］．江西社会科学，2005.11：137–140.

［14］程林．胡煦对朱熹易学的批评［J］．信阳师范学院学报（哲学社会科学版），2005.06：13–18.

［15］程林．胡煦与朱熹对“太极”“道器”理解之分歧［J］．中国哲学史，2005.03：109–116.

［16］董芬．朱熹《诗集传》阐释方法分析［J］．江苏大学学报（社会科学版），2005. 05：19–23.

［17］杜保瑞．导言：朱熹哲学专题［J］．哲学与文化（台湾），2005.07：1–5.

［18］杜保瑞．朱熹哲学研究进路［J］．哲学与文化（台湾），2005.07：93–110.

［19］范立舟．读田浩著《朱熹的思维世界》［J］．北京青年政治学院学报，2005.02：40–42.

［20］方国根．中国经典诠释学视野下的朱熹经学研究——读《朱熹经学与中国经学》［J］．孔子研究，2005.01：120–122.

［21］方利山．朱熹思想与徽州宗族的社会调适——以几份徽州契约文书为例［J］．朱子学刊，2005.00：102–112.

［22］冯会明．试论朱熹与赵汝愚的交游——以余干东山书院为证

［J］. 朱子学刊，2005.00：173–185.

［23］伏涤修. 未觉诗情与道妨，尽除理障出理趣——朱熹《观书有感二首》赏析［J］. 名作欣赏，2005. 23：61–63.

［24］傅玲玲. 从朱熹与陈亮之辩论论朱熹之价值观［J］. 哲学与文化（台湾），2005.07：59–80.

［25］傅小凡. 体道与言说［J］. 朱子学刊，2005.00：222–235.

［26］高建立. 援佛入儒:朱熹理学的新特色［J］. 河南大学学报（社会科学版），2005.02：106–109.

［27］高文盛. 席嘉.《朱子语类》中的让步连词“虽”及相关问题［J］. 江南大学学报（人文社会科学版），2005.05：82–85+89.

［28］观其. 天下人间一片云——择善固执的朱熹［J］. 青年记者，2005.04：81–82.

［29］郭齐. 朱熹对孔子中庸思想的继承和发展［J］. 孔子研究，2005.05：120–128.

［30］韩晓琴.《朱子家训》与纳税意识［J］. 税收征纳，2005.05：51–52.

［31］何孟芩. 由“心具理”探讨朱熹哲学中本心的道德实践性［J］. 鹅湖月刊（台湾），2005.361：47–55.

［32］侯洁之. 由张载、朱熹形上思维的分歧论其功夫重心的移转［J］. 中国学术年刊（台湾），2005.27：81–104.

［33］胡小林. 朱熹与王守仁的知行观［J］. 孔子研究，2005.06：53–58.

［34］黄炳华. 陈朱之辩蠡测［J］. 上饶师范学院学报（社会科学版），2005.01：28–31.

［35］汲军. 从墓志铭看朱熹的女性观［J］. 朱子学刊，2005.00：141–153.

［36］（美）贾志扬著. 潘海桃译. 朱熹与白鹿洞书院的复兴（1179–1181）［J］. 湖南大学学报（社会科学版），2005. 06：15–22

［37］简慧贞. 书评：曾春海《朱熹哲学论丛》［J］. 哲学与文化（台湾），2005.07：111–113.

［38］金春峰. 朱熹晚年思想［J］. 山东大学学报（哲学社会科学版），

2005.01：70-80.

［39］劳悦强．川流不舍与川流不息——从孔子之叹到朱熹的诠释［J］．中国文哲研究集刊（台湾），2005.26：251-286.

［40］乐爱国．简论儒学与科学的关系——兼评金永植的《朱熹的自然哲学》［J］．湖南科技学院学报，2005.01：63-65.

［41］黎康．论朱熹"理一分殊"的历史意蕴及其现代启示［J］．朱子学刊，2005.00：128-140.

［42］黎烈南．黎皓．多重美感 多种境界——读朱熹《观书有感》（其一）［J］．名作欣赏，2005.23：57-61.

［43］李广义．贺新春．朱熹的经济伦理思想及其现代价值［J］．河池学院学报（哲学社会科学版），2005 .04：33-35.

［44］李国锋．论朱熹的法律思想［J］．河南司法警官职业学院学报，2005.03：94-96.

［45］李海龙．朱熹和王阳明对《大学》的不同解读［J］．郑州航空工业管理学院学报（社会科学版），2005.01：25-27+30.

［46］（香港）李家树．南宋朱熹、吕祖谦"淫诗说"驳议述评［J］．河北师范大学学报（哲学社会科学版），2005.01：76-83.

［47］李明辉．"理"能否活动？——李退溪对朱子理气论的诠释［J］．现代哲学，2005.02：41-48.

［48］李庆立．范知欧．传统《诗经》学对怨诗的诠释与儒家"诗教"——以孔子、郑玄、朱熹、马瑞辰为例［J］．中国文学研究，2005.02：20-25.

［49］李士金．从朱熹的编辑学精神到郝铭鉴的"换副笔墨"［J］．辽宁大学学报（哲学社会科学版），2005.01：157-158.

［50］李士金．朱熹"天生成腔子"说意蕴探析［J］．南开学报（哲学社会科学版），2005.06：53-56.

［51］李士金．朱熹对皇帝职位道德素质能力严格要求探析［J］．新疆大学学报（哲学·人文社会科学版），2005.03：58-61

［52］李士金．朱熹对中国知识分子病态的剖析［J］．郑州航空工业管理学院学报（社会科学版），2005.03：39-41

［53］李士金．朱熹理解修辞的实践意义［J］．修辞学习，2005.02：

49–50.

［54］李士金．朱熹之“理”：正向定理与逆向定理合一［J］．广西社会科学，2005.04：31–33.

［55］李未醉．许正昊．朱熹哲学思想对越南社会的影响［J］．贵州社会科学，2005.06：67–69+76.

［56］李文波．试论朱熹对《中庸》的“发现”与“重构”［J］．华南师范大学学报（社会科学版），2005.04：25–30+156.

［57］李小燕．南宋朱熹字画被盗之谜［J］．人民公安，2005.03：12–15.

［58］李振宏．朱熹絜矩思想研究［J］．商丘师范学院学报，2005.01：15–22.

［59］林乐昌．张载理观探微——兼论朱熹理气观与张载虚气观的关系问题［J］．哲学研究，2005. 08：24–30+127.

［60］林维杰．知行与经权——朱熹哲学的诠释学模式分析［J］．中国文哲研究集刊（台湾），2005.27：185–213.

［61］林振礼．朱熹：作为编辑出版家的评价［J］．河南师范大学学报（哲学社会科学版），2005.04：179–182.

［62］刘佩芝．冯会明．朱熹复兴白鹿洞书院探源［J］．江西社会科学，2005.10：182–184.

［63］刘晓南．论朱熹《诗集传》叶音对吴棫《毛诗补音》的改订［J］．浙江大学学报（人文社会科学版），2005.03：57–63.

［64］刘原池．朱熹对张载“心统性情”说的开展［J］．哲学与文化（台湾），2005.07：25–42.

［65］刘真伦．朱熹韩集校理文献来源考实（一）［J］．天中学刊，2005.01：64–73.

［66］刘真伦．朱熹韩集校理文献来源考实（二）［J］．天中学刊，2005.03：87–94+102

［67］刘振维．从“性善”到“性本善”——一个儒学核心概念转化之探讨［J］．东华人文学报（台湾），2005.07：85–122.

［68］刘振维．论李翱“复性”说之蕴义暨其与朱熹“人性本善”的理论关联［J］．哲学与文化（台湾），2005.07：43–58

［69］刘振维．朱熹“人性本善”说的理论结构［J］．朝阳学报（台湾），2005.10：187–205.

［70］流沙河．朱熹所谓淫奔［J］．文史杂志，2005.04：36.

［71］龙飞．论朱熹对周敦颐诚学思想的继承和转向［J］．朱子学刊，2005.00：154–161.

［72］罗军凤．朱熹说《春秋》［J］．史学史研究，2005.03：49–53.

［73］罗小平．台湾朱子祠考略［J］．两岸关系，2005.08：64.

［74］马宾．朱熹感秋诗解读［J］．朱子学刊，2005.00：48–61.

［75］马刘凤．张加红．朱熹与刻书［J］．山东图书馆季刊，2005.04：8–10+17.

［76］马育良．从孟子的“四端”说到朱熹的“四端皆情”说［J］．朱子学刊，2005.00：113–127.

［77］蒙培元．“所以然”与“所当然”如何统一——从朱子对存在与价值问题的解决看中西哲学之异同［J］．泉州师范学院学报（社会科学版），2005.01：1–11.

［78］孟爱玉．朱熹教育思想对大学生道德教育的启示［J］．中国科技信息，2005.13：231.

［79］宁宇．苏长忠．朱熹《诗经》接受中体现的美学理想［J］．泰安教育学院学报岱宗学刊，2005.02：1–2.

［80］潘畅和．朱子学在日本江户时期急速兴起的原因及其特色［J］．东北亚论坛，2005.03：81–85.

［81］潘立勇．朱子理学美学的二重性影响及其功过［J］．社会科学辑刊，2005.01：131–137.

［82］庞桥．朱熹教育哲学思想浅论［J］．西北大学学报（哲学社会科学版），2005.06：81–84.

［83］彭会资．彭强民．析之极其精，合之尽其大——略论朱熹的科学思维［J］．玉林师范学院学报（哲学社会科学版），2005.04：23–27+61.

［84］彭林．论丁若镛对朱熹《中庸章句》心性说的批评［J］．清华大学学报（哲学社会科学版），2005.06：27–33.

［85］彭维杰．朱熹“淫诗说”理学释义［J］．国文学志（台湾），2005.11：63–83.

［86］任万明．从朱熹到王阳明：理性自觉原则向意志自愿原则的转换［J］．玉溪师范学院学报，2005.05：1–6.

［87］沈怀兴．“朱文公”是朱熹的谥号吗？［J］．语文建设，2005.09：56.

［88］沈享民．青年朱熹的哲学探索——以《延平答问》对“理一分殊”的讨论为中心［J］．哲学与文化（台湾），2005.07：81–92.

［89］石明庆．论朱熹理学与诗学之关系［J］．朱子学刊，2005.00：15–28.

［90］史少博．朱熹论“善”、“恶”与“禀气”［J］．青岛大学师范学院学报，2005.01：27–30.

［91］史少博．朱熹心性论和易学的关系［J］．德州学院学报（哲学社会科学版），2005.05：25–30.

［92］束景南．余全介．朱子学与经学研究的新突破——评蔡方鹿先生的《朱熹经学与中国经学》［J］．中华文化论坛，2005.01：145–148.

［93］宋路霞．朱门春秋——婺源“沙船帮朱家”百年传奇（上）［J］．江淮文史，2005.04：156–169+1.

［94］苏敏．从朱熹之“理”说中阐发的生态伦理思想［J］．朱子学刊，2005.00：92–101.

［95］苏敏．徐炳兴．朱熹与《周易参同契考异》［J］．江西社会科学，2005.10：177–181.

［96］苏晓云．朱熹的经济伦理思想及其时代价值［J］．湘南学院学报，2005.01：21–23.

［97］孙淑芳．朱熹与《孝经》——谈朱熹对《孝经》的实践与改造［J］．玄奘人文学报（台湾），2005.05：219–242.

［98］田恩铭．论朱熹的唐诗批评［J］．陕西师范大学继续教育学报（西安），2005.02：63–65.

［99］汪小洋．朱熹汉赋研究的评价［J］．朱子学刊，2005.00：6–14.

［100］王兵．张霄．儒学发展史上的两面旗帜——董仲舒、朱熹伦理思想比较研究［J］．徐州教育学院学报，2005.01：76–78+81.

［101］王国良．朱熹与李退溪义利观比较研究［J］．朱子学刊，2005.00：186–193.

［102］王涵青．书评：蔡方鹿《朱熹经学与中国经学》［J］．哲学与文化（台湾），2005.07：115–118.

［103］王锦慧．复合趋向补语在宋代的发展：以《朱子语类》作为考察［J］．国文学报（台湾），2005.37：49–90.

［104］王玲莉．朱熹论“信”［J］．燕山大学学报（哲学社会科学版），2005.02：16–20.

［105］王宇．陈安金．论南宋后期科场中的朱子学和永嘉学［J］．哲学研究，2005.02：78–85.

［106］崔大华．论朱陆之争［J］．东华理工学院学报（社会科学版），2005.01：14–17.

［107］魏立明．朱熹“主敬”说过程研究——在修养工夫演进背景下的考查［J］．玉溪师范学院学报，2005.08：61–64.

［108］吴凡明．诚与信—体用的分疏与统合——朱熹诚信思想的理论建构［J］．天府新论，2005.03：31–34.

［109］吴先文．詹向红．安徽省朱子研究会2005年年会纪要［J］．合肥学院学报（社会科学版），2005.03：18.

［110］吴晓玲．鲁克敏．传统儒家德刑关系理论的传承和嬗变——论朱熹德刑关系理论［J］．河北法学，2005.01：71–75.

［111］夏青．论朱熹的道德教育思想［J］．浙江教育学院学报，2005.02：30–34.

［112］向世陵．朱熹的“性理”学及与他的理本论体系——从二程、胡宏到朱熹的“性善”与“性无善恶”之辨［J］．哲学与文化（台湾），2005.07：7–24.

［113］项纯文．关于朱子“明天理灭人欲”伦理思想的思考［J］．合肥学院学报（社会科学版），2005.03：1–3.

［114］肖永明．谢孝明．从《四书》学看湖湘学派与朱熹的学术分歧［J］．朱子学刊，2005.00：194–204.

［115］谢晓东．寻求真理：朱子对“道心人心”问题的探索［J］．河北大学学报（哲学社会科学版），2005. 03：97–102.

［116］谢晓东．朱熹之理学诠释学原则探析［J］．福建论坛（人文社会科学版），2005. 11：62–65.

［117］谢晓东．走向圆融——朱熹的理学诠释学原则探析［J］．江淮论坛，2005.06：94–97.

［118］徐道彬．戴震对朱熹思想的传承关系［J］．朱子学刊，2005.00：236–253.

［119］徐道彬．班古．担当起构建和谐社会的文化责任——“朱子学说与构建和谐社会”理论研讨会综述［J］．合肥学院学报（社会科学版），2005. 03：15–17.

［120］徐刚．简述朱熹与罗从彦政治管理思想的五个连结点［J］．朱子学刊，2005. 00：205–221.

［121］徐公喜．以朱子学为例看中国哲学发展方向［J］．江西社会科学，2005.10：173–176.

［122］徐公喜．朱熹法律价值追求终极目标论［J］．鹅湖月刊（台湾），2005.364：20–27.

［123］徐日辉．朱子思想与和谐社会略论［J］．朱子学刊，2005.00：62–72.

［124］徐仪明．朱熹思想研究的新视野——评林振礼《朱熹新探》［J］．泉州师范学院学报（社会科学版），2005.03：158–160

［125］杨斌．陈国代．行吟在武夷山中的诗人朱熹［J］．南平师专学报，2005.03：69–71.

［126］杨国学．朱熹理学在《红楼梦》中的两难境地［J］．红楼梦学刊，2005.03：233–242.

［127］杨国宜．朱熹和谐理念的现代诠释［J］．合肥学院学报（社会科学版），2005.03：4–9+14.

［128］杨星，陈飞．朱子与民间传说［J］．南平师专学报，2005.03：59–62.

［129］杨泽波．横摄系统与超越存有——从朱子看牟宗三的超越存有论及其缺陷［J］．学术月刊，2005.02：63–69

［130］姚丽春．婺源“茶痴”的朱熹情结和他的“茶博园”［J］．农业考古，2005.04：277–279.

［131］姚郁卉．朱熹《小学》的蒙养教育思想［J］．齐鲁学刊，2005.04：20–22.

［132］叶芳．朱熹理学与传统文化资源［J］．江西社会科学，2005.11：141–143.

［133］余家春．论朱熹的童蒙教育思想［J］．晋中学院学报，2005.05：84–86.

［134］余晓月．郭宜德．朱子故里："破驴" 换 "俊马"［J］．安全与健康，2005.24：15.

［135］俞乃华．徽州宗谱中的两篇朱熹序文［J］．黄山学院学报，2005.01：23–24.

［136］俞艳庭．《褰裳》朱熹"男女相答"说探源——兼论《韩诗》的"说人" 主题［J］．理论学刊，2005.10：107–109.

［137］俞兆鹏．从朱熹按劾唐仲友看南宋贪官与营妓的关系［J］．江西社会科学，2005.02：212–218.

［138］詹石窗．陈文水．朱熹理学文化养生及其现代意义［J］．厦门大学学报（哲学社会科学版），2005.04：115–121.

［139］詹向红．张体云．朱熹诚信思想论［J］．朱子学刊，2005.00：162–172.

［140］张成权．"中和" 说：朱熹理学体系的第一块基石［J］．合肥学院学报（社会科学版），2005.04：27–31+109.

［141］张成权．朱熹道德伦理学说建构初探［J］．合肥学院学报（社会科学版），2005.01：23–27+87

［142］张国刚．道学起源的历史视野——读余英时《朱熹的历史世界——宋代士大夫政治文化研究》［J］．博览群书，2005.01：37–41.

［143］张京华．朱子《近思录》指略［J］．吉首大学学报（社会科学版），2005.03：102–107.

［144］张体云．詹向红．论朱熹伦理精神与当代社会诚信建设［J］．合肥学院学报（社会科学版），2005.04：32–34.

［145］张维坤．朱熹阅读理论初探［J］．江西教育学院学报（综合），2005.03：113–116.

［146］张延成．朱子说诗的语言学思想札记［J］．西南师范大学学报（人文社会科学版），2005.01：168–171.

［147］张燕伶．从 "格致" 论看朱熹的科学理性精神［J］．北京工

业大学学报（社会科学版），2005.04：50–54.

［148］张元．朱子讲历史之一：春秋时代的大势［J］．历史教学，2005.12：66–67.

［149］张元．朱子讲历史之二：通监、七国之乱与后汉书［J］．历史月刊（台湾），2005.204：102–106.

［150］张元．朱子讲历史之三：评伊川易传中的史例［J］．历史月刊（台湾），2005.205：118–119.

［151］张元．朱子讲历史之四——三监之乱与周公东征［J］．历史月刊（台湾），2005.209：103–105.

［152］张元．朱子讲历史之五：历史中的“道理”和“技巧”［J］．历史月刊（台湾），2005.215：92–96.

［153］张子立．释朱子“脱然贯通”说［J］．东吴哲学学报（台湾），2005.12：99–125.

［154］赵蓓．朱熹理学的科学精神再探［J］．船山学刊，2005.01：168–170.

［155］郑俊晖．朱熹“禁戏”辨［J］．音乐艺术（上海音乐学院学报），2005.03：85–88+5.

［156］郑俊晖．朱熹音乐著述文化背景之探究［J］．福建师范大学学报（哲学社会科学版），2005.04：69–72.

［157］郑晓江．肖义巡．论杨万里的儒学思想——兼及杨万里与朱熹的关系［J］．南昌大学学报（人文社会科学版），2005.02：18–24+90.

［158］钟华勇．崔华前．试析朱熹的德育方法［J］．郑州航空工业管理学院学报（社会科学版），2005.05：88–90.

［159］钟肇鹏．一部研究朱子经学的力作——评《朱熹经学与中国经学》［J］．社会科学研究，2005.05：196–197.

［160］周茶仙．朱熹思想与传统社会政治秩序［J］．朱子学刊，2005.00：80–91.

［161］周茶仙．夏绪仁．朱熹的商业理念及其影响［J］．江西社会科学，2005.11：144–146.

［162］周洪才．新发现的王十朋、朱熹佚文及其文献价值［J］．古籍整理研究学刊，2005.03：45–47

［163］周建华．涓流积至沧溟水，古圣相传只此心——“鹅湖之会”文化影响纵横谈［J］．朱子学刊，2005.00：417-426.

［164］周劲松．谢俊．试论朱熹教育思想的哲学基础［J］．湖南师范大学教育科学学报，2005.02：105-106.

［165］周君霖．书评：田浩《朱熹的思维世界》［J］．哲学与文化（台湾），2005.07：119-121.

［166］朱承．任宁．朱熹格物学说的倾向和矛盾［J］．许昌学院学报，2005.06：5-8.

［167］朱汉民．朱熹《四书》学与儒家工夫论［J］．北京大学学报（哲学社会科学版），2005.01：12-15.

［168］朱汉民．朱熹工夫论的知行关系［J］．湖南大学学报（社会科学版），2005.04：29-32.

［169］朱惠嫣．从题诗看朱熹与佛教之关系［J］．三明学院学报，2005.03：306-310.

［170］朱火金．朱再康．新发现朱熹佚文七篇［J］．朱子学刊，2005.00：410-416.

［171］朱人求．朱熹哲学的生命意识［J］．东南学术，2005.02：94-98.

［172］朱守良．朱熹《家训》：从个人修养到民族文明［J］．安庆师范学院学报（社会科学版），2005.02：63-65.

［173］朱松美．经典诠释与体系建构——朱熹《孟子集注》的诠释特色及其时代性分析［J］．孔子研究，2005.04：113-121.

［174］朱雪芳．比较朱子与王阳明的“格物”义［J］．湖南大学学报（社会科学版），2005.04：33-37.

［175］邹其昌．论朱熹“讽诵涵泳”的心理流程——朱熹诗经诠释学美学诠释方式研究之一［J］．湖北大学学报（哲学社会科学版），2005.06：645-649.

［176］邹其昌．“讽诵涵泳”与“叶韵理论”——论朱熹《诗经》诠释学美学诠释方式之二［J］．湖北师范学院学报（哲学社会科学版），2005.01：5-10.

［177］邹其昌．论朱熹诗经诠释学美学［J］．哲学研究，2005.06：

62–65.

硕博论文

[1] 陈海燕 . 戴震与朱熹诗经学比较[D]. 安徽大学,2005. 硕士论文 .

[2] 陈兰 . 朱子序跋文考论 [D] . 华东师范大学，2005. 硕士论文 .

[3] 董芬 . 朱熹《诗集传》阐释方法研究 [D] . 安徽师范大学，2005. 硕士论文 .

[4] 郝如新 . 朱子读书法及其启示 [D] . 首都师范大学，2005. 硕士论文 .

[5] 何庆群 . 朱熹理欲思想研究[D]. 上海师范大学,2005. 硕士论文 .

[6] 胡琴 . 朱熹《诗集传》研究 [D] . 南昌大学，2005. 硕士论文 .

[7] 李会富 .《伊洛渊源录》中的道统观研 [D] . 中国人民大学，2005. 硕士论文 .

[8] 孟威龙 .《大学》郑玄本与朱熹本之异同考 [D] . 山东大学，2005. 硕士论文 .

[9] 王淑霞 . 圣贤——朱熹的思想政治教育目标[D]. 首都师范大学，2005. 硕士论文 .

[10] 韦伟 .《朱子语类》助动词研究 [D] . 南京师范大学，2005. 硕士论文 .

[11] 徐永文 . 南宋时期赣东北朱熹后学的教育活动与教育思想研究 [D] . 江西师范大学，2005. 硕士论文 .

[12] 姚永辉 . 朱熹与吕祖谦关于《诗经》的四大论辩平议 [D] . 四川大学，2005. 硕士论文 .

[13] 袁宝宇 . 朱熹创作理论研究[D]. 长春理工大学,2005. 硕士论文 .

[14] 张琪 . 经典与解释——解释学视野下的《论语集注》[D] . 福建师范大学，2005. 硕士论文 .

[15] 王广 . “理一分殊” 理念下的朱熹哲学 [D] . 山东大学，2005. 博士论文 .

报纸论文

[1] . 朱熹诚信思想与构建和谐社会 [N] . 福建日报，2005-01-04.

［2］程勇．朱熹美学研究的新思路［N］．中国文化报，2005-01-10.

［3］记者高福悦．首届中国（武夷山）朱子文化节举行［N］．福建工商时报，2005/10/21001.

［4］刘赫．朱熹的学习过程论［N］．科学导报，2005-10-16008.

［5］王志军．朱熹款《赠门人彦忠、彦孝同榜登第》诗册真伪辨［N］．中国文物报，2005-04-13007.

［6］张放．藏在深村的朱熹祠堂［N］．成都日报，2005-01-12B03.

［7］张宏平．中外学者在蓉研讨朱熹思想［N］．四川日报，2005-10-27006.

2006 年

期刊论文

［1］（韩）权相佑．从儒家社会理念来探索朱熹理一分殊思想［J］．朱子学刊，2006.00：247-267.

［2］．江西省高校人文社会科学重点研究基地 上饶师范学院朱子学研究所［J］．江西社会科学，2006.05：259.

［3］．江西省高校人文社会科学重点研究基地上饶师范学院朱子学研究所［J］．江西教育科研，2006.10：81.

［4］．朱熹《武夷九曲棹歌》［J］．数字与缩微影像，2006.04：23.

［5］．朱熹自称“新安朱熹”的缘由［J］．黄山学院学报，2006.04：82.

［6］高建立．程朱“理一分殊”思想的方法论视角［J］．河北师范大学学报（哲学社会科学版），2006.06：73-76.

［7］蔡方鹿．“朱熹思想与现代社会”国际学术研讨会综述［J］．哲学研究，2006.02：124-125.

［8］蔡方鹿．陈亮论“道”及其与朱熹思想的差异［J］．中共宁波市委党校学报，2006.06：101-105.

［9］蔡方鹿．朱熹理学与经学［J］．四川师范大学学报（社会科学版），2006. 02：14-19.

［10］仓修良．资治通鉴纲目与纲目体［J］．朱子学刊，2006.00：3-20.

［11］曹娜．《朱子语类》四字语分析［J］．理论界，2006.10：234.

［12］曹儒.《朱子语类》四字语分析［J］. 南开语言学刊，2006.01：103–110+167.

［13］曹宇峰. 朱熹经先史后原因浅析［J］. 科教文汇（上半月），2006.08：151–152.

［14］曾史.《治家格言》是朱熹写的吗［J］. 咬文嚼字，2006.12：25.

［15］陈代湘. 朱熹推尊周敦颐考论［J］. 湘潭大学学报（哲学社会科学版），2006.06：126–129.

［16］陈国代. 从引据书目看朱子对李时珍的影响［J］. 中医药学刊，2006.01：143–144.

［17］陈国代. 晦翁之疑 濒湖之证——论朱熹治学思想对李时珍的影响［J］. 中医药学刊，2006.02：345–346.

［18］陈海燕. 王宇. 刘谨对朱熹诗经学的贡献［J］. 嘉应学院学报（哲学社会科学版），2006.05：63–65.

［19］陈锦宣."朱熹思想与现代社会"国际学术研讨会综述［J］. 四川师范大学学报（社会科学版），2006.02：20–22.

［20］陈弦章. 武夷之绝唱 棹歌之典范——朱熹《武夷棹歌》审美赏析［J］. 龙岩学院学报，2006.02：66–68.

［21］陈晓华. 清代朱子学的命运［J］. 朱子学刊，2006.00：488–503.

［22］（美）成中英. 论重新诠释、理解与评价朱子——朱熹与中西哲学比较［J］. 中华文化论坛，2006. 01：140–143.

［23］程海霞. 论朱子性情关系中的性善论假设［J］. 中国哲学史，2006.01：68–76.

［24］程水龙. 朱熹教育思想的传播与《近思录》传播之关系［J］. 阜阳师范学院学报（社会科学版），2006. 03：12–15.

［25］崔华前. 朱熹的德教方法及其现代价值［J］. 国家教育行政学院学报，2006.05：92–95.

［26］崔华前. 朱熹的德教方法及其现代价值［J］. 教学研究，2006.02：99–102

［27］戴从喜. 朱子"浃洽"论［J］. 华东师范大学学报（哲学社会科学版），2006.04：69–74.

［28］戴从喜．朱子“浃洽”论［J］．西南民族大学学报（人文社科版），2006.06：147-151.

［29］戴从喜．朱子“浃洽”论及其他［J］．古籍整理研究学刊，2006.05：95-97.

［30］邓和秋．论朱熹德育思想对当今教育的借鉴意义［J］．湖南人文科技学院学报，2006.02：139-140.

［31］丁原基．一册呈现东亚文明研究的工具书——《朱子研究书目新编（1900 — 2002）》［J］．全国新书资讯月刊（台湾），2006.93：21-23.

［32］董博．朱熹思想与现代社会国际学术研讨会综述［J］．中华文化论坛，2006.01：154-155.

［33］董菊初．朱熹文本阅读理论及其形象阐释［J］．连云港师范高等专科学校学报，2006.02：18-23.

［34］杜福林．朱熹错断争坟案［J］．中国审判，2006.05：76.

［35］范立舟．江晓梅．论南宋乾淳之际理学的发展［J］．江汉论坛，2006.04：74-77.

［36］方眉．“东亚朱子学的现在与未来”国际学术研讨会综述［J］．中华文化论坛，2006.04：159-160.

［37］方眉．“注释、诠释与建构——朱子与四书”国际学术会议综述［J］．中华文化论坛，2006.03：160.

［38］方旭东．道学的无鬼神论：以朱熹为中心的研究［J］．哲学研究，2006.08：32-36+128.

［39］方勇．吕祖谦朱熹共讲月泉说质疑［J］．浙江大学学报（人文社会科学版），2006.05：171-175.

［40］付长珍．试论朱熹的二重化人格境界［J］．华东师范大学学报（哲学社会科学版），2006.04：63-68.

［41］傅林红．1994—2003 年朱熹研究论文统计分析［J］．科技情报开发与经济，2006.08：49-51.

［42］葛荣晋．朱熹的“无为而治”与企业的现代管理［J］．党政干部学刊，2006.02：4-6.

［43］耿成鹏．朱熹理学中的哲学智慧［J］．商丘师范学院学报，2006.06：13-15.

［44］耿纪平．朱熹《诗集传》征引宋人《诗》说考论［J］．河南教育学院学报（哲学社会科学版），2006.02：87–90.

［45］顾音海．一代鸿儒 片缣珍秘——记朱熹《论语集注・颜渊》残稿［J］．上海文博论丛，2006.02：90–91.

［46］郭常斐．朱熹的闽南情结与诗文创作［J］．闽台文化交流，2006.04：141–146.

［47］郭康松．朱子辩伪评议［J］．朱子学刊，2006.00：60–73.

［48］韩东育．“道统”的自立愿望与朱子学在日本的际遇［J］．中国社会科学，2006.03：187–201+208.

［49］韩东育．日本“京学派”神道叙事中的朱子学［J］．求是学刊，2006.04：124–129.

［50］郝桂敏．试论朱熹《诗集传》对诗旨的说解［J］．沈阳师范大学学报（社会科学版），2006.05：50–53.

［51］禾子．朱熹故里——五夫古镇［J］．合肥学院学报（社会科学版），2006.04：167.

［52］何俊．推陈出新与守先待后——从朱熹研究论余英时的儒学观［J］．学术月刊，2006.07：61–68.

［53］侯长生．朱熹对理学家山水诗的批判和继承［J］．殷都学刊，2006.04：68–71.

［54］侯长生．朱熹山水诗的嬗变与超越［J］．兰州学刊，2006.08：82–84+26.

［55］胡进．试析朱熹《论语集注》中的训诂［J］．安徽水利水电职业技术学院学报，2006.04：93–97.

［56］汲军．朱小阳．朱熹女性观的推行与传播［J］．江西社会科学，2006.09：194–197.

［57］贾喜平．朱熹与李退溪义利观比较研究［J］．社会科学战线，2006. 02：304–305.

［58］贾喜平．朱熹哲学的合理价值与新安理学的创新发展［J］．合肥工业大学学报（社会科学版），2006.03：118–122.

［59］江初祥．问渠哪得清如许——朱熹治学方法谈［J］．刊授党校，2006.08：8–9.

［60］江山．朱熹的权变思想浅论［J］．和田师范专科学校学报（汉文综合版），2006.02：87–88.

［61］姜锡东．论“圣贤气象”——宋代朱熹、吕祖谦《近思录》研究之一［J］．河北学刊，2006.01：170–176.

［62］蒋国保．朱熹《大学》研究之创见与迷失［J］．苏州市职业大学学报，2006.02：5–12+24.

［63］康云山．朱子的“气象”概念［J］．国文学志（台湾），2006.13：61–78.

［64］来可泓．朱熹与《四书集注》［J］．朱子学刊，2006.00：36–45.

［65］赖永海．朱子学与佛学［J］．江西社会科学，2006.02：29–31.

［66］赖玉芹．论康熙朝程朱理学“定于一尊”［J］．朱子学刊，2006.00：463–476.

［67］兰宗荣．朱熹和谐观的当代价值［J］．南平师专学报，2006.03：9–13.

［68］雷平．清初朱子学析论［J］．朱子学刊，2006.00：477–487.

［69］黎康．试论中国传统农学对朱熹理学的影响［J］．农业考古，2006.04：99–107.

［70］李方泽．重诠与开新——从经典诠释学视角看朱熹对《大学》文本的解读［J］．孔子研究，2006.05：36–44.

［71］李方泽．朱熹对《大学》主旨的改造和诠释［J］．安徽大学学报（哲学社会科学版），2006.02：12–17.

［72］李桂枝．略论朱熹的反腐倡廉思想及其局限性［J］．殷都学刊，2006.03：48–50.

［73］李蕙如．谈南宋陈淳对后世的影响［J］．有凤初鸣年刊（台湾），2006.02：407–420.

［74］李凯．“六经注我”：宋代理学的阐释学——兼谈朱熹在经学阐释史上的贡献［J］．中国哲学史，2006.03：96–103.

［75］李玲．朱熹语文教育思想的新审视［J］．湖南第一师范学报，2006.02：40–42.

［76］李胜．《八琼室金石补正》石鱼朱子诗辨伪［J］．北京大学学报（哲学社会科学版），2006.S1：111–116.

［77］李胜.《八琼室金石补正》石鱼朱子诗辨伪［J］. 重庆社会科学，2006.09：57–61.

［78］李士金 . 论朱熹的“仁”学思想［J］. 山东师范大学学报（人文社会科学版），2006.06：141–144.

［79］李士金 . 朱熹《诗集传·国风》思想研究的深刻政治意蕴［J］. 广西社会科学，2006.12：83–86.

［80］李士金 . 朱熹分析修辞实践意义探析——“冷看”与“熟读”［J］. 修辞学习，2006.01：62–64.

［81］李士金 . 朱熹文气论的意蕴探析［J］. 郑州航空工业管理学院学报（社会科学版），2006.05：24–27.

［82］李未醉 . 朱熹文学思想对越南文学的影响［J］. 兰州学刊，2006.09：66–67+28.

［83］李未醉 . 略论朱子学在越南的传播［J］. 朱子学刊，2006.00：374–381.

［84］李先耕 . 朱熹对毛诗序的扬弃［J］. 朱子学刊，2006.00：348–353.

［85］李小明 . 朱熹《四书章句集注》中的语法分析［J］. 西华大学学报（哲学社会科学版），2006.06：23–26.

［86］李禹阶 . 从主体道德自觉到集体道德理性——论朱熹“修、齐、治、平”的社会控制与整合思想［J］. 重庆师范大学学报（哲学社会科学版），2006.06：13–18.

［87］李智会 . 从《诗集传》看朱熹之妇女观［J］. 文史博览，2006.04：15–17.

［88］廉敏 . 朱熹的历史思想［J］. 朱子学刊，2006.00：319–338.

［89］林世荣 . 程、朱“复其见天地之心乎”说研究［J］. 鹅湖学志（台湾），2006.37：107–143.

［90］林振礼 . 新发现朱熹题刻：“梦”［J］. 泉州师范学院学报（社会科学版），2006.03：166.

［91］刘固盛 . 论朱熹的老学思想［J］. 朱子学刊，2006.00：181–195.

［92］刘明明 . 朱熹的“理”与逻辑［J］. 船山学刊，2006.04：114–117.

［93］刘佩芝．冯会明．朱熹的德育思想及其启示［J］．江西社会科学，2006.12：100–103.

［94］刘韶军．朱熹对老子的认识与批判［J］．朱子学刊，2006.00：196–213.

［95］刘宗贤．退溪与阳明：朱熹哲学的不同走向［J］．中国哲学史，2006.03：104–109.

［96］柳熙星．由“心统性情”省察朱子的“心”义［J］．鹅湖月刊（台湾），2006.373：18–23.

［97］卢黄熙．郭继民．浅论朱子理学的逻辑统一［J］．探求，2006.01：73–76.

［98］卢其薇．圣贤气象认知的展开——以朱子《近思录·圣贤气象》篇为鹄的［J］．辅大中研所学刊（台湾），2006.16：153–170.

［99］卢其薇．优入圣域——朱子的圣／凡思维［J］．有凤初鸣年刊（台湾），2006.02：395–406.

［100］陆敏珍．何俊．朱熹经典诠释的理念、标准与方法——以《论语·学而》四种诠释为例［J］．哲学研究，2006.07：24–30+128.

［101］罗丹．《朱子语类辑略》中的“般”和“一般”［J］．乐山师范学院学报，2006.10：61–63.

［102］马宾．朱熹的理学四季观及四季诗创作［J］．江西社会科学，2006.03：94–97.

［103］马刘凤．朱熹与图书编撰学［J］．江西图书馆学刊，2006.01：123–125.

［104］倪勤丰．刘清花．尽涤旧说 诗意方活——试论朱熹《诗集传》的“兴”［J］．科技经济市场，2006.12：273–274.

［105］彭国忠．朱熹佚书二通考［J］．古籍整理研究学刊，2006.02：14–17.

［106］彭忠德．常征江．从《朱子语类》看朱熹读史［J］．朱子学刊，2006.00：288–301.

［107］钱玉趾．朱熹眼中的“淫”与“淫奔”［J］．文史杂志，2006.03：64–65.

［108］秦红梅．万民．朱熹在白鹿洞书院的教育思想研究［J］．南昌

高专学报，2006.01：56–58.

［109］丘若．朱熹理学思想对书法理论的影响［J］．艺术百家，2006.04：143–146.

［110］邱瑰华．朱熹与杜诗学［J］．朱子学刊，2006.00：339–347.

［111］（韩）权相佑．朱熹政治哲学略论［J］．周易研究，2006.06：64–68.

［112］沈淦．朱熹印象［J］．文史杂志，2006.06：70–74.

［113］史少博．朱熹“禀气”说与人的道德先在性［J］．管子学刊，2006.01：112–115.

［114］史少博．朱熹“存天理、灭人欲”的当代解读与启示［J］．中国石油大学学报（社会科学版），2006.01：68–71.

［115］史少博．朱熹“太极”观对前人的超越［J］．周易研究，2006.05：18–24.

［116］束景南．朱熹的“理一分殊”及其认识论指向［J］．四川师范大学学报（社会科学版），2006.02：8–13.

［117］宋志明．新理学对朱子理学的继承与发展［J］．四川师范大学学报（社会科学版），2006.02：5–7.

［118］汤恩佳．朱熹思想的现代价值［J］．朱子学刊，2006.00：268–271.

［119］唐明贵．朱熹《论语集注》探研［J］．中华文化论坛，2006.03：116–121.

［120］陶有浩．朱熹立法思想初探［J］．安徽教育学院学报，2006.02：61–64.

［121］田智忠．从评点“曾点气象”看朱熹论涵养与工夫［J］．孔子研究，2006.02：101–108.

［122］涂爱荣．试论朱熹德育方法中的五个“相结合”原则［J］．道德与文明，2006.02：28–30.

［123］汪超．徐安琪．朱熹词学思想初探［J］．天中学刊，2006.03：96–99.

［124］王风．试谈王弼易学的特点及其对朱熹的影响［J］．中国哲学史，2006.03：37–43.

［125］王记录．理学与朱熹的史学思想［J］．朱子学刊，2006.00：302–318.

［126］王建美．朱熹理学与元初的正统论［J］．史学史研究，2006.02：26–31.

［127］王锟．“天地以生物为心”——朱熹哲学的“生本论”［J］．哲学研究，2006.02：52–56.

［128］王丽梅．察识与涵养相须并进——张栻与朱熹交涉论辩管窥［J］．孔子研究，2006.04：41–50.

［129］王利生．史娟．从首刻《四书章句集注》看朱熹对图书版本和书院藏书贡献［J］．图书情报论坛，2006.03：73–75.

［130］王倩．也谈朱熹“《诗》教”旨趣［J］．晋中学院学报，2006.01：73–76.

［131］王青松．“朱熹与宋代历史”学术研讨会会议综述［J］．西北大学学报（哲学社会科学版），2006.02：181.

［132］王瑞明．朱熹天理论的时代特色［J］．朱子学刊，2006.00：169–180.

［133］尉博博．朱熹对孔孟儒学的新贡献［J］．和田师范专科学校学报（汉文综合版），2006.02：95–96.

［134］魏义霞．理气双重的审视维度和价值旨趣——朱熹性命之学研究［J］．社会科学战线，2006.02：21–24.

［135］魏义霞．朱熹的“理一分殊”与和谐构建理念［J］．哲学研究，2006.09：61–65.

［136］吴锋．朱熹在《语类》中的孝道观念［J］．福建论坛（人文社会科学版），2006.06：80–83.

［137］吴邵兰．从《朱子读书法》看朱熹的教学论思想及其借鉴价值［J］．韶关学院学报（社会科学版），2006.07：164–167.

［138］吴宇．对近10年来朱熹诗歌研究的反思［J］．安阳师范学院学报，2006.06：76–79.

［139］吴宇．宋明理学的继承与发展——二程、朱熹、冯友兰哲学思想之比较［J］．桂林师范高等专科学校学报（综合版），2006.04：50–53.

［140］吴长庚，徐公喜．朱熹与江西理学的发展［J］．朱子学刊，2006.00：133–156.

［141］吴莺莺．读书·致精·持志——朱熹教育理念与高校学风建设［J］．合肥学院学报（社会科学版），2006.04：25–30.

［142］夏世华．论孟子之不动心——读《孟子》「知言养气章」及朱子注的一些思考［J］．鹅湖月刊（台湾），2006.372：46–56.

［143］夏绪仁．夏昌武．朱熹与法律教育［J］．江西社会科学，2006.09：187–190.

［144］肖建新．朱熹的德刑观新论［J］．孔子研究，2006.04：84–91.

［145］谢贵安．朱熹修纂《宋高宗实录》考论［J］．朱子学刊，2006.00：74–85.

［146］熊考核．朱熹与《石鼓书院记》［J］．衡阳师范学院学报，2006.01：124–127.

［147］徐道彬．《屈原赋注》的唯物主义思想——兼论戴震早年对朱熹理学的批判和对屈原唯物思想的弘扬［J］．云梦学刊，2006.06：53–55.

［148］徐道彬．论戴震对朱熹始终如一的态度［J］．河南师范大学学报（哲学社会科学版），2006.04：16–20.

［149］徐刚．和谐社会观：对朱熹思想的新解读［J］．福建行政学院福建经济管理干部学院学报，2006.04：71–76+97.

［150］徐公喜．《朱子学提纲》之朱子学精神［J］．合肥学院学报（社会科学版），2006.02：18–21+27.

［151］徐公喜．论朱熹法律思想融合与创新特色［J］．江西社会科学，2006.09：182–186.

［152］徐公喜．朱熹与法家之学［J］．安徽史学，2006.05：30–34.

［153］徐国利．程朱理学的“圣王”君主论——以二程和朱熹思想为代表［J］．朱子学刊，2006.00：272–287.

［154］徐鹏鹏．《朱子语类》中的词尾“然”［J］．哈尔滨学院学报，2006.04：84–86.

［155］徐鹏鹏．浅析《朱子语类辑略》的比喻特色［J］．乐山师范学院学报，2006.03：66–67.

［156］徐雁平．“朱子读书法”的传衍：论《读书分年日程》在清代的影响［J］．朱子学刊，2006.00：504–521.

［157］许家星．史琳燕．朱熹史学思想三论［J］．北方论丛，2006.06：67–72.

［158］许家星．何发苏．反史倡史一体两面——朱熹史学态度辨惑［J］．西华大学学报（哲学社会科学版），2006.06：33–35.

［159］薛孝斌．朱陆之辩的缘由［J］．东南学术，2006.06：129–136.

［160］鄢建江．朱熹《大学章句》道德教育理论的当代启示［J］．伦理学研究，2006.04：43–46+58.

［161］鄢建江．朱熹道德教育理论的基本内容及当代价值［J］．茂名学院学报，2006.05：35–37.

［162］鄢建江．朱熹养成教育思想探析［J］．道德与文明，2006.03：33–34+41.

［163］杨新勋．论朱熹怀疑经籍的思想与方法——以朱熹对《尚书》的怀疑为中心［J］．朱子学刊，2006.00：21–35.

［164］杨绪敏．朱熹考辨古书真伪的成就、方法及影响［J］．河池学院学报（哲学社会科学版），2006. 04：27–31+46.

［165］杨绪敏．朱熹考辩古书真伪的成就、方法及影响［J］．朱子学刊，2006.00：46–59.

［166］杨雅妃．朱熹静坐法［J］．兴大中文学报（台湾），2006.18：233–248.

［167］姚曼波．试论朱熹经学观的鼎革［J］．朱子学刊，2006.00：157–168.

［168］尹波．蔡方鹿《朱熹经学与中国经学》评价［J］．中国史研究动态，2006.04：29–31.

［169］余龙生．朱熹经济伦理思想述评［J］．江西社会科学，2006.09：191–193.

［170］俞樟华．林怡．论朱熹的散传［J］．浙江师范大学学报（社会科学版），2006.06：1–6.

［171］张丰乾．“注释、诠释与建构——朱子与四书”学术研讨会综述［J］．社会科学战线，2006.06：311–313.

［172］张丰乾．朱子学、四书学与诠释学——香港中文大学“朱子与四书”国际学术会议综述［J］．哲学动态，2006.11：69–70.

［173］张家璠．陈宏谋与朱子学［J］．河池学院学报（哲学社会科学版），2006.06：27–30.

［174］张家璠．陈宏谋与朱子学［J］．朱子学刊，2006.00：364–373.

［175］张进．论朱熹尚“雄健”的审美观［J］．文艺理论研究，2006.04：56–63.

［176］张进．朱熹与苏轼出处态度之比较［J］．福建论坛（人文社会科学版），2006.04：77–81.

［177］张品端．朱子学与构建和谐社会——朱子学与和谐社会论坛综述［J］．哲学动态，2006.02：66–67.

［178］张体云．朱熹读书治学精神在高校教育工作中的应用［J］．怀化学院学报，2006.10：162–164.

［179］张应凯．朱熹哲学思想探析［J］．湖北教育学院学报，2006.06：49–52.

［180］张元．朱子讲历史之二：通鉴、七国之乱与后汉书［J］．历史教学，2006.01：68–70.

［181］张元．朱子讲历史之二：通鉴、七国之乱与后汉书（续）［J］．历史教学，2006.03：58–61.

［182］张元．朱子讲历史之三：评伊川易传中的史例［J］．历史教学，2006.04：62–63.

［183］张元．朱子讲历史之四：三监之乱与周公东征［J］．历史教学，2006.05：61–63.

［184］张元．朱子讲历史之五：历史中的“道理”和“技巧”［J］．历史教学，2006.07：67–69.

［185］张元．朱子讲历史之六：废井田与开阡陌［J］．历史教学，2006.08：68–71.

［186］张元．朱子讲历史之七：周宣王的大臣仲山甫［J］．历史教学，2006.09：58–60.

［187］张元．朱子讲历史之八：《诗经·二南》中的文王教化［J］．历史教学，2006.10：50–53.

［188］张元．朱子讲历史之九：《诗经·小雅》中的国君心意［J］．历史教学，2006.11：65–67.

［189］张元．朱子讲历史之六：废井田与开阡陌［J］．历史月刊（台湾），2006.218：114–118.

［190］张元．朱子讲历史之七：周宣王的大臣仲山甫［J］．历史月刊（台湾），2006.221：110–114.

［191］张元．朱子讲历史之八：《诗经·二南》中的文王教化［J］．历史月刊（台湾），2006.222：114–119.

［192］张元．朱子讲历史之九：《诗经·小雅》中的国君心意［J］．历史月刊（台湾），2006.224：116–119.

［193］赵健全．弘扬传统文化精华 共同构建和谐社会——“朱子学与和谐社会”高峰论坛综述［J］．中国哲学史，2006.01：124–126.

［194］赵庆伟．朱熹《孟子序说》散论［J］．朱子学刊，2006.00：86–96.

［195］赵懿梅．朱熹义利观探微［J］．黄山学院学报，2006.06：16–18.

［196］郑颖慧．阎惠英．论朱熹追求和谐的治国方略［J］．晋中学院学报，2006.05：26–29.

［197］郑颖慧．论朱熹的犯罪学说与和谐社会［J］．兰州学刊，2006.07：188–190.

［198］郑颖慧．论朱熹的犯罪预防思想［J］．池州师专学报，2006.02：12–15.

［199］郑颖慧．朱熹“以严为本”法律思想探析［J］．宜春学院学报（社会科学版），2006.03：42–45.

［200］郑颖慧．朱熹立法思想初探［J］．中国矿业大学学报（社会科学版），2006.03：66–69.

［201］周茶仙．朱熹经济伦理思想述论［J］．朱子学刊，2006.00：214–228.

［202］周春健．《伊洛渊源录》与学案体［J］．湖北大学学报（哲学社会科学版），2006.06：773–776.

［203］周春健．《伊洛渊源录》的内容与取材［J］．朱子学刊，

2006.00：97–109.

［204］周方海．朱熹之二元论矛盾及其原因［J］．求索，2006.06：152–153+28.

［205］周桂钿．朱熹思想与和谐社会［J］．黄山学院学报，2006.01：7–10.

［206］周怀宇．朱熹对游酢的学术总结与继承［J］．朱子学刊，2006.00：354–363.

［207］周建胜．朱熹书法艺术赏析［J］．成都大学学报（社会科学版），2006.01：78–79.

［208］周淑舫．《孔子诗论》与朱子《诗集传》诗学理论的文化传承［J］．湖州师范学院学报，2006.03：1–5.

［209］（韩）朱光镐．朱熹哲学中"太极"概念的几种涵义［J］．中国哲学史，2006.03：90–95.

［210］朱杰人．"道统"与朱子的新儒学［J］．朱子学刊，2006.00：229–246.

［211］朱杰人．李滉《圣学十图》与朱子《近思录》比较研究［J］．台湾东亚文明研究学刊（台湾），2006.2：101–109.

［212］朱平安．朱熹哲学本体论的构建及其"理"蕴［J］．嘉应学院学报（哲学社会科学版），2006.05：24–27.

［213］朱守良．朱熹对中国儒学文化的传承和创新［J］．安庆师范学院学报（社会科学版），2006.06：25–29.

［214］朱守良．朱熹民本思想及其实践［J］．安庆师范学院学报（社会科学版），2006.01：14–16+24.

［215］朱松美．儒家"道问学"精神的延续——兼论戴震对朱熹"格物致知"思想的继承超越［J］．理论学刊，2006.06：108–110.

［216］朱月顺．朱熹后裔变族考——朝鲜族新安朱氏谱书研究［J］．寻根，2006.06：119–121.

［217］祝尚书．论宋代理学家的"新文统"［J］．文学遗产，2006.04：80–92+159.

硕博论文

［1］崔荣．试论林罗山的朱子学思想［D］．延边大学，2006．硕士论文．

［2］胡宪丽．朱熹《诗集传》句法研究［D］．南京师范大学，2006．硕士论文．

［3］江山．从《朱文公文集》看朱熹的管理哲学思想［D］．华东师范大学，2006．硕士论文．

［4］金虎燮．高丽末朱子学的社会作用［D］．延边大学，2006．硕士论文．

［5］李锋．论朱熹的王道思想［D］．吉林大学，2006．硕士论文．

［6］刘佩芝．朱熹德育思想对当代大学教育的启示［D］．福建师范大学，2006．硕士论文．

［7］刘文正．《朱子语类》量词研究［D］．贵州大学，2006．硕士论文．

［8］苗彦恺．朱熹与黑格尔伦理思想之比较［D］．西北大学，2006．硕士论文．

［9］朴经勋．朱熹与李栗谷理气观之比较研究［D］．吉林大学，2006．硕士论文．

［10］沈曙东．朱熹《中庸章句》成书过程研究［D］．华中师范大学，2006．硕士论文．

［11］宋秀清．朱熹“中和说”研究［D］．曲阜师范大学，2006．硕士论文．

［12］童惠．艾儒略人性论研究——兼论与朱熹人性论之异同［D］．首都师范大学，2006．硕士论文．

［13］王果．诱捕众神：朱熹祈雨的思想与实践——兼及中国近世生活风格的开始［D］．四川大学，2006．硕士论文．

［14］王玉强．德川初期日本朱子学的变迁［D］．吉林大学，2006．硕士论文．

［15］程水龙．《近思录》版本与传播研究［D］．华东师范大学，2006．博士论文．

［16］戴从喜．朱子与文献整理［D］．华东师范大学，2006．博士论文．

［17］王树瑛．《朱子语类》问句系统研究［D］．福建师范大学，

2006. 博士论文 .

报纸论文

［1］成权 . 朱子研究又一力作出版［N］. 安徽日报，2006-05-15B03.

［2］唐小兵 . 元气淋漓的朱熹与历史转向的余英时——评余英时的《朱熹的历史世界》［N］. 文学报，2006-02-24003.

［3］熊慎端 . 朱子故里添新校——我国第一所中荷友好小学在五夫建成［N］. 闽北日报，2006-06-02001.

［4］张志强 . 吴展良：朱子的认识方式［N］. 中国社会科学院院报，2006-05-09002.

2007 年

期刊论文

［1］. 朱老夫子的道德观［J］. 现代交际，2007.07：22-23.

［2］蔡方鹿 . 朱陆经学之别［J］. 燕山大学学报（哲学社会科学版），2007.03：6-10.

［3］蔡南成 . 纵论朱子民主思想资源的研究和开发［J］. 合肥学院学报（社会科学版），2007. 05：15-23.

［4］蔡森成 . 朱熹“格物致知”说历史演变及其学理价值［J］. 福建理论学习，2007.02：44-47.

［5］仓修良 . 朱熹和《资治通鉴纲目》［J］. 安徽史学，2007.01：18-24.

［6］曹海东 . 试论朱熹“切己体察”的解经方法［J］. 湖北行政学院学报，2007.06：91-95.

［7］曹海东 . 以类而推 脱然贯通——朱熹经典解释方法研究之一［J］. 武汉冶金管理干部学院学报，2007.04：74-76+79.

［8］曹海东 . 朱熹的经典解释学原则［J］. 高等函授学报（哲学社会科学版），2007.10：11-14.

［9］曹娜 . 从《朱子语类》看朱熹的教育理念［J］. 刊授党校（学习特刊），2007.10：44-45.

［10］曾春海 . 朱熹人性论与楚简儒家佚籍“性情说”之比较［J］.

哲学与文化（台湾），2007.10：145-159.

［11］曾凡朝．论杨简与朱、陆道器观的异同［J］．山东教育学院学报，2007.01：28-32.

［12］曾华青．谈朱熹音乐思想的崇古与创新［J］．集美大学学报（哲学社会科学版），2007.01：112-115.

［13］曾天雄．罗海云．“格物”与“致知”——朱熹、曾国藩知行观比较研究［J］．湘潭大学学报（哲学社会科学版），2007.03：118-121.

［14］曾小保．切实加强大学生思想政治教育——由朱熹书院理念说起［J］．黄山学院学报，2007.06：155-158.

［15］柴勇．论朱熹对社仓制度的探索与实践［J］．燕山大学学报（哲学社会科学版），2007.S1：27-29.

［16］陈凤．朱熹道德教育思想探略［J］．怀化学院学报，2007.08：104-106.

［17］陈来．《朱熹与江西理学》序［J］．朱子学刊，2007.00：314-316.

［18］陈来．论朱熹《大学章句》的解释特点［J］．文史哲，2007.02：103-111.

［19］陈来．朱熹《中庸章句》及其儒学思想［J］．中国文化研究，2007.02：1-11.

［20］陈利华．董四代．朱熹道德教化思想的当代启示［J］．青海师专学报（教育科学版），2007.03：10-12.

［21］陈利华．朱熹家庭教育思想的基本内容及现代启示［J］．莆田学院学报，2007.03：32-35.

［22］陈良武．中庸之道与经典诠释——朱熹经典诠释思想述略［J］．大庆师范学院学报，2007.06：86-89.

［23］陈良武．朱熹漳州刻书考［J］．闽台文化交流，2007.04：48-52+76.

［24］陈良中．朱子之论王、苏、林、吕四家《书》学［J］．求索，2007.12：218-222.

［25］陈名实．清治以后台湾朱子学的兴起［J］．厦门大学学报（哲学社会科学版），2007.06：70-76.

［26］陈瑞．朱熹《家礼》与明清徽州宗族以礼治族的实践［J］．史学月刊，2007.03：86–93.

［27］陈瑞荣．朱熹石雕像的故事［J］．政协天地，2007.08：36.

［28］陈子华．论朱熹义利观的再生意涵［J］．发展研究，2007.11：65–67.

［29］程水龙．曹洁．徽州《近思录》版本与传播［J］．朱子学刊，2007.00：110–117.

［30］程有为．从二程洛学到朱熹闽学［J］．平顶山学院学报，2007.01：17–21.

［31］丛丽娜．论朱熹的语文教学原则［J］．辽宁教育行政学院学报，2007.05：156–158.

［32］存少辉．谈“朱子读书法”对中学语文阅读教学的借鉴［J］．教育理论与实践，2007.10：57–58.

［33］戴扬本．《伊洛渊源录》可补正史之阙举证［J］．史学史研究，2007.02：125–126.

［34］丁为祥．以普遍诠释超越还是以超越架构普遍——朱子哲学理路的再反思［J］．陕西师范大学学报（哲学社会科学版），2007.04：30–39.

［35］丁亚杰．方法论下的春秋观:朱子的春秋学［J］．鹅湖学志（台湾），2007.38：47–90.

［36］董文学．论朱熹对形而上体系的构建［J］．齐齐哈尔大学学报（哲学社会科学版），2007.02：30–32.

［37］杜保瑞．朱熹形上思想的创造意义与当代争议的解消［J］．台湾大学哲学论评（台湾），2007.33：15–89.

［38］杜海军．朱熹与吕祖谦会三衢考［J］．朱子学刊，2007.00：84–87.

［39］方彦寿．朱熹的赋税思想与“黄宗羲定律”［J］．福州大学学报（哲学社会科学版），2007.03：5–8+112.

［40］冯伟林．朱熹：源头活水［J］．国学，2007.09：32–36.

［41］傅小凡．贯通形上形下的努力——试论真德秀对朱子理学本体论的发展［J］．合肥学院学报（社会科学版），2007.03：24–29.

［42］高峰．郭宏达．朱熹与白鹿洞书院［J］．九江学院学报，2007.04：26-28.

［43］高建立．从心性论看朱熹对佛学思想的吸收与融会［J］．齐鲁学刊，2007.03：28-32.

［44］高志东．对朱熹“明天理．灭人欲”道德修养论的历史分析［J］．哈尔滨学院学报，2007.11：26-29.

［45］弓玉彬．浅谈朱熹哲学中关于性与情、性与心的关系［J］．辽宁广播电视大学学报，2007.04：46-47.

［46］郭淑新．余亚斐．儒家知识论传统的延展与活化——朱熹格物补传意义的再诠释［J］．北京师范大学学报（社会科学版），2007. 03：99-104.

［47］韩强．朱熹心统性情的心性论和涵养察识的修养方法［J］．华北水利水电学院学报（社会科学版），2007.02：22-27.

［48］何发甦．朱熹论孔子与《尚书》之关系［J］．甘肃联合大学学报（社会科学版），2007.03：123-125.

［49］洪慧贞．朱熹的道德教化思想及其人文价值［J］．牡丹江教育学院学报，2007.05：39-40.

［50］胡发贵．“存理灭欲”与“格正君心”——朱熹理欲论的政治意涵［J］．闽台文化交流，2007.03：56-59.

［51］胡荣明．宋三平．论朱熹笔下的官宦家族女性——以女性墓志铭为中心［J］．南昌大学学报（人文社会科学版），2007.06：89-93.

［52］胡长春．理学家的书法观——论朱熹在书法理论与实践上的贡献［J］．合肥学院学报（社会科学版），2007.05：30-34.

［53］胡兆保．朱子学对婺源社会习俗的影响［J］．朱子学刊，2007.00：88-94.

［54］黄俊杰．论经典诠释与哲学建构之关系——以朱子对《四书》的解释为中心［J］．南京大学学报（哲学·人文科学·社会科学版），2007.02：103-112.

［55］黄强．朱熹：“代圣贤立言”的启蒙者［J］．东南大学学报（哲学社会科学版），2007.03：104-108+128.

［56］黄强．朱熹倡导的应试动机及其影响——科举史上一个值得关

注的话题［J］. 扬州大学学报（人文社会科学版），2007.01：43–48.

［57］黄莹暖 . 朱子论《中庸》“未发”之义及其工夫［J］. 兴大中文学报（台湾），2007.21：121–140.

［58］黄忠慎 . 论宋儒与清儒对诗旨的解放——从朱子到姚际恒、崔述、方玉润［J］. 兴大中文学报（台湾），2007.22：125–158.

［59］蒋昭阳 . 辨析朱子心性论中的“心”［J］. 兰州学刊，2007.11：18–20.

［60］解光宇 . 论汪莘及其自然哲学思想［J］. 朱子学刊，2007.00：161–168.

［61］金小栋 .《朱子语类》词语义释［J］. 广西民族大学学报（哲学社会科学版），2007. S2：149–150+169.

［62］柯玫妃 . 理念与境遇——以朱熹《四书集注》为讨论范围［J］. 美和技术学院学报（台湾），2007.02：267–284.

［63］来玉英 . 朱熹及之前的“文道观”［J］. 湖北广播电视大学学报，2007.06：64–65.

［64］兰宗荣 . 武夷山与朱子游道［J］. 职业圈，2007.11：90–91.

［65］劳悦强 . 从《论语》〈唯女子与小人为难养章〉论朱熹的诠释学［J］. 汉学研究（台湾），2007.02：131–163.

［66］冷天吉 . 科学视域中的朱熹与康德［J］. 河南社会科学，2007.01：88–90.

［67］黎刚 . 冯会明 . 胡居仁《续白鹿洞书院学规》［J］. 朱子学刊，2007.00：187–195.

［68］黎良华 . 朱熹天理观的道德价值论［J］. 铜仁学院学报，2007.06：20–22.

［69］李斌斌 . 李虎 . 论朝鲜朱子学初期形成特点及其演变［J］. 东疆学刊，2007.03：22–25.

［70］李承贵 . 朱熹视域中的佛教本体论——朱熹对佛教本体论的认知及误读［J］. 福建论坛（人文社会科学版），2007.01：44–49.

［71］李承贵 . 朱熹视域中的佛教心性论［J］. 福建论坛（人文社会科学版），2007.03：45–53.

［72］李承贵 . 朱熹误读佛教之表现及其原因［J］. 合肥学院学报（社

会科学版），2007. 03：18-23.

［73］李加林．化腐朽为神奇——关于保护开发朱熹宋慈等历史文化资源促进建阳旅游经济发展的建议［J］．政协天地，2007.05：52-53.

［74］李景林．田智忠．朱子心论及其对先秦儒学性情论的创造性重建［J］．中国社会科学，2007.03：88-99+205.

［75］李开周．朱熹撤广告［J］．决策探索（上半月），2007.12：94.

［76］李明辉．朱子对“道心”、“人心”的诠释（上）［J］．鹅湖月刊（台湾），2007.387：11-21.

［77］李明辉．朱子对“道心”、“人心”的诠释（下）［J］．鹅湖月刊（台湾），2007.388：11-16.

［78］李明珠．阿奎那与朱熹法律思想之比较研究［J］．西北民族大学学报（哲学社会科学版），2007.04：99-103.

［79］李士金．从《朱子语类》看朱熹的理想主义历史观［J］．史学月刊，2007.04：124-127.

［80］李士金．朱熹“德治”思想在管理学上的深刻意义［J］．郑州航空工业管理学院学报（社会科学版），2007.06：60-62.

［81］李士金．朱熹《观书有感》诗究竟作于何时［J］．河北师范大学学报（哲学社会科学版），2007.04：70-73.

［82］李士金．朱熹论修辞本质的实践意义［J］．修辞学习，2007.01：55-57.

［83］李守爱．论朱子学对江户时代现代意识的启发［J］．日本学刊，2007.04：116-129+160.

［84］李甦平．韩国儒者对中国朱子学的几点发展［J］．韩国研究论丛，2007.04：450-463.

［85］李未醉．吴长庚．华侨与朱子学在日本的传播［J］．安徽史学，2007.06：110-112.

［86］李未醉．吴长庚．朝鲜华侨与朱子学传播［J］．八桂侨刊，2007.04：45-48.

［87］李未醉．朱子学在东南亚社会发展中的双重作用——以越南为例［J］．世纪桥，2007.12：58-59.

［88］李新．论朱熹《周易参同契考异》的阴阳观［J］．济宁师范专

科学校学报，2007.02：42–44.

［89］李玉梅．朱熹蒙书的习惯说［J］．鹅湖月刊（台湾），2007.379：32–41.

［90］连燕春．朱子社仓与道学家的社会理想［J］．合肥学院学报（社会科学版），2007.03：47–51.

［91］梁宁森．朱熹的民族气节及对朱子学者的影响［J］．兰台世界，2007.13：62–63.

［92］廖小波．李禹阶．“天人合一”与“性心合一”——朱熹“心性论”与社会控制思想［J］．中华文化论坛，2007.02：117–123.

［93］林朝成．卢其薇．清代台湾“分类械斗”思想探源：以朱熹“气类”观念为核心的考察［J］．东华汉学（台湾），2007.05：133–171.

［94］林方明．王上祈．信江书院历史沿革考［J］．朱子学刊，2007.00：309–313.

［95］林维杰．朱陆异同的诠释学转向［J］．中国文哲研究集刊（台湾），2007.31：235–261.

［96］刘固盛．论朱熹的老学思想［J］．上饶师范学院学报，2007.01：24–30.

［97］刘固盛．朱熹论庄思想述析［J］．孔子研究，2007.02：33–45.

［98］刘佩芝．明初理学家吴与弼理学思想述评［J］．朱子学刊，2007.00：196–202.

［99］刘天利．简论朱熹的理趣诗［J］．安徽农业大学学报（社会科学版），2007.05：72–74.

［100］刘田田．理学思想对朱熹诗歌创作的影响［J］．边疆经济与文化，2007.08：77–78.

［101］刘文正．《朱子语类》附加式双音量词及发展［J］．徐州教育学院学报，2007.01：102–103+108.

［102］刘笑敢．从注释到创构：两种定向两个标准——以朱熹《论语集注》为例［J］．南京大学学报（哲学·人文科学·社会科学版），2007.02：90–102.

［103］刘旋．郭雅玲．品味朱熹的武夷山水茶之意境［J］．茶叶科学技术，2007.01：45–46.

［104］刘延苗．何炳武．康德与朱熹“至善”概念之比较［J］．人文杂志，2007.02：29–31.

［105］龙念．朱子民本思想的理论和实践及其现代意义——在“朱子民本思想与当代”研讨会开幕式上的讲话［J］．合肥学院学报（社会科学版），2007.05：3–6.

［106］陆建猷．朱熹对经典文体与诠释书体的高卓适别［J］．合肥学院学报（社会科学版），2007.03：12–17+23.

［107］罗双燕．李景春．从朱熹的教育方法谈高校“两课”教学的针对性［J］．科协论坛（下半月），2007.01：105–106.

［108］罗双燕．李景春．论朱熹的教育方法对高校“两课”教学的启迪［J］．科教文汇（中旬刊），2007.03：29–30.

［109］罗英侠．集大成:朱熹《诗集传》的训释特色［J］．中州学刊，2000.4：243–245.

［110］马育良．朱熹理学世界中的性情论［J］．合肥学院学报（社会科学版），2007.03：30–37.

［111］蒙培元．朱熹是怎样注释“四书”的？——从方法的角度看［J］．湖南社会科学，2007.05：19–26.

［112］闵泽平．朱熹文章风格论［J］．西南大学学报（社会科学版），2007.05：147–151.

［113］木易．朱子语类（卷八）·学二［J］．合肥学院学报（社会科学版），2007.06：7.

［114］木易．朱子语类（卷六）·性理二［J］．合肥学院学报（社会科学版），2007.06：35.

［115］聂飞．对朱子性、气关系的讨论［J］．宜宾学院学报，2007.07：37–39.

［116］潘朝阳．观武夷山朱子讲学与生活故居而生发的忧患意识［J］．鹅湖月刊（台湾），2007.384：0–0.

［117］乔福锦．朱熹文化世界的“三统”整合［J］．河南教育学院学报（哲学社会科学版），2007.02：58–62.

［118］邱世鸿．试论朱熹理学书论的二重性及其价值［J］．南京艺术学院学报（美术与设计版），2007.02：76–80.

［119］裘国伟 . 朱熹与武夷山下的书院建设——闽北文化学习调研报告之一［J］. 南平师专学报，2007.03：62-64+61.

［120］屈玉丽 . 论朱熹的“理”之学［J］. 消费导刊，2007.13：220.

［121］曲晓红 .“朱子民本思想与当代”学术研讨会综述［J］. 黄山学院学报，2007.04：66-68.

［122］任锋 . 胡瑗与南宋儒学的实践意识［J］. 汉学研究（台湾），2007.02：101-129.

［123］邵方 . 朱熹法律思想简议［J］. 法学论坛，2007.01：124-129.

［124］沈时凯 . 理学与释“理”——试论戴震对朱熹学说的继承与扬弃［J］. 合肥学院学报（社会科学版），2007.05：7-14.

［125］沈顺福 . 朱熹形而上学思想初探［J］. 合肥学院学报（社会科学版），2007.03：3-11.

［126］史娟 . 朱熹对书院事业及图书版本馆藏的贡献——从首刻《四书章句集注》论及［J］. 大学图书情报学刊，2007.04：84-87.

［127］史善刚 . 论朱熹之易学［J］. 武汉科技大学学报（社会科学版），2007.02：148-152.

［128］史少博 .“太极，理也”沟通朱熹易学和理学［J］. 嘉应学院学报（哲学社会科学版），2007.01：27-31.

［129］史少博 . 论朱熹易学与理学的沟通［J］. 济南大学学报（社会科学版），2007.02：40-44+93.

［130］史少博 . 朱熹论“命”［J］. 管子学刊，2007.03：107-109+125.

［131］史向前 . 朱子《家礼》与道德建设［J］. 合肥学院学报（社会科学版），2007.06：3-7.

［132］苏敏 . 从朱熹“仁”说中阐发的生态伦理思想［J］. 上饶师范学院学报，2007.01：37-41.

［133］苏敏 . 朱熹生态伦理思想探析［J］. 江西社会科学，2007.10：79-82.

［134］孙光 . 徐文武 . 简论王逸、洪兴祖、朱熹楚辞注释的文献征引［J］. 内蒙古民族大学学报（社会科学版），2007.06：58-61.

［135］唐格理 .Self-culture in the Electronic Age：The Perspective of Zhu Xi's Gewu Zhizhi［J］. 台湾东亚文明研究学刊（台湾），2007. 01：

109–124.

［136］陶有浩．朱熹的司法思想探析［J］．呼伦贝尔学院学报，2007.05：21–25.

［137］田小中．朱熹论《太玄》［J］．周易研究，2007.03：47–53.

［138］佟艺．漫谈朱熹和他的教育思想［J］．科技信息（学术研究），2007.36：453.

［139］涂爱荣．朱熹德育方法的特点探微［J］．社科纵横，2007.05：121–122.

［140］汪银辉．朱熹的治学方法与徽派朴学［J］．黄山学院学报，2007.02：13–16.

［141］王春琴．也论朝鲜古写本《朱子语类》的校勘价值［J］．商业文化（学术版），2007.05：119–120.

［142］王记录．理学与朱熹的史学思想［J］．上饶师范学院学报，2007.01：31–36.

［143］王金城．准确传神的游记——朱熹《百丈山记》解析［J］．名作欣赏，2007.21：59–60.

［144］王俊峰．小议朱熹的教育观［J］．楚雄师范学院学报，2007.12：50–51+60.

［145］王明春．朱熹《诗集传》助词探析［J］．绥化学院学报，2007.03：101–102

［146］王萍．戴震与朱熹之分歧的学理辨析［J］．江苏教育学院学报（社会科学版），2007.02：64–67.

［147］王倩．朱熹“《诗》教”思想的发展历程［J］．教育学报，2007.01：89–93.

［148］王少芳．许家星．略论朱熹的教材编撰成就——以四书学著作为中心［J］．现代教育论丛，2007.10：79–82.

［149］王少芳．许家星．略论朱熹的教材编撰成就——以四书学著作为中心［J］．福建论坛（社科教育版），2007.12：24–27.

［150］王树瑛．《朱子语类》中问句系统所体现的人际意义［J］．福建师范大学学报（哲学社会科学版），2007.05：136–140.

［151］王玉强．朱子学的日本化与兰学的兴起［J］．东北亚论坛，

2007.02：122–125.

［152］温静 . 朱熹音乐思想五评［J］. 云南艺术学院学报，2007.03：85–90.

［153］吴冠章 . 朱更生 . 朱熹的佛教观［J］. 天府新论，2007.S1：195–197.

［154］吴国富 . 从白鹿洞学规看朱熹对陶渊明的尊崇［J］. 九江学院学报，2007.04：19–22.

［155］吴略余 . 对牟宗三诠释朱子心性、工夫论的若干疑义——以唐君毅之朱子学为主要视角［J］. 有凤初鸣年刊（台湾），2007.10：15–27.

［156］吴蕊 . 论朱熹读书观对图书馆建设的启示［J］. 江西图书馆学刊，2007.02：6–8.

［157］吴长庚 . 朱熹在江西的理学活动［J］. 朱子学刊，2007.00：55–72.

［158］吴铮强 . 在政治现实与儒学理想之间——也读余英时《朱熹的历史世界》［J］. 社会科学评论，2007.03：98–102.

［159］夏敏 . 地方性知识的理学归宿——朱熹对民间鬼神观的吸纳与变异［J］. 闽台文化交流，2007.03：68–71.

［160］向卫华 . 略论朱熹教育思想中的积极因素［J］. 双语学习，2007.11：25.

［161］谢晓东 . 杨妍 . 朱子哲学中道心人心论与天理人欲论之内在逻辑关系探析［J］. 江苏社会科学，2007.02：32–35.

［162］徐公喜 . 曹义昆 . 朱子学与中国历史文献国际学术研讨会综述［J］. 上饶师范学院学报，2007.01：42–46.

［163］徐公喜 . 朱熹宋代新杂家论［J］. 学术界，2007.03：156–162.

［164］徐公喜 . 朱熹学术思想特性论［J］. 浙江社会科学，2007.03：142–146.

［165］徐雷健 . 朱熹读书法探究［J］. 福建论坛（人文社会科学版），2007.S1：73–74.

［166］徐伟 . 涂怀京 . 朱熹与南宋闽北书院［J］. 合肥学院学报（社会科学版），2007.03：61–64.

［167］徐永文 . 南宋赣东北朱子后学初探［J］. 上饶师范学院学报，

2007.04：60–63.

［168］许家星．李自耕．史学之功臣乎？罪人乎？——兼与《评朱熹对史学的基本态度》一文商榷［J］．合肥学院学报（社会科学版），2007.05：38–40+70.

［169］许家星．王少芳．朱熹对历史人物评价缀谈［J］．太原师范学院学报（社会科学版），2007.06：99–101.

［170］许明珠．朱子格物致知再探——兼及儒学是否接上科学问题［J］．当代儒学研究（台湾），2007.02：135–166.

［171］许一民．弘扬朱子文化 振兴桑梓教育——南安市水头镇朱子祠教育奖学基金颁奖［J］．泉州师范学院学报，2007.01：50.

［172］闫梅红．论朱熹教学思想对现代教学实践的影响［J］．河南工业大学学报（社会科学版），2007.03：75–76+81.

［173］严金东．评朱熹对“思无邪”的解说［J］．重庆社会科学，2007.10：44–46+52.

［174］杨冬梅．误把“诸子”当“朱子”［J］．咬文嚼字，2007.12：21.

［175］杨健康．从诚信之分疏看朱熹诚信理论体系的建构［J］．求索，2007.09：210–212.

［176］杨曦．屈原的“忠”与“过”——谈朱熹眼中的屈原［J］．成都大学学报（社会科学版），2007.02：42–44.

［177］杨雅妃．朱熹谈“体验未发”的可能思考进路［J］．兴大中文学报（台湾），2007.22：59–71.

［178］殷明耀．论朱熹的吟诗与表“理”［J］．许昌学院学报，2007.04：6–8.

［179］尹波．宋元时期朱子年谱述录［J］．朱子学刊，2007.00：95–100.

［180］尤吾兵．朱熹“理一分殊”中“分”之正名［J］．南昌大学学报（人文社会科学版），2007.06：12–14.

［181］袁文春．朱熹哲学视野中的“文”与“道”［J］．广西大学学报（哲学社会科学版），2007.S2：38–40.

［182］詹石窗．杨燕．朱熹与《周易》先天学关系考论［J］．中国社

会科学，2007.05：181–190+208.

［183］詹向红．朱子民本思想及其当代价值——“朱子民本思想与当代”学术研讨会综述［J］．合肥学院学报（社会科学版），2007.05：35–37+52.

［184］张毅．朱熹的自由教育思想［J］．新课程研究（职业教育），2007.05：16–18.

［185］张二平．朱子格物致知说荀学溯源［J］．鹅湖月刊（台湾），2007.388：30–35.

［186］张慧远．《朱子语类》“理禅交融”思想探微［J］．学术界，2007.02：134–138.

［187］张建政．道德教育的阶段和层次——试析朱熹小学、大学教育思想［J］．教学研究，2007.02：105–107.

［188］张进．朱熹的宗教思想初探［J］．中共济南市委党校学报，2007.03：86–90.

［189］张进．朱子的《孟子》学［J］．朱子学刊，2007.00：29–48.

［190］张静．从朱熹的“小学”教育思想看中国古代的蒙学教育［J］．滁州学院学报，2007.02：102–103.

［191］张俊．朱熹思想与佛教关系［J］．船山学刊，2007.04：111–113.

［192］张培锋．论“儒教”之确立——以朱熹为中心［J］．东方丛刊，2007.03：68–84.

［193］张品端．李滉对朱熹理学的继承和发展［J］．合肥学院学报（社会科学版），2007.05：24–29+63.

［194］张艳清．朱熹仁学的三重意蕴［J］．理论学刊，2007.04：62–64.

［195］张宇．朱熹《诗集传》对《毛诗序》诗旨取舍原因浅析［J］．福建教育学院学报，2007.07：61–63.

［196］张元．朱子学与现代学术研究［J］．读书，2007.02：77–81.

［197］赵爱玉．武夷山朱熹及其理学遗迹考［J］．南方文物，2007.04：179–180+149+201.

［198］赵华富．《新安月潭朱氏族谱》卷一非朱熹佚文考——与《朱

子全集》辑录者商榷［J］. 安徽大学学报（哲学社会科学版），2007.02：122–125.

［199］赵振. 朱熹与二程语录的整理与编辑［J］. 天中学刊，2007.04：119–122.

［200］郑春汛.《朱子读书法》学术价值新探［J］. 兰州学刊，2007.04：169–170+178.

［201］郑维亮. 初探朱熹的“理—气”宇宙论［J］. 哲学与文化（台湾），2007.03：161–179.

［202］郑晓江.“安于死而无愧”——朱熹生死智慧探微［J］. 福建论坛（人文社会科学版），2007.12：79–85.

［203］郑颖慧. 论朱熹的司法思想及其对清朝法制的影响［J］. 集美大学学报（哲学社会科学版），2007.01：29–35.

［204］郑颖慧. 朱熹的司法思想与和谐社会［J］. 忻州师范学院学报，2007.01：53–56+111.

［205］郑颖慧. 朱熹的司法思想与和谐社会［J］. 长安大学学报（社会科学版），2007.03：73–77.

［206］钟彩钧. 谢上蔡、李延平与朱子早年思想［J］. 清华学报（台湾），2007.01：35–73.

［207］周茶仙. 朱熹乡村治理思想述论［J］. 安徽史学，2007.02：20–23.

［208］周春健. 中国古代闽学史著作提要六种［J］. 朱子学刊，2007.00：101–109.

［209］周勤勤. 朱熹的策数修炼法［J］. 中国社会科学院研究生院学报，2007.03：51.

［210］周莹. 论《朱子语类》疑问句的语用特色［J］. 攀枝花学院学报，2007.05：89–91.

［211］朱丽霞. 从文化还原到“理学”形成——以朱熹《诗经》解为例［J］. 东南大学学报（哲学社会科学版），2007.03：109–112+128.

［212］朱平安. 武夷山摩崖石刻与朱子理学思想［J］. 合肥学院学报（社会科学版），2007.03：52–56.

［213］朱人求. 西山论敬［J］. 朱子学刊，2007.00：149–160.

[214] 朱茹．薛颖．朱熹《诗集传》——与汉儒诗说比较 [J]．南昌教育学院学报，2007.02：15-17.

[215] 踪凡．朱熹论两汉诗赋——兼与晁补之比较 [J]．辽东学院学报（社会科学版），2007.06：74-81+103.

硕博论文

[1] 陈童．朱熹《昌黎先生集考异》研究 [D]．南昌大学，2007. 硕士论文．

[2] 何林英．朱熹和刘宝楠《论语》解释之比较 [D]．兰州大学，2007. 硕士论文．

[3] 黄勇．牟宗三的朱子思想研究述评——以《心体与性体》为中心 [D]．西北大学，2007. 硕士论文．

[4] 李娟．朱熹"存天理,灭人欲"及其当代意义 [D]．华中科技大学，2007. 硕士论文．

[5] 李文菊．对朱熹格致之学的辩证审视——兼论"格致"之学对马克思主义哲学中国化的启示 [D]．安徽师范大学，2007. 硕士论文．

[6] 刘振英．朱熹《诗集传》研究初探[D]．河北大学,2007. 硕士论文．

[7] 毛小庶．论南宋书院理学大师的学术精神——以朱熹、陆九渊、吕祖谦、张栻为例 [D]．江西师范大学，2007. 硕士论文．

[8] 聂飞．试论朱子的道德自律学说[D]．四川大学,2007. 硕士论文．

[9] 曲辉．宋代春秋学研究——以孙复程颐胡安国朱熹为中心 [D]．华东师范大学，2007. 硕士论文．

[10] 舒拥军．朱熹《集注》、《集传》训诂研究 [D]．华中师范大学，2007. 硕士论文．

[11] 孙璎珞．朱熹法律思想研究 [D]．山东大学，2007. 硕士论文．

[12] 王克荔．《朱子语类》介词研究 [D]．四川大学,2007. 硕士论文．

[13] 王秋．"别子为宗"：思想史的真实与现代性诠释的辩证——牟宗三朱子学研究 [D]．黑龙江大学，2007. 硕士论文．

[14] 吴菲．朱熹与王阳明哲学基本路向之比较——从对《大学》的不同诠释来看 [D]．苏州大学，2007. 硕士论文．

[15] 吴宇．哲人之诗——朱熹诗歌的哲理意蕴与美学风格 [D]．安

徽师范大学，2007. 硕士论文 .

［16］武守磊 . 王懋竑与朱泽沄的朱子学思想比较研究［D］. 华中师范大学，2007. 硕士论文 .

［17］杨敏 ."淫诗"说:朱熹《诗》学与清代《诗》学分歧之焦点［D］. 四川大学，2007. 硕士论文 .

［18］杨文森 . 朱熹的文献学成就［D］. 河南大学，2007. 硕士论文 .

［19］袁勤 .《朱子语类》复音连词研究［D］. 四川大学，2007. 硕士论文 .

［20］张曼娜 . 论朱熹的佛教观［D］. 吉林大学，2007. 硕士论文 .

［21］赵金丹 .《朱子语类》新词新语初探［D］. 陕西师范大学，2007. 硕士论文 .

［22］郑丽娟 . 朱熹与山崎暗斋二家主敬思想的比较研究［D］. 华中科技大学，2007. 硕士论文 .

［23］朱惠嫣 . 论教育环境对早年朱熹的影响［D］. 厦门大学，2007. 硕士论文 .

［24］朱英坤 . 朱熹教化思想研究［D］. 福建师范大学，2007. 硕士论文 .

［25］朱媛凤 . 朱熹《孟子》三书研究［D］. 山东大学，2007. 硕士论文 .

［26］曹海东 . 朱熹经典解释学研究［D］. 华中师范大学，2007. 博士论文 .

［27］陈良中 . 朱子《尚书》学研究［D］. 华东师范大学，2007. 博士论文 .

［28］高丽敏 . 作圣之功——朱子哲学底蕴研究［D］. 复旦大学，2007. 博士论文 .

［29］王宏海 . 以人学为视角的朱熹理学研究［D］. 河北大学，2007. 博士论文 .

［30］尉利工 . 朱子经典诠释思想研究［D］. 华东师范大学，2007. 博士论文 .

［31］肖发荣 . 论朱熹对张载思想的继承和发展——以朱熹对《正蒙》的诠释为中心［D］. 陕西师范大学，2007. 博士论文 .

［32］杨星 . 朱子闽学思想渊源与传播研究［D］. 华东师范大学，2007. 博士论文 .

［33］郑俊晖 . 朱熹音乐著述及思想研究［D］. 福建师范大学，2007.

博士论文 .

报纸论文

［1］“义乌发展的文化探源”课题组杨艳秋执笔 . 南宋朱子学在义乌的传承［N］. 中国社会科学院院报，2007-06-26003.

［2］陈来 . 陈荣捷与朱子学论著［N］. 光明日报，2007-11-17005.

［3］王立武 . 安徽黄山发现朱熹文稿［N］. 人民日报，2007-07-23011

［4］吴建国 . 以“四个突出”为抓手 打造朱子文化城［N］. 福建日报，2007-08-07010.

［5］赵一 . 朱子家族决定：后裔不孝将被干预［N］. 成都日报，2007-03-22A06.

2008 年

期刊论文

［1］. 朱熹六劾贪官［J］. 国学，2008.07：7.

［2］（日）贝助茂树著 . 林桂榛，刘春阳译 . 朱子与仁斋［J］. 太平洋学报，2008.10：5-7.

［3］边慧民 . 试论朱熹“省察”德育思想及其现代启示［J］. 山东师范大学学报（人文社会科学版），2008.04：146-149.

［4］蔡南成 . 网络时代的马克思、朱熹思想研究与复兴［J］. 合肥学院学报（社会科学版），2008.04：42-47.

［5］曹春华 . 阳刚与阴柔的交响——朱熹与张即之书法艺术评介［J］. 连云港职业技术学院学报，2008.03：54-56.

［6］曹海东 . 朱熹“随文解义”法简论［J］. 长江学术，2008.01：109-113.

［7］曹海东 . 朱熹揆以常情的解经方法［J］. 佛山科学技术学院学报（社会科学版），2008.01：36-39.

［8］曾春海 . 朱熹、陆象山的书院理念及其现代意义［J］. 哲学与文化（台湾），2008.09：129-150.

［9］常裕 . 朱熹论“梦”的理学意蕴——兼论“孔子不梦周公”之辨［J］. 孔子研究，2008.06：98-107.

［10］陈保同．尤吾兵．王惠霞．朱熹德性之学的“和谐”指向［J］．合肥学院学报（社会科学版），2008.06：9-13.

［11］陈才．谈谈朱熹《诗集传》的训诂［J］．广西大学学报（哲学社会科学版），2008.S2：145-146.

［12］陈彩云．朱子《家礼》中的禁奢思想及对后世的影响［J］．孔子研究，2008.04：103-109.

［13］陈代湘．朱熹与张栻的学术交往及相互影响［J］．东南学术，2008.06：82-87.

［14］陈逢源．朱熹注四书之转折——以《学庸章句》、《或问》为比对范围［J］．东吴中文学报（台湾），2008.15：17-39.

［15］陈国代．张品端．群贤聚武夷 兴会论朱子——“朱子学与东亚文化”研讨会综述［J］．合肥学院学报（社会科学版），2008.06：14-18.

［16］陈海燕．程嫩生．刘瑾对朱熹诗经学中赋、比、兴与淫诗说问题的阐发［J］．内江师范学院学报，2008.01：72-73.

［17］陈佳铭．朱子的太极理气论与格物工夫之探究［J］．华梵人文学报（台湾），2008.10：137-174.

［18］陈景彦．王玉强．禅儒一致构造与中世日本朱子学［J］．吉林大学社会科学学报，2008.06：36-41.

［19］陈利华．我是溪山旧主人，归来鱼鸟便相亲——论朱熹“人与自然和谐”的本真追求［J］．武夷学院报，2008.03：8-11.

［20］陈良武．朱熹漳州刻书的文献学追求［J］．佳木斯大学社会科学学报，2008.06：93-95.

［21］陈良武．“训诂”、“义理”、“功用”——朱熹文献学思想研究之一［J］．闽台文化交流，2008.03：49-54.

［22］程宝华．张杨园与清初朱子学［J］．郑州航空工业管理学院学报（社会科学版），2008.06：6-9.

［23］程刚．文道合一与诗乐合一——朱熹与邵雍文学本体论之比较［J］．孔子研究，2008.05：58-69.

［24］程继红．宋元朱熹门人及后学籍贯地理分布与朱子学传播区域［J］．朱子学刊，2008.00：126-143.

［25］程利田．朱熹“和”思想及其当代意义［J］．武夷学院学报，

2008.03：4–7.

［26］程嫩生．陈海燕．刘瑾对朱熹诗经学的解经取向［J］．江西社会科学，2008.02：124–126.

［27］程水龙．清初《近思录》传播的学术思考［J］．古籍研究，2008.02：31–38.

［28］崔雪茹．朱熹的德性伦理思想［J］．理论与现代化，2008.06：67–69.

［29］戴冠青．朱熹的民间想象与闽南民众的崇儒精神［J］．泉州师范学院学报（社会科学版），2008.01：30–32.

［30］丁世洁．从《诗集传》看朱熹的文艺观［J］．河南社会科学，2008.06：114–116.

［31］丁为祥．儒者与政："国是"、"朋党"、"伪道学"——以余英时《朱熹的历史世界》为例［J］．陕西师范大学学报（哲学社会科学版），2008.01：88–94.

［32］丁亚杰．朱子春秋学的衍异：方苞春秋学的创作意图与意义解释［J］．中央大学人文学报（台湾），2008.35：37–82.

［33］杜霞．从《大学》公案看阳明与朱子之异同［J］．成都大学学报（社会科学版），2008.04：26–29.

［34］樊树志．朱熹新儒学：从"伪学"到官学［J］．国学，2008.08：43–45.

［35］方利山．朱熹与戴震民本思想之异同［J］．合肥学院学报（社会科学版），2008.04：37–41.

［36］方彦寿．朱熹手迹"鸢飞鱼跃"的理学意蕴［J］．泉州师范学院学报（社会科学版），2008.01：21–24.

［37］高志成．朱子《易》学之〈大象传〉注析论［J］．台中技术学院通识教育学报（台湾），2008.02：1–21.

［38］弓玉彬．浅析朱熹的人性论思想［J］．辽宁广播电视大学学报，2008.03：90–92.

［39］郭著章．《朱子家训》及其散体和诗体英译［J］．中国外语，2008.01：93–98.

［40］哈磊．朱子所读佛教经论与著述叙要［J］．孔子研究，2008.04：

69-81.

［41］韩岚．黄式三《论语后案》对于朱子思想的阐释［J］．朱子学刊，2008.00：161-171.

［42］郝永．论朱熹的《诗·国风》思想风格理论［J］．三明学院学报，2008.03：271-274.

［43］郝永．朱熹《诗》之“晋风”理解上的新成就［J］．山西农业大学学报（社会科学版），2008.05：508-512.

［44］郝永．朱熹《诗经》诠释视野下的《陈风》学［J］．周口师范学院学报，2008.06：14-17.

［45］胡荣明．家族、学术交游圈与朱子学的流传：以宋元德兴地区为中心［J］．朱子学刊，2008.00：144-160.

［46］黄娜．朱熹礼学的经世倾向［J］．四川教育学院学报，2008.12：46-48.

［47］黄强．朱熹：“科举制”拨乱反正的理想主义者［J］．东南大学学报（哲学社会科学版），2008.04：81-85+127-128.

［48］黄莹暖．唐、牟论朱子中和新旧说之“心”义［J］．当代儒学研究（台湾），2008.04：147-168.

［49］江峰．詹石窗．试析朱熹对太谷学派生命哲学思想的影响［J］．东南学术，2008.06：88-92.

［50］姜鹏．《伊洛渊源录》与早期道统建构的挫折［J］．学术月刊，2008.10：128-132.

［51］蒋昭阳．朱子心性学与直感的判断力［J］．理论界，2008.05：123-125.

［52］解光宇．解立．论朱熹与田愚的宗法思想［J］．合肥学院学报（社会科学版），2008.04：32-36.

［53］金永植．From the Chu-Tzu Yu-Lei（1270）to the Chu-Tzu Ch'uan-Shu（1714）：Change and Stability of Orthodox Ch'eng-Chu Learning［J］．清华学报（台湾），2008.03：505-528.

［54］靳健．孔子诗教哲学与朱熹诗教哲学的比较［J］．华东师范大学学报（教育科学版），2008.01：10-13+19.

［55］柯品文．探究朱熹的历史到思维中“道学”的建构——田浩《朱

熹的思维世界》读后［J］. 全国新书资讯月刊（台湾），2008.114：20–23.

［56］柯品文 . 探析宋代文化与政治史的相互建构与影响：评余英时的《朱熹的历史世界》［J］. 东吴中文学报（台湾），2008.15：165–174.

［57］乐爱国 . 朱熹的“推类”思想简论［J］. 中共宁波市委党校学报，2008.06：111–115.

［58］黎新军 . 南宋书院档案举隅：以朱熹为中心［J］. 档案学研究，2008.05：6–8.

［59］李承贵 . 佛教伦理：朱熹的认知、偏失及其教训［J］. 学术研究，2008.11：20–27+159.

［60］李承贵 . 宋儒认知和处理佛教及佛、儒关系之情状——朱熹的检讨和超越［J］. 合肥学院学报（社会科学版），2008.04：17–22.

［61］李春桃 . 朱熹的思想与诗歌［J］. 求索，2008.09：180–182+220.

［62］李锋 . 天理与道义的彰显——朱熹王道思想的政治哲学解析［J］. 贵州师范大学学报（社会科学版），2008.04：1–6.

［63］李红革 . 刘小容 . 论朱熹理学体系天人不合一的内在矛盾［J］. 湖南医科大学学报（社会科学版），2008.05：15–17.

［64］李佳明 . 元代朱子学发展初探［J］. 问学集（台湾），2008.15：35–49.

［65］李劲松 . 论朱熹兴复白鹿洞书院的历史渊源及其教学改革［J］. 江西社会科学，2008.04：128–132.

［66］李开周 . 朱熹撤广告［J］. 现代交际，2008.02：43.

［67］李乐 .“明道”——理学大师朱熹的编辑追求［J］. 编辑之友，2008.03：78–80.

［68］李明辉 . 朱子对“道心”、“人心”的诠释［J］. 湖南大学学报（社会科学版），2008.01：19–27.

［69］李平 . 谈《诗集传》中的训诂术语“放此”［J］. 萍乡高等专科学校学报，2008.04：85–87.

［70］李瑞全 . 朱子之道德规范根源问题［J］. 当代儒学研究（台湾），2008.04：23–37.

［71］李山河 . 为学亦为政：朱熹《大学章句》思想发微［J］. 朱子学刊，2008.00：75–86.

［72］李士金．引文有误，编辑有责——从《朱子语类》说起［J］．编辑学刊，2008.03：68–71.

［73］李士金．朱熹《诗》学理解修辞深刻意蕴探析［J］．郑州航空工业管理学院学报（社会科学版），2008.01：78–81.

［74］李士金．朱熹高度重视修辞用字的深刻内涵［J］．修辞学习，2008.01：44–46.

［75］李士金．朱熹修辞技巧论的社会哲理内容［J］．修辞学习，2008.06：57–60.

［76］李世财．杨国学．朱子学在朝鲜、日本和越南的建构特征比较［J］．江西广播电视大学学报，2008.03：10–13.

［77］李晓明．王喜伶．《朱子家训》的现代文化教育功能［J］．当代教育论坛（学科教育研究），2008.03：20–21.

［78］李永明．朱熹《楚辞集注》成书考论［J］．西南交通大学学报（社会科学版），2008.02：49–55.

［79］李彧．丰素贞．朱熹《诗集传》“某音某”作用及特点［J］．唐山师范学院学报，2008.01：38–40.

［80］李贞慧．“文从道出”的书写实践——以朱熹“记”与北宋“记”之书写内容为讨论中心［J］．汉学研究（台湾），2008.03：1–34.

［81］（韩）梁承武．韩国朱子学的研究现状与发展前景［J］．杭州师范大学学报（社会科学版），2008.02：42–49.

［82］林安梧．阳明的《朱子晚年定论》与儒学的转折［J］．鹅湖月刊（台湾），2008.392：1–7.

［83］林丹．朱子思想中的内在困境——由朱子哲学向阳明哲学衍化的可能性分析［J］．现代哲学，2008.06：102–110.

［84］林海霞．醇儒与英雄之争——论朱熹陈亮论战［J］．康定民族师范高等专科学校学报，2008.04：44–46.

［85］林莉．朱熹教学原则与方法的当代价值［J］．吉林省教育学院学报，2008.07：17–19.

［86］林莉．朱熹教学原则与方法的当代价值［J］．临沧师范高等专科学校学报，2008.02：42–44.

［87］林日波．真德秀与朱熹弟子交游考［J］．古籍整理研究学刊，

2008.02：75–79.

［88］林盛．“朱子故里”花飘香［J］．中国林业，2008.02：30.

［89］林维杰．知人论世与以意逆志——朱熹对《孟子·万章》篇两项原则的诠释学解释［J］．中国文哲研究集刊（台湾），2008.32：109–130.

［90］林振礼．朱熹与梁克家的关系及其游历潮州考辨［J］．厦门大学学报（哲学社会科学版），2008.04：85–92.

［91］刘炳范．论日本江户时代朱子学的兴盛与文学平民化倾向［J］．孔子研究，2008.02：106–115.

［92］刘红梅．浩浩其志通千秋——对朱熹教育思想的认识［J］．消费导刊，2008.05：205.

［93］刘杰．“舞蹈”和“节拍”:《朱子语类》词语札记［J］．文化学刊，2008.06：136–141.

［94］刘杰．《朱子语类》词语札记（一）［J］．社科纵横，2008.12：111–113.

［95］刘克兵．朱汉民．朱熹思想体系中的知识与道德［J］．湖南大学学报（社会科学版），2008.04：11–16.

［96］刘立夫．朱熹的儒佛之辨［J］．哲学研究，2008.11：34–41+128.

［97］刘敏．论朱熹《水调歌头》词［J］．今日南国（理论创新版），2008.03：98–99.

［98］刘述先．朱子在宋明儒学的地位重探［J］．台湾东亚文明研究学刊（台湾），2008.2：1–11.

［99］刘伟生．朱熹诗经学的地域视界［J］．中国韵文学刊，2008.04：52–58.

［100］刘振维．由朱熹读书法论职业伦理的养成［J］．止善（台湾），2008.04：115–144.

［101］鲁学军．朱熹形上学体系下的理欲观［J］．兰州学刊，2008.01：8–11.

［102］陆德海．朱熹文法学思想述略［J］．江西社会科学，2008.06：106–111.

［103］罗秉祥．儒礼之宗教意涵——以朱子《家礼》为中心［J］．兰州大学学报（社会科学版），2008.02：20–27.

［104］罗谡．莫顺斌．鸢飞戾天 鱼跃于渊——论朱熹文学思想中的诗性精神［J］．牡丹江教育学院学报，2008.04：5-6.

［105］罗雅纯．朱熹注《孟子》历史脉络之叹赜［J］．东吴中文线上学术论文（台湾），2008.02：1-31.

［106］吕变庭．内外之学与朱熹的“物我”观［J］．孔子研究，2008.01：61-72.

［107］毛国民．“等差之爱”与“普遍之爱”并非对立——从孟旦的朱子哲学研究谈起［J］．社科纵横（新理论版），2008.01：182-183.

［108］毛国民．略论孟旦的朱子研究：以“结构性形象”为中心［J］．学术研究，2008.08：68-73+160.

［109］毛勤勇．从形而上至道德本位的论证——朱熹社会思想探微［J］．江南大学学报（人文社会科学版），2008.04：10-14.

［110］蒙培元．两个世界还是一个世界——朱子哲学辩证之一［J］．学术月刊，2008.03：49-56.

［111］蒙培元．朱熹关于世界的统一性与多样性——“理一分殊说”［J］．北京大学学报（哲学社会科学版），2008.03：16-26.

［112］蒙培元．朱熹心说再辨析［J］．杭州师范大学学报（社会科学版），2008.06：5-11.

［113］闵泽平．朱熹文章观论略［J］．朱子学刊，2008.00：108-117.

［114］彭启福．朱熹的知识论诠释学和陆九渊的实践论诠释学［J］．安徽师范大学学报（人文社会科学版），2008.03：278-283.

［115］邵炳军．论南宋《诗》学革新精神的基本特征——以朱熹《诗集传》为代表［J］．江海学刊，2008.03：185-190.

［116］邵炳军．朱熹《诗集传》所代表的南宋《诗》学革新精神的主要成因——朱熹《诗集传》与南宋《诗》学革新精神研究之三［J］．上海大学学报（社会科学版），2008.06：96-99.

［117］沈时凯．宋代理学的观念及其方法论——兼谈朱熹在理学发展中的贡献［J］．合肥学院学报（社会科学版），2008.04：10-16+27.

［118］石明庆．论宋末金华朱子后学的极端化理学诗论［J］．湖州师范学院学报，2008.05：17-20.

［119］史少博．论朱熹的“五行”配“五常”［J］．青岛大学师范学

院学报，2008.03：59–62.

［120］史甄陶．从《感兴诗通》论胡炳文对朱学的继承与发展［J］．汉学研究（台湾），2008.03：93–122.

［121］孙光．从篇目选择看朱熹《楚辞集注》的注释原则［J］．社会科学论坛（学术研究卷），2008.10：99–102.

［122］孙晶．印度吠檀多哲学的梵我观与朱子理学之比较［J］．云南大学学报（社会科学版），2008.02：27–33+95.

［123］孙利．朱熹对佛老心性思想的借鉴与批判［J］．廊坊师范学院学报，2008.01：65–68.

［124］孙迎春．王少云．朱熹理学美学中的绘画美学观［J］．艺术教育，2008.05：105.

［125］孙致文．朱熹祭祀观管窥［J］．当代儒学研究（台湾），2008.04：39–58.

［126］汤建荣．朱熹“体用一源”思想论析［J］．兰州学刊，2008.07：6–10.

［127］唐晓晖．朱熹格物致知学说［J］．读与写（教育教学刊），2008.06：60+94.

［128］陶有浩．朱熹的司法思想探析［J］．宜宾学院学报，2008.02：82–85.

［129］（日）藤井伦明．“诚”在日本的变貌——由朱子之“诚”与山鹿素行之“诚”谈起［J］．台湾东亚文明研究学刊（台湾），2008.02：13–34.

［130］（日）藤井伦明．朱子学的诸相（上）——以“理”之解释为考察中心［J］．鹅湖月刊（台湾），2008.395：28–34.

［131］（日）藤井伦明．朱子学的诸相（下）——以“理”之解释为考察中心［J］．鹅湖月刊（台湾），2008.396：20–28.

［132］（美）田浩．论朱熹和天——跟随史华慈老师研究宋代思想史［J］．华东师范大学学报（哲学社会科学版），2008.01：1–8+17.

［133］田智忠．“理一分殊”视野下的朱子哲学精神［J］．朱子学刊，2008.00：54–64.

［134］田智忠．胡东东．“即气论仁”——朱子仁学思想的精神特质［J］．河北大学学报（哲学社会科学版），2008.04：83–87.

［135］田智忠．胡东东．朱子“中和之悟”的工夫论解读［J］．福建师范大学学报（哲学社会科学版），2008.04：18–23.

［136］田智忠．胡东东．简论朱子《阴符经考异》的儒学特色［J］．河北师范大学学报（哲学社会科学版），2008.02：60–63.

［137］仝召燕．试论“朱子读书法”及其对我国高等教育的启示［J］．教学研究，2008.05：381–383.

［138］王爱红．从“主敬”思想看朱熹的主体修养论［J］．湖南农业大学学报（社会科学版．素质教育研究），2008.03：21–22.

［139］王春梅．李世平．试析王阳明的“天理发用”思想——兼与朱熹理学比较［J］．兰州学刊，2008.05：13–15.

［140］王俊杰．《孟子·尽心上》首二句诠释之探讨——从语法学之观点切入［J］．兴大中文学报（台湾），2008.22：1–19.

［141］王龙．朱熹《诗集传》赋比兴标诗探微［J］．贵州大学学报（社会科学版），2008.01：37–41.

［142］王明兵．江户初期禅僧对“朱子学”的皈依与“脱佛入儒”［J］．东北师大学报（哲学社会科学版），2008.01：75–79.

［143］王小红．从吴昌硕《朱子家训》观照吴氏早期生平及隶书风貌［J］．书画世界，2008.01：32–34.

［144］王小婷．朱熹《四书集注》通行清代之原因及评价［J］．教育理论与实践，2008.34：15–19.

［145］王学文．《论语集注》音义初探［J］．洛阳师范学院学报，2008.06：121–124.

［146］王雨平．由“格物致知穷理”浅析朱子自“分殊”而“理一”［J］．天府新论，2008.S2：115–117.

［147］魏义霞．“知在先”与“行为重”：朱熹知行观探究［J］．合肥学院学报（社会科学版），2008.06：3–8.

［148］温海明．先天学之自得，后天学之无奈——朱熹易学中的先天后天问题［J］．周易研究，2008.03：38–44.

［149］吴国源．思想史编史理论与实践的比较——以余英时《朱熹的历史世界（绪说部分）》为参照［J］．陕西理工学院学报（社会科学版），2008.03：19–24.

[150] 吴恺.朱熹的学问之道探析[J].学习月刊，2008.24：28.

[151] 吴略余.唐君毅之朱子学[J].鹅湖月刊（台湾），2008.391：38–49.

[152] 吴平.李乐."明道"：理学大师朱熹的编辑追求[J].出版广角，2008.10：40–41.

[153] 吴展良.朱子世界观体系的基本特质[J].台大文史哲学报（台湾），2008.68：135–167.

[154] 吴长庚.近百年朱熹文学研究的回顾与反思[J].文学评论，2008.03：206–214.

[155] 谢晓东.邹秀季.朱子的国家哲学探微[J].福建论坛（人文社会科学版），2008.04：52–57.

[156] 徐刚.从自然哲学走向数学哲学——论朱熹自然哲学对元明清数学的影响[J].自然辩证法研究，2008.10：71–76.

[157] 徐刚.晚清朱子学述略[J].朱子学刊，2008.00：118–125.

[158] 徐公喜.朱子学与传统法律文化社会化[J].合肥学院学报（社会科学版），2008.04：28–31+47.

[159] 徐仂.论"程朱理学"对宋代服饰的影响[J].美术大观，2008.05：31.

[160] 徐心希.泉州书院、社学的发展与朱熹理学思想的深化[J].闽西职业技术学院学报，2008.01：34–43.

[161] 许家星.《朱子全书》标点献疑[J].江淮论坛，2008.02：187–190.

[162] 许家星.朱熹论韩愈之文学理念及其创作[J].郑州轻工业学院学报（社会科学版），2008.01：16–19.

[163] 许家星.近年来朱子四书学研究述评[J].朱子学刊，2008.00：285–294.

[164] 许伟.黄斌.姚化昌.解析朱熹"问学"思想的"学"[J].科技信息（科学教研），2008.20：545.

[165] 杨槐.再谈朱熹的军事思想[J].才智，2008.22：184–185.

[166] 杨立影.浅析日本幕藩体制的确立与朱子学——以加贺藩主前田纲纪的治世为例[J].日语学习与研究，2008.05：59–64.

［167］杨星．朱子为官之道［J］．政协天地，2008.Z1：84.

［168］杨燕．论朱熹的道教史观［J］．泉州师范学院学报（社会科学版），2008.01：14–20.

［169］杨燕．朱熹视阈中的《周易》“本义”［J］．东南学术，2008.06：76–81.

［170］杨颖川．朱熹理欲观真相［J］．柳州师专学报，2008.04：70–73.

［171］杨勇．论朱熹语文教育思想的时代精神［J］．河西学院学报，2008.03：5–8.

［172］叶方石．舒拥军．朱熹“明语法以通训诂”的解经方法探析［J］．烟台职业学院学报，2008.01：6–9.

［173］易玉香．从社会背景的差异看孔子与朱熹的义利观［J］．文史博览（理论），2008.12：30–32.

［174］殷慧．肖永明．朱熹的《周礼》学思想［J］．湖南大学学报（社会科学版），2008.01：28–33.

［175］于景祥．朱熹的骈文批评［J］．文学评论，2008.05：46–51.

［176］袁迎春．朱熹的课程思想探析［J］．当代教育论坛（宏观教育研究），2008.01：29–30.

［177］詹向红．朱熹诚信思想论［J］．江淮论坛，2008.06：149–152.

［178］张海媚．《朱子语类》中“杀”字结构的用法［J］．殷都学刊，2008.02：125–128.

［179］张锦枝．对朱熹解释思想的再思考——以《大学章句集注》为例［J］．同济大学学报（社会科学版），2008.01：68–73.

［180］张进．论朱熹对苏轼的批评与接受［J］．唐都学刊，2008.02：103–108.

［181］张品端．闽北朱子文化发展及其思考［J］．武夷学院学报，2008.04：13–18.

［182］张品端．朱熹对儒家修身思想的继承及其现代意义［J］．泉州师范学院学报（社会科学版），2008.03：67–71.

［183］张思齐．从《白鹿洞赋》看朱熹的诗意栖居［J］．西华大学学报（哲学社会科学版），2008.06：11–17.

[184] 张玉 . 朱子理学对造园的影响 [J] . 武夷学院学报，2008.02 : 68–71.

[185] 张昭炜 . 胡直与朱子仁学思想之比较 [J] . 朱子学刊，2008.00 : 172–179.

[186] 赵妙法 . 朱熹的伦理学与后伦理学之别 [J]. 安徽大学学报（哲学社会科学版），2008.02 : 33–38.

[187] 赵明玉 . 吴长庚 . 朱熹王夫子对屈原精神的阐释[J]. 朱子学刊，2008.00 : 96–107.

[188] 赵润昌 . "致中和" 到 "格物致知" ——朱熹《四书》诠释的 "心性论" 探微 [J] . 通识研究集刊（台湾），2008.13 : 147–172.

[189] 赵羽 . 朱熹基本文学思想浅议 [J] . 时代文学（双月上半月），2008.03 : 127–128.

[190] 赵振兴 . 唐丽娟 . 毛传与朱熹《诗集传》异训比较研究 [J] . 长江学术，2008.01 : 105–108+54.

[191] 赵中国 . 朱熹易学观述论 [J] . 社会科学，2008.05 : 120–128+191.

[192] 郑建光 . 朱熹逃禅归儒浅析 [J] . 朱子学刊，2008.00 : 87–95.

[193] 周春健 . 朱熹与《尔雅》[J]. 湖北大学学报（哲学社会科学版），2008.05 : 90–93.

[194] 周桂芹 . 论朱熹 "格物致知" 说的认识论价值 [J] . 经济与社会发展，2008.06 : 70–72.

[195] 周杰 . 德川幕府与朱子学——德川幕府对理想政治秩序和社会规范的探求 [J] . 解放军外国语学院学报，2008.02 : 104–109.

[196] 周静 . 论朱熹的山林诗与禅情结 [J] . 宗教学研究，2008.02 : 164–166.

[197] 周天庆 . 静虚工夫与明中后期的儒道交涉——以朱熹后学蔡清为例 [J] . 东南学术，2008.06 : 93–99.

[198] 周永健 . 渴求 "真儒" ——朱熹政治人才思想探析 [J] . 重庆三峡学院学报，2008.01 : 54–59.

[199] 朱惠莉 . 论朱熹的经济哲学思想 [J] . 内江师范学院学报，2008.07 : 5–8.

［200］朱良用 . 简述朱熹的刑罚思想［J］. 法制与社会，2008.29：383.

［201］朱平安 . 从武夷山摩崖石刻看朱熹的生态思想［J］. 合肥学院学报（社会科学版），2008.04：51-56.

［202］朱人求 . 真西山对“诚”的探索——兼论西山对朱子诚学的继承和发展［J］. 朱子学刊，2008.00：190-200.

［203］朱圣平 . 李海峰 . 从《近思录》中窥探朱熹道体学说的渊源［J］. 社科纵横（新理论版），2008.02：205-206.

［204］朱英坤 . 论朱熹新民的社会教化理念及实践［J］. 朱子学刊，2008.00：65-74.

［205］祝总斌 . 关于朱熹《答陈齐仲（书）》［J］. 中华文史论丛，2008.02：261-268.

硕博论文

［1］程婕 . 下学与上达：朱熹蒙学思想的哲学基础［D］. 上海师范大学，2008. 硕士论文 .

［2］冯志坚 . 以至善的视角解读朱熹的理欲观［D］. 辽宁大学，2008. 硕士论文 .

［3］黄美兰 . 朱熹与《楚辞集注》［D］. 南昌大学，2008. 硕士论文 .

［4］黎良华 . 朱熹的天理观研究［D］. 广西师范大学，2008. 硕士论文 .

［5］刘培军 . 朱熹的德育方法及其现代价值［D］. 西南大学，2008. 硕士论文 .

［6］刘徐 . 以“主敬”为中心的朱熹修养工夫论考察［D］. 山东大学，2008. 硕士论文 .

［7］屈玉丽 .《论语》朱熹注与刘宝楠注的比较［D］. 山东师范大学，2008. 硕士论文 .

［8］茹菲 .《论语集注》声训研究［D］. 北京语言大学，2008. 硕士论文 .

［9］宋园园 . 论朱熹哲学中“私”的观念［D］. 复旦大学，2008. 硕士论文 .

［10］王娜娜 . 朱熹《论语集注》中阅读观的探索及应用［D］. 山东师范大学，2008. 硕士论文 .

［11］徐斌成．试论张栻与朱熹哲学思想之歧见［D］．厦门大学，2008. 硕士论文．

［12］徐伟．朱熹与南宋闽北书院研究［D］．福建师范大学，2008. 硕士论文．

［13］游海员．薛瑄的理学思想及其对朱熹理学的继承和发展［D］．湖南大学，2008. 硕士论文．

［14］朱鹏．朱熹与黑格尔："历史世界"、哲学思想及美学思想之比较［D］．新疆大学，2008. 硕士论文．

［15］郝永．朱熹《诗经》解释学研究［D］. 浙江大学，2008. 博士论文．

［16］张勇．朱熹理学思想的形成与演变［D］．西北大学，2008. 博士论文．

报纸论文

［1］冯会明．朱子故里 理学名区［N］．上饶日报，2008-05-09003.

［2］高原乐．傅熊：《论语义疏》与朱熹［N］．中国社会科学院院报，2008-06-24002.

［3］乐爱国．朱熹的"存天理、灭人欲"［N］．光明日报，2008-09-08012.

［4］王长达．刘建光．洪新瑜．传承朱子文化 打造标志品牌［N］．三明日报，2008-10-14A01.

［5］吴荣娟．婺源举办 2008 婺源·中国乡村文化旅游节暨纪念朱熹诞辰 878 周年活动［N］．江南游报，2008-10-23003.

［6］肖永明．朱熹天理论框架中的君王观念［N］．中国社会科学院院报，2008-01-31003.

［7］伊品寿．朱子学术研讨会召开［N］．闽北日报，2008-08-06001.

［8］张立文．朱熹的理学精神［N］．温州日报，2008-01-27006.

［9］赵一．告别老宗祠 200 朱子后裔春分祭祖［N］．成都日报，2008-03-21A07.

［10］郑建光．朱子文化与经济建设——朱子文化与尤溪经济社会发展研讨会综述［N］．三明日报，2008-11-16A03.

［11］朱守良．朱熹《家训》：从个人修养到民族文明［N］．光明日报，

2008-04-12007.

2009 年

期刊论文

［1］（美）田浩.《朱熹的思维世界（增订版）》［J］. 历史研究，2009.06：126.

［2］. 朱子学新探:思想与源流【三篇】［J］. 江西社会科学，2009.12:7.

［3］包绍亮. 朱子的人格美学与和谐人格的美育［J］. 福建省社会主义学院学报，2009.03：29-31.

［4］蔡厚淳. 白鹿洞书院与朱子学规［J］. 图书馆杂志，2009.07：81-88.

［5］蔡家和. 从所以然到自然—罗整庵对朱子理气论的修正［J］. 当代儒学研究（台湾），2009.07：1-23.

［6］曹海东. 朱熹论经典理解形成的基本条件［J］. 孔子研究，2009.01：73-83.

［7］曹海东. 饶琪. 以心体之 重复思绎——朱熹经典解释方法研究之一［J］. 咸宁学院学报，2009.01：56-58.

［8］曹儒. 从《朱子语类》看朱熹的教育理念［J］. 教育探索，2009.05：9-10.

［9］曹宇峰. 朱熹义理史学思想三论［J］. 晋阳学刊，2009.05：66-69.

［10］曾春海. 李栗谷与马一浮心性论之比较［J］. 哲学论集（台湾），2009.42：15-30.

［11］曾华东. 杨万里学术思想与朱子学的关系［J］. 朱子学刊，2009.00：233-246.

［12］查金萍. 论朱熹对韩愈的接受［J］. 朱子学刊，2009.00：102-109.

［13］陈代湘. 李国飞. 明中叶朱子学与阳明心学的对峙［J］. 湘潭大学学报（哲学社会科学版），2009.01：86-90.

［14］陈国代. 清代朱子学对台湾社会发展的影响［J］. 闽台文化交流，2009.03：52-56+59.

［15］陈国代．元季隐士杜本理学思想探源［J］．朱子学刊，2009.00：314–319.

［16］陈锦剑．论朱熹王夫之等删增《楚辞》之失——《楚辞》中的汉人作品之价值研究之一［J］．怀化学院学报，2009.10：90–93.

［17］陈景彦．王玉强．浅析伊藤仁斋的朱子学观［J］．史学集刊，2009.01：58–63.

［18］陈利华．朱熹蒙学教育思想的基本内容及其当代启示［J］．武夷学院学报，2009.03：7–10.

［19］陈利华．朱子理学乌托邦及其对封建意识形态的影响［J］．赤峰学院学报（汉文哲学社会科学版），2009.10：22–23.

［20］陈良中．论朱子《尚书》学章句义理之得失［J］．重庆师范大学学报（哲学社会科学版），2009.03：31–36+72.

［21］陈良中．论朱子解经的价值取向［J］．求索，2009.05：213–215.

［22］陈良中．朱子解经方法的理论价值探研［J］．浙江社会科学，2009.04：84–88+94+128.

［23］陈敏．朱子论“诚”及其现代价值［J］．福建论坛（人文社会科学版），2009.09：75–77.

［24］陈明．胡宏思想的逻辑与意义——从朱子对《知言》的批评说起［J］．湖南大学学报（社会科学版），2009.06：13–18.

［25］陈明．胡宏思想的逻辑与意义——从朱子对《知言》的批评说起［J］．原道，2009.00：164–177.

［26］陈明娥．从四字格看《朱子语类》的语言特点及对后世的影响［J］．阜阳师范学院学报（社会科学版），2009.06：31–35.

［27］陈张林．从“存有之理”到“存在之理”——牟宗三对朱子天理观的分析［J］．陕西师范大学学报（哲学社会科学版），2009.05：47–54.

［28］成玮．从释义到推论——余英时《朱熹的历史世界》史料解读献疑［J］．阴山学刊，2009.02：43–46.

［29］程娟．略论朱熹的经典诠释思想［J］．六盘水师范高等专科学校学报，2009.01：45–47.

［30］程水龙．现存《近思录》版本与嘉兴刻书［J］．嘉兴学院学报，

2009.02：5-9.

［31］戴从喜．朱子与《韩文考异》［J］．上海第二工业大学学报，2009.04：322-327.

［32］戴新安．阴阳两面的伪师朱熹［J］．文史天地，2009.12：60-63.

［33］戴月舟．《朱子家训》对大学生素质教育的积极意义［J］．南京医科大学学报（社会科学版），2009.03：257-259.

［34］杜保瑞．对牟宗三批评朱熹与程颐依《大学》建立体系的方法论反省［J］．哲学与文化（台湾），2009.08：57-75.

［35］杜保瑞．对朱熹在《知言疑义》中批评胡宏的方法论反省［J］．台湾大学哲学论评（台湾），2009.37：121-161.

［36］杜艳婷．浅析朱熹的理一元论［J］．黑龙江教育学院学报，2009.09：20-21.

［37］段丽惠．“郑风淫”——朱熹诗学阐释的突破［J］．内蒙古大学学报（哲学社会科学版），2009.05：77-81.

［38］方彦寿．“两岸朱子学与当代社会伦理研讨会”综述［J］．哲学动态，2009.11：107-109.

［39］方彦寿．黄榦讲学地点考［J］．朱子学刊，2009.00：286-295.

［40］方彦寿．朱熹的“援佛入儒”与严羽的“以禅喻诗”［J］．文艺理论研究，2009.03：69-72.

［41］房秀丽．朱祥龙．朱子陆王应如何会通？——由清初思想家李二曲引发的对朱陆之辨的再思考［J］．孔子研究，2009.04：72-77.

［42］冯青．《朱子语类》词语考释对《辞源》释义的补正［J］．语文知识，2009.04：79-80.

［43］傅于川．朱熹理学学脉渊承考［J］．毕节学院学报，2009.06：51-54.

［44］傅志明．吴树勤．“践履”与“涵养”：朱熹小学教育思想及其现代意义［J］．朱子学刊，2009.00：125-132.

［45］高大威．互文比义与朱熹《论语》诠释论例［J］．国文学报（台湾），2009.45：1-23.

［46］高云萍．扩展中异化的后朱熹时代的道学话语——以北山学派

为例［J］. 浙江学刊，2009.05：28–33.

［47］高云萍 . 许谦《诗集传名物钞》对朱熹《诗集传》的补充、纠正与发挥［J］. 书目季刊（台湾），2009.02：17–33.

［48］顾宏义 . 朱熹《三朝名臣言行录 · 丞相荆国王文公》征引文献探析［J］. 中国典籍与文化，2009.03：70–74.

［49］郭淑新 . 朱熹的敬畏伦理思想及其现代意蕴［J］. 中国哲学史，2009.01：45–50.

［50］韩伟 . 朱熹乐论之雅俗观考释［J］. 船山学刊，2009.04：95–99.

［51］郝明义 . 陶渊明、诸葛亮、朱熹、苏东坡的读书风格［J］. 发现，2009.07：54–56.

［52］禾子 . 2009 年皖、闽、赣联办朱子学术研讨会将在上饶市召开［J］. 合肥学院学报（社会科学版），2009.03：97.

［53］何静 . 论马一浮对程朱陆王心性论的整合［J］. 东岳论丛，2009.10：114–117.

［54］何静 . 儒佛道交融的朱熹天理论［J］. 浙江社会科学，2009.12：61–66+126.

［55］洪本健 . 评朱熹的韩欧文变化“无心”“有心”论——以两家赠序文为例［J］. 周口师范学院学报，2009.06：58–61.

［56］胡荣明 . 地域、家族与学术交流网络：朱子后学集团的形成——以介轩学派为中心的考察［J］. 朱子学刊，2009.00：162–175.

［57］黄春香 . 试论在朱子文化大背景下开发武夷山体育旅游［J］. 江西金融职工大学学报，2009.S2：28–30.

［58］黄定辉 . 论朱熹“回到三代”理论建立与“道心”、“人心”［J］. 甘肃联合大学学报（社会科学版），2009.03：8–10.

［59］黄富峰 . 朱熹的道德认识论［J］. 齐鲁学刊，2009.06：11–14.

［60］黄立鹏 . 冯文全 . 朱琳 . 浅析朱熹道德教育思想——以“小学”教育与“大学”教育为例［J］. 基础教育研究，2009.02：5–7.

［61］黄灵庚 . 唐、朱交恶辨正［J］. 中国文化研究，2009.03：70–78.

［62］黄文奇 . 支离羞作郑康成——从朱子与阳明之异同看熊十力的狂者生命［J］. 有凤初鸣年刊（台湾），2009.04：179–192.

［63］江淑君 . 薛蕙《老子集解》对程、朱老学之评议［J］. 国文学报（台

湾），2009.45：107-138.

［64］江玉林．朱熹德礼政刑论述探微——从《知南康榜文》谈起［J］．思与言：人文与社会科学杂志（台湾），2009.04：5-37.

［65］解光宇．朱子徽州弟子及其思想研究［J］．朱子学刊，2009.00：190-211.

［66］金乐．邓和秋．朱熹德育思想方法与启示［J］．求索，2009.10：162-163.

［67］乐爱国．四明朱子学及其格致论［J］．中共宁波市委党校学报，2009.03：106-110.

［68］乐爱国．朱熹传播科学知识的途径［J］．科普研究，2009.02：72-76.

［69］乐爱国．朱熹的“推类”方法及其在科学研究中的运用［J］．洛阳师范学院学报，2009.01：35-38.

［70］雷喜斌．朱熹对先天象数易图之采借与改造浅论［J］．福建省社会主义学院学报，2009.01：45-50.

［71］雷喜斌．朱熹理学心性观与太极阴阳说之关系探微［J］．福建农林大学学报（哲学社会科学版），2009.03：70-73.

［72］李锋．徐庆利．朱熹与康德道德哲学契合之探寻［J］．道德与文明，2009.01：47-50.

［73］李刚．“朱熹思想及其当代价值学术研讨会”在西昌召开［J］．社会科学研究，2009.04：85.

［74］李萌．“天命之谓性”的阐释——朱子“理学”和湖湘“性学”不同的哲学基础［J］．西安社会科学，2009.04：20-21.

［75］李平．谈《诗集传》中的训诂术语“见”［J］．科教文汇（下旬刊），2009.02：245.

［76］李圣锋．朱熹经典诠释方法的主要内容［J］．郑州航空工业管理学院学报（社会科学版），2009.06：53-55.

［77］李圣锋．朱熹经典诠释方法现实意义探析［J］．黑河学刊，2009.07：30-31.

［78］李士金．论朱熹作为出版家的精神境界［J］．编辑学刊，2009.05：72-75.

[79] 李士金．朱熹修辞学说矛盾心理分析——两个朱熹的对立统一[J]．修辞学习，2009.02：77-80.

[80] 李弢．民间的朱熹——以漳州民间故事为个案[J]．闽台文化交流，2009.01：138-142.

[81] 李文辉．从《伊洛渊源录》到《明儒学案》——学案体之体例演进研究[J]．中山大学研究生学刊（社会科学版），2009.01：1-20.

[82] 李潇．汤伟清．李仕春．《朱子语类》复音词统计[J]．今日南国（理论创新版）.2009.10：129-130.

[83] 李修贵．朱熹教育思想述论[J]．沧桑，2009.03：134-135+137.

[84] 李薛妃．《朱子语类》中的量词"等"[J]．内蒙古农业大学学报（社会科学版），2009.03：384-385.

[85] 李长春．"道问学"处多了些子？——朱熹教育思想新论[J]．北京大学教育评论，2009.01：83-90+190.

[86] 林安梧．朱子哲学当代诠释方法论之反思——从"继别为宗"到"横摄归纵"[J]．河北学刊，2009.03：32-38.

[87] 林朝成．卢其薇．从鳌峰书院到海东书院：论清代台湾朱子学的二个向度[J]．东华汉学（台湾），2009.09：281-324.

[88] 林玮．刘思宇．理学视野中的《沧浪诗话·诗辨》[J]．朱子学刊，2009.00：247-254.

[89] 林怡．以学为政：从朱熹到严复——论"理学"实践品格的历史传承及其当代启示[J]．东南学术，2009.05：126-133.

[90] 林振礼．"昔岁调饥政"，为宋祚长治久安计——朱熹与梁克家关系考辨[J]．朱子学刊，2009.00：133-138.

[91] 林振礼．朱熹闽南粤东佚文考辨[J]．泉州师范学院学报（社会科学版），2009.01：21-24.

[92] 刘春霞．皮云华．陈亮哲学思想背景下的战争观——兼论陈亮与朱熹哲学分歧在战争观上的表现[J]．安康学院学报，2009.03：11-14.

[93] 刘代霞．从《诗集传》看朱熹的婚恋观[J]．毕节学院学报，2009.06：73-77.

[94] 刘贡南．朱熹释子夏"先传后倦"[J]．人文杂志，2009.03：

45–49.

［95］刘杰．“舞蹈”和“节拍”——《朱子语类》词语札记［J］．大理学院学报，2009.01：41–44.

［96］刘静．《朱子语类》中表“早上”的一组词的词义考探［J］．南阳师范学院学报（社会科学版），2009.10：54–57.

［97］刘鹿鸣．《近思录》与《中庸》《大学》文本的内在同一性［J］．安徽大学学报（哲学社会科学版），2009.02：23–26.

［98］刘美红．从“格物致知”的争辩看朱子、王阳明的思想差异［J］．湖北第二师范学院学报，2009.03：41–43.

［99］刘美玉．“欸乃声中万古心”——解读朱熹《武夷棹歌》［J］．福建论坛（社科教育版），2009.S1：99–100.

［100］刘述先．道统的建构与朱子在宋明理学中地位的衡定［J］．朱子学刊，2009.00：1–11.

［101］刘雅萍．以朱熹的构想为基础的宋代祠堂［J］．黑龙江史志，2009.06：72+106.

［102］刘依平．朱子“新民”诠释的理论意蕴及其内在紧张［J］．吉首大学学报（社会科学版），2009.01：5–9.

［103］刘怡君．吴澄理学“心性论”义理内蕴探微——兼论元代朱学与陆学的和会［J］．人文集刊（台湾），2009.08：63–93.

［104］刘原池．朱熹之《诗》学解释学［J］．人文社会科学研究（台湾），2009.01：37–50.

［105］罗华文．《大学》在朱熹理学认识论中之架构［J］．理论月刊，2009.06：59–61.

［106］罗小成．感怀朱松［J］．炎黄纵横，2009.06：56–58.

［107］罗雅纯．论朱熹诠孟之意涵［J］．淡江中文学报（台湾），2009.20：61–92.

［108］马育良．王夫之对朱熹性情论的反思及其“兴观群怨”新说［J］．合肥学院学报（社会科学版），2009.03：16–23+126.

［109］闵泽平．朱熹与“浙学”［J］．浙江海洋学院学报（人文科学版），2009.04：46–51.

［110］莫山洪．文话的兴起与南宋中期文章骈散的对峙——以朱熹、

李刘为例［J］. 广西师范大学学报（哲学社会科学版），2009.02：31–35.

［111］牟坚. 朱子对“克己复礼”的诠释与辨析——论朱子对“以理易礼”说的批评［J］. 中国哲学史，2009.01：20–33.

［112］庞桥. 浅析朱熹的教师道德思想［J］. 沧桑，2009.01：154–155.

［113］綦晓芹.《诗集传》中朱子的理想社会［J］. 社会科学辑刊，2009.02：218–221.

［114］全华凌. 论朱熹的韩愈研究［J］. 船山学刊，2009.04：91–94.

［115］芮常木. 肖泉. 胡适治学方法及其与朱熹、戴震学说的渊源［J］. 黄山学院学报，2009.01：22–24.

［116］佘德余. 郑文燕. 朱熹在浙东茶盐提举任上［J］. 绍兴文理学院学报（哲学社会科学版），2009.02：26–31.

［117］沈时凯. 陆王心学与朱学哲学范型流变［J］. 朱子学刊，2009.00：255–262.

［118］沈时凯. 宋代理学的逻辑——以朱熹的《四书集注》为考察文本［J］. 合肥学院学报（社会科学版），2009.03：3–9+77.

［119］沈时凯. 朱陆情谊与理学分派——对朱熹哲学范型流变的探讨［J］. 合肥学院学报（社会科学版），2009.06：10–17.

［120］沈顺福. 朱熹心灵哲学初探［J］. 江西社会科学，2009.04：57–63.

［121］石梦琪. 浅谈朱熹理学之“存天理. 灭人欲”［J］. 法制与社会，2009.18：387.

［122］史少博. 朱熹论“义”、“利”及其现代意义［J］. 长安大学学报（社会科学版），2009.04：86–90.

［123］史向前. 为有源头活水来——朱松道学思想及其对朱熹的影响［J］. 安徽大学学报（哲学社会科学版），2009.06：16–19.

［124］史向前. 秦皖新. 朱熹出入佛老的原因［J］. 朱子学刊，2009.00：65–72.

［125］宋道贵. 理学鬼神观的哲学解读——以朱子为中心［J］. 理论界，2009.03：131–132.

［126］苏文娟. 张爱林. 读书 知人 论世——浅析《朱子家训》的时

代背景及其人文意蕴［J］. 南京医科大学学报（社会科学版），2009.04：314-316.

［127］孙显军. 朱熹的《大戴礼记》研究［J］. 苏州大学学报（哲学社会科学版），2009.01：70-72.

［128］孙迎春. 桃源理想与诗：朱熹《武夷棹歌》之美学特征［J］. 时代文学（双月上半月），2009.01：116-117.

［129］谭德礼. 朱子人本思想探析［J］. 河南师范大学学报（哲学社会科学版），2009.01：175-177.

［130］唐利国. 论日本近世前期山鹿流兵学的确立——以山鹿素行的朱子学批判为中心［J］. 历史教学（高校版），2009.03：33-38.

［131］藤井伦明. 朱熹"格物致知"说的工夫论进路诠释［J］. 国文学报（台湾），2009.45：81-107.

［132］（美）田浩. 北美的宋代儒学和朱熹研究之演变：六十年回顾［J］. 国际社会科学杂志（中文版），2009.02：28-29.

［133］（美）田浩. 儒家教育是自我实现抑或既有智慧的传承？——对吕祖谦和朱熹有关学生学习理论构建之探讨［J］. 古今论衡（台湾），2009.19：93-110.

［134］田新澎. 浅议朱熹的教学观［J］. 今日科苑，2009.23：164.

［135］田智忠. 论朱子思想的宗教性与超越之维［J］. 朱子学刊，2009.00：48-64.

［136］汪业全. 朱熹《诗集传》与吴棫《诗补音》音叶考异［J］. 南通大学学报（社会科学版），2009.02：82-87.

［137］王春林. "朱熹疑伪《古文尚书》"一说考辨［J］. 福建论坛（人文社会科学版），2009.08：41-44.

［138］王德毅. 商辂与《续资治通鉴纲目》［J］. 中国历史学会史学集刊（台湾），2009.41：1-18.

［139］王广. 朱熹"理一分殊"视野下的《西铭》诠释［J］. 朱子学刊，2009.00：73-85.

［140］王国良. 新安理学及其现代价值［J］. 朱子学刊，2009.00：176-189.

［141］王国良. 朱熹理学的传播与徽州和谐社会的建构［J］. 安徽

大学学报（哲学社会科学版），2009.04：103–106.

［142］王国良.朱熹理学的合理价值及其对徽州文化的影响［J］.社会科学战线，2009.10：27–31.

［143］王吉平.从天理观到政治——朱熹政治哲学略论［J］.黑龙江史志，2009.05：98–99.

［144］王建宏.论王阳明对朱熹《大学》的心学化诠释［J］.理论导刊，2009.04：105–106.

［145］王敬华.朱熹的道德教育思想及其当代价值［J］.民办教育研究，2009.05：48–51.

［146］王敬华.朱熹的道德教育思想及其当代价值［J］.泰山学院学报，2009.02：127–130.

［147］王敬华.朱熹的道德修养论及其德育启示［J］.湖北社会科学，2009.07：124–126.

［148］王龙.论朱熹《诗集传》中的“兴”［J］.山西师大学报（社会科学版），2009.03：79–83.

［149］王妙纯.朱熹党禁时期的生命图像——以朱熹党禁诗作为核心的探讨［J］.高雄师大学报：人文与艺术类（台湾），2009.27：137–158.

［150］王明兵.林罗山对“朱子学”理论的批判性发挥［J］.求是学刊，2009.01：134–138.

［151］王培友.诗歌“气象”何以能“近道”——兼谈朱熹“气象近道”说在中国诗论“气象”范畴构建中的作用［J］.中国诗歌研究动态，2009.01：6–27.

［152］王晓珊.朱熹“诚意”思想探微——以朱熹“心主性情”观为背景［J］.哈尔滨学院学报，2009.12：34–37.

［153］韦汉农.对朱熹《观书有感》的新解读［J］.广西师范学院学报（哲学社会科学版），2009.S2：22–23.

［154］魏义霞.“知在先”与“行为重”：朱熹知行观探究［J］.朱子学刊，2009.00：26–37.

［155］魏义霞.朱熹的践履方法和修养工夫［J］.合肥学院学报（社会科学版），2009.06：3–9.

［156］温克勤.略论朱熹的道德本体论思想及借鉴启示意义［J］.天

津社会科学，2009.06：37-40+144.

［157］吴发．吴与弼对朱熹理学的继承与发展［J］．安徽文学（下半月），2009.07：348.

［158］吴进安．清朝台湾儒学中的朱子学意涵与诠释［J］．汉学研究集刊（台湾），2009.08：53-75.

［159］吴小锋．经典解释的转向：朱熹的《诗集传》［J］．中国图书评论，2009.07：86-91.

［160］吴莺莺．南宋理学三贤:朱熹、张栻与吕祖谦［J］．朱子学刊，2009.00：110-124.

［161］吴云云．朱熹《琴律说》的律学研究［J］．大众文艺（理论），2009.01：174-175.

［162］吴长庚．朱熹“存天理灭人欲”理论的重新认识［J］．江西社会科学，2009.12：7-13.

［163］吴长庚．朱子学与江西之学［J］．上饶师范学院学报，2009.04：1-5.

［164］夏长朴．“其所谓‘道’非道，则所言之韪不免于非”——朱熹论王安石新学［J］．中国史研究，2009.04：81-100.

［165］向世陵．蔡清对朱熹《本义》的折中修正——以“保合太和”与“继善成性”的注解为例［J］．周易研究，2009.02：54-59.

［166］谢晓东．“幸福”与“内圣外王”——亚里士多德与朱熹至善思想比较［J］．中国哲学史，2009.01：51-56.

［167］谢晓东．宋明理学中的道心人心问题——心学与朱熹的思想比较［J］．厦门大学学报（哲学社会科学版），2009.06：106-112.

［168］谢晓东．政治哲学视域下的朱熹新民思想［J］．朱子学刊，2009.00：86-101.

［169］徐道彬．朱熹在徽州本土遭遇的尴尬［J］．安徽师范大学学报（人文社会科学版），2009.06：672-678.

［170］徐公喜．理学源流著作述论［J］．江西社会科学，2009.12：13-18.

［171］徐强．“主宾之辨”与朱熹的认识思想［J］．安徽大学学报（哲学社会科学版），2009.02：27-30.

［172］徐庆利．功利与道义之间——陈亮、叶适对朱熹的挑战［J］．大连海事大学学报（社会科学版），2009.02：113–117.

［173］徐日辉．治家与治国：两“朱子家训”漫议［J］．朱子学刊，2009.00：417–424.

［174］许家星．“圣门末后亲传密旨”——朱子“忠恕一贯”章解的思想意义［J］．人文杂志，2009.05：23–30.

［175］许家星．俯仰无愧怍——论朱子“浩然之气”章解的诠释意义［J］．中国哲学史，2009.04：88–97.

［176］许家星．求本义、发原意、砭学弊——朱子四书学诠释旨趣探幽［J］．北京师范大学学报（社会科学版），2009.06：41–46.

［177］严金东．“《诗序》不可废”——浅析马端临驳朱熹［J］．重庆教育学院学报，2009.05：52–55.

［178］严敏．朱熹历史观新探［J］．理论界，2009.02：134–135.

［179］颜立水．朱熹与金门［J］．闽台文化交流，2009.03：151–152

［180］严佐之．版本再造的“得而复失”与“失而复得”——以《中庸集解》、《中庸辑略》为例［J］．儒家典籍与思想研究，2009.00：324–343.

［181］阳剑兰．朱熹自我教育思想及其现代价值［J］．云梦学刊，2009.05：77–79.

［182］杨昶．元代“四书”学著述举要［J］．朱子学刊，2009.00：398–405.

［183］杨国荣．化当然为必然：朱熹思想的内在趋向［J］．中山大学学报（社会科学版），2009.01：101–108.

［184］杨国荣．朱熹的理学思想［J］．朱子学刊，2009.00：12–25.

［185］杨翰卿．朱熹知行观的理论创进和主要特色［J］．齐鲁学刊，2009.05：12–17.

［186］杨金花．试论朱熹的比兴观［J］．河北学刊，2009.02：253–255.

［187］杨静．朱熹《诗》学阐释方法论［J］．潍坊学院学报，2009.03：119–122.

［188］杨俊．朱子“灭人欲，存天理”内涵之探究［J］．今日科苑，

2009.18：169–170.

［189］杨俊才．关于姜特立在《朱熹的历史世界》中的定位问题——与余英时先生商榷［J］．浙江大学学报（人文社会科学版），2009.01：126–134.

［190］杨秀．郭美星．试论董仲舒“天人合一”与朱熹“天人合一”相异之处［J］．黑龙江史志，2009.16：30–31.

［191］杨雅妃．试论朱熹文本书写中理学与诗学的互涉：以主静、主敬工夫为切入点［J］．虎尾科技大学学报（台湾），2009.04：113–121.

［192］杨燕．《阴符经考异》作者非朱熹、蔡元定蠡测［J］．泉州师范学院学报（社会科学版），2009.01：34–36.

［193］杨洋．十三经注疏本《孟子注疏》与朱熹《孟子集注》比较之一二［J］．天府新论，2009.S1：18–19.

［194］杨泽波．“康德与孟子”还是“康德与朱子”——牟宗三以康德研究孟子质疑［J］．陕西师范大学学报（哲学社会科学版），2009.03：82–86.

［195］杨祖汉．从朱子思想看儒家的理想社会［J］．鹅湖学志（台湾），2009.42：189–211.

［196］杨祖汉．朱子心性工夫论新解［J］．嘉大中文学报（台湾），2009.01：195–209.

［197］殷慧．肖永明．学术与政治纠结中的朱熹祧庙之议［J］．湖南大学学报（社会科学版），2009.04：21–27.

［198］尹波．明刊朱熹年谱述评［J］．求索，2009.11：212–215.

［199］尤吾兵．经济伦理思想与德性的媾和——朱熹经济伦理思想及其现代价值［J］．上海财经大学学报，2009.03：11–17.

［200］尤吾兵．陈保同．朱熹经济伦理思想及其现代价值［J］．中南大学学报（社会科学版），2009.02：175–178.

［201］游腾达．唐君毅先生的朱子学诠释之省察——以心性论为焦点［J］．鹅湖学志（台湾），2009.42：31–94.

［202］余龙生．陆陇其、陆世仪朱子学思想比较初探［J］．江西社会科学，2009.12：18–21.

［203］张海媚．《朱子语类》中“好看”的词汇化及使用［J］．石河

子大学学报（哲学社会科学版），2009.01：84–87.

［204］张进．朱子宗教思想及其影响［J］．朱子学刊，2009.00：38–47.

［205］张静．《四库全书总目提要》于朱熹《诗集传》叙录中的态度笔法平议［J］．河北大学成人教育学院学报，2009.02：94–96.

［206］张品端．从朱熹、李贽到严复——兼论中国传统思想文化的发展［J］．福建论坛（人文社会科学版），2009.08：45–51.

［207］张品端．李珥对朱子学的继承和阐发［J］．朱子学刊，2009.00：330–345.

［208］张品端．朱熹社仓法的基本内容及其社会保障作用［J］．中国社会科学院研究生院学报，2009.03：116–120.

［209］张思齐．从《白鹿洞赋》看朱熹的诗意栖居［J］．长江学术，2009.03：102.

［210］张体云．论朱熹对徽州教育的影响［J］．安庆师范学院学报（社会科学版），2009.09：57–60.

［211］张体云．论朱熹与戴震《诗》学之间的因缘关系［J］．皖西学院学报，2009.03：118–121.

［212］张翔．儒家和谐到异化的历史性转向——论朱熹理学对儒学道德思想的异化及其后果［J］．沈阳大学学报，2009.02：59–62.

［213］张向荣．由“君子好逑”的解释史看汉宋之别——以郑玄与朱熹为例［J］．理论界，2009.12：104–106.

［214］张勇．朱熹与陆九渊易学论争的理学文化意义［J］．周易研究，2009.03：53–57.

［215］张元．朱子《诗集传》中的历史论述［J］．古今论衡（台湾），2009.20：75–94.

［216］赵妙法．朱熹的是非观［J］．安徽大学学报（哲学社会科学版），2009.06：20–25.

［217］赵楠楠．朱子哲学里的四端和七情［J］．理论界，2009.05：142–143.

［218］赵晓鑫．朱熹《八朝名臣言行录》的文献学价值探析［J］．新乡学院学报（社会科学版），2009.06：69–70.

［219］赵中国．邵雍先天学的两个层面：象数学与本体论——兼论朱熹对邵雍先天学的误读［J］．周易研究，2009.01：60–70.

［220］郑家青．于安．朱子读书法与加涅学习阶段论的比较研究［J］．外国中小学教育，2009.02：23–27.

［221］郑家青．于安．朱子读书法与加涅学习阶段论的比较研究［J］．心理研究，2009.02：22–26.

［222］郑伟．杨彩丹．"论性而不论气，则收拾不尽"——朱熹"淫诗"说的价值诉求［J］．文化与诗学，2009.01：274–285.

［223］郑熊．略谈朱熹的读书方法［J］．华夏文化，2009.04：55–57.

［224］郑艳．吕注与朱注《大学》比较研究［J］．科教文汇（上旬刊），2009.07：229.

［225］郑伊庭．"成人"与"醇儒"——论陈、朱之辩中儒学理想的分歧［J］．有凤初鸣年刊（台湾），2009.05：393–407.

［226］衷鑫恣．论朱熹的"理"——莱布尼茨《论中国人的自然神学》引义［J］．湖南科技学院学报，2009.11：25–34.

［227］周茶仙．江西朱子后学群体的发展脉络及其演变［J］．朱子学刊，2009.00：150–161.

［228］周桂芹．罗钦顺对朱熹"理一分殊"思想的继承和超越［J］．重庆科技学院学报（社会科学版），2009.01：45–47.

［229］周元侠．论朱熹的解经原则［J］．兰州学刊，2009.03：33–36.

［230］朱惠莉．邢志平．从朱熹论"仁"观其生态哲学思想［J］．乐山师范学院学报，2009.02：127–129.

［231］朱惠莉．邢志平．朱熹生态哲学思想与海峡西岸经济区建设［J］．经济与社会发展，2009.09：35–37.

［232］朱茂男．世界朱氏联合会会长朱茂男贺信［J］．朱子学刊，2009.00：442.

［233］朱人求．真德秀对朱子诚学的继承和发展［J］．哲学动态，2009.11：42–47.

［234］朱人求．周燕春．朱子学的当代发展与创新——"朱子学与理学学派"学术研讨会综述［J］．合肥学院学报（社会科学版），2009.06：23–26.

[235] 祝纪景 . 让古文带着体温融入学生的生活——《朱子家训》教学反思 [J]. 上海商学院学报，2009.06 : 98-100.

[236] 邹顺康 . 朱熹道德修养思想简论 [J]. 道德与文明，2009.04 : 54-57.

硕博论文

[1] 陈火根 . 朱熹教化思想研究[D]. 云南师范大学,2009. 硕士论文 .

[2] 冯晴 .《大学》《中庸》之郑注、孔疏与朱子《集注》训诂术语比较研究 [D]. 曲阜师范大学，2009. 硕士论文 .

[3] 郭良桂 . 朱熹山水游记研究[D]. 福建师范大学,2009. 硕士论文 .

[4] 黄定辉 . 道治与心性——论朱熹“回到三代”政治诉求的心性论基础 [D]. 兰州大学，2009. 硕士论文 .

[5] 李萌 . 湖湘学派对朱子“心性论”的影响 [D]. 陕西师范大学，2009. 硕士论文 .

[6] 林海霞 . 醇儒与英雄——朱熹陈亮论辩研究 [D]. 苏州大学，2009. 硕士论文 .

[7] 吕国栋 . 朱熹义利观研究 [D]. 河北大学，2009. 硕士论文 .

[8] 时新良 . 文道合一诗道合一——试论朱熹的文学思想 [D]. 陕西师范大学，2009. 硕士论文 .

[9] 孙华 . 朱熹《家礼》研究 [D]. 浙江大学，2009. 硕士论文 .

[10] 武娟 . 从伽达默尔哲学诠释学看朱熹注“四书”[D]. 四川师范大学，2009. 硕士论文 .

[11] 张栋 . 朱熹的家庭教育思想及启示 [D]. 福建师范大学，2009. 硕士论文 .

[12] 赵申 . 试析朱熹陆九渊工夫论及其异同 [D]. 首都师范大学 .2009. 硕士论文 .

[13] 赵书超 . 朱熹课程思想研究——课程智慧的视角 [D]. 华东师范大学 .2009. 硕士论文 .

[14] 邹挺超 . 朱熹的交往关系研究 [D]. 厦门大学,2009. 硕士论文 .

[15] 李锋 . 朱熹政治哲学研究 [D]. 南开大学，2009. 博士论文 .

[16] 雷喜斌 . 朱熹易学思想研究[D]. 福建师范大学,2009. 博士论文 .

[17] 王玉强．近世日本朱子学的确立[D]．吉林大学，2009．博士论文．

[18] 殷慧．朱熹礼学思想研究［D］．湖南大学，2009．博士论文．

[19] 闫宝明．毛奇龄与朱子学［D］．南开大学，2009．博士论文．

[20] 赵文源．朱子《易》注考源［D］．浙江大学，2009．博士论文．

报纸论文

[1]．“朱熹”邮票选题论证发言摘要[N]．中国集邮报．2009.03.06007.

[2] 曹海东．朱熹经典诠释的社会担当意识［N］．光明日报，2009.10.19012.

[3] 陈燕．朱子故里——五夫镇［N］．中国建设报，2009.12.31004.

[4] 冯念学．朱熹错断 坟案的启示［N］．人民法院报，2009.11.14004.

[5] 郭楷航．南平召开申报“朱熹”邮票选题研讨会[N]．中国集邮报，2009.03.06007.

[6] 江迪．我国将发行朱熹纪念邮票［N］．人民政协报，2009.11.03A02.

[7] 马有．朱熹论读书［N］．光明日报，2009.04.14012.

[8] 乔正安．乔晓璞．临猗惊现《朱子家训》四屏印谱[N]．山西日报，2009.10.30C01.

[9]（美）田浩（Hoyt Tillman）．赵嗣胤整理．略谈美国的朱熹研究[N]．中国社会科学报，2009.08.25009.

[10]（美）田浩（Hoyt Tillman）．北美宋代儒学和朱熹研究之演变：60年回顾［N］．中国社会科学报，2009.09.22A12.

[11] 杨枫．借助“国家名片”弘扬朱子文化［N］．闽北日报，2009.02.21001.

[12] 杨晖．丁晓雄．朱熹故里着力打造园林城市［N］．人民日报海外版，2009.01.09003.

[13] 庄美．驻福建记者汪平．三明尤溪推出“生态山水、朱子之源”主题游［N］．中国旅游报，2009.05.06013.

2010 年

期刊论文

［1］.“朱子学及其在海外的传播与影响”学术研讨会会讯［J］. 合肥学院学报（社会科学版），2010.03：109.

［2］. 纪念朱熹［J］. 博览群书，2010.12：4.

［3］. 学界庆贺朱熹诞辰 880 周年　中华朱子研究会成立［J］. 出版参考 .2010.31：17.

［4］. 中国哲学史学会朱熹研究专业委员会成立［J］. 中国哲学史，2010.04：129.

［5］阿里木·托和提 . 朱子学本体思想范畴的中介化过程——以明末清初回族学者王岱舆、刘智宇宙论思想为中心［J］. 云南民族大学学报（哲学社会科学版），2010.06：105–108.

［6］白峥勇 .《墨子》兼爱说平议——兼谈朱熹之评论［J］. 国文学志（台湾），2010.21：191–233.

［7］蔡方鹿 . 朱子学在南宋巴蜀地区的传承与开展［J］. 政大中文学报（台湾），2010.13：39–73.

［8］蔡家和 . 戴震对于程朱论性的质疑与批评［J］. 华梵人文学报（台湾），2010.13：187–207.

［9］蔡家和 . 牟宗三先生蕺山学之探讨——以〈对于评斥朱子理气为二者之衡定〉一文为核心［J］. 哲学与文化（台湾），2010.05：65–84.

［10］曾秋菊 . 浅析朱熹道德修养论及其蕴涵的德育思想［J］. 黄河科技大学学报，2010.03：92–95.

［11］曾志杨 . 四地争朱熹是只慕其名而不屑其学［J］. 农村工作通讯，2010.13：45.

［12］查金萍 . 论朱熹对韩愈的接受［J］. 合肥学院学报（社会科学版），2010.04：21–24.

［13］陈保同 . 尤吾兵 .“天人合一”的契合点——论朱熹“仁”说的终极价值［J］. 合肥学院学报（社会科学版），2010.03：3–6.

［14］陈代湘 . 朱熹与张栻的思想异同［J］. 湖湘论坛，2010.01：71–76.

［15］陈德民 . 秦艳艳 .《朱子家训》两个英译本的比较——典籍英译初探［J］. 当代外语研究，2010.04：30-37+62.

［16］陈逢源 . 从“政治实践”到“心性体证”：朱熹注《孟子》的历史脉络［J］. 东吴中文学报（台湾），2010.20：133-163.

［17］陈逢源 . 宋儒圣贤系谱论述之分析——朱熹道统观渊源考察［J］. 政大中文学报（台湾），2010.13：75-116.

［18］陈逢源 . 先秦圣贤系谱论述与儒学历史意识——朱熹道统观之渊源考察［J］. 中央大学人文学报（台湾），2010.41：1-64.

［19］陈佳铭 . 论朱子的神体义［J］. 中正大学中文学术年刊（台湾），2010.16：35-55.

［20］陈良武 . 从“符验”、“辨合”到“义理”、“左验”——朱熹文献学思想研究之二［J］. 闽台文化交流，2010.04：63-67.

［21］陈良中 . 朱子与蔡沈《书》学异同考论［J］. 重庆师范大学学报（哲学社会科学版），2010.03：75-81.

［22］陈美容 . 朱熹《大学》与王阳明《大学》的比较探微［J］. 内蒙古农业大学学报（社会科学版），2010.03：294-295.

［23］陈水德 . 朱熹理本论及其根柢之误［J］. 江南大学学报（人文社会科学版），2010.05：5-9.

［24］陈延斌 . 简论朱熹的儿童道德养成教育思想［J］. 武陵学刊，2010.05：8-11.

［25］陈燕 . 朱子故里——五夫镇［J］. 广西城镇建设，2010.01：82.

［26］陈云 . 试论朱熹法文化观及其当代价值——基于“理”之视域下论析［J］. 内江师范学院学报，2010.05：58-62.

［27］程继红 . 徐侨与朱熹理学在浙江的传播［J］. 朱子学刊，2010.00：139-155.

［28］程雅君 . 援“理”入医，医“理”圆融——以朱熹等中医哲学思想为例［J］. 四川大学学报（哲学社会科学版），2010.04：51-56.

［29］戴金波 . 朱熹诠释《论语》的学术历程与学问宗旨［J］. 湖南科技学院学报，2010.03：53-56.

［30］单骏初 . 朱子文化与公安精神［J］. 公安研究，2010.09：66-69.

［31］但昭伟．智仁勇与道德行为产生的关系：从勇德概念的分析再出发［J］．市北教育学刊（台湾），2010.36：75–95.

［32］丁为祥．如何进入朱子的思想世界——朱子哲学视野的发生学解读［J］．陕西师范大学学报（哲学社会科学版），2010.04：58–67.

［33］丁为祥．是非、善恶与真伪——王阳明与罗钦顺关于《朱子晚年定论》之争的再反思（台湾）．鹅湖学志（台湾），2010.44：207–243.

［34］杜保瑞．牟宗三以道体收摄性体心体的张载诠释之方法论反省［J］．哲学与文化（台湾），2010.10：103–124.

［35］杜国岗．儒家“无为”思想的几点思考——朱熹人力资源管理思想［J］．湖北经济学院学报（人文社会科学版），2010.07：33–34.

［36］方利山．朱子古训和古徽州的自然生态保护［J］．朱子学刊，2010.00：58–64.

［37］冯兵．乐爱国．理学视阈中的礼乐文质论——以朱熹为中心的研究［J］．社会科学战线，2010.08：69–74.

［38］冯光钰．朱熹的琴论与“中和”音乐观——写在朱熹诞辰 880 周年之际［J］．乐府新声（沈阳音乐学院学报），2010.04：84–86.

［39］冯青．《朱子语类》赣方言词考［J］．南昌航空大学学报（社会科学版），2010.04：78–82.

［40］傅蝶．朱熹儒家德育思想的现代启示［J］．现代交际，2010.10：48–49.

［41］高建富．王中华．论朱熹的人事管理思想［J］．三明学院学报，2010.01：94–97.

［42］高云萍．浙东朱子学的链接——何基与朱熹、黄榦的思想关联［J］．中共宁波市委党校学报，2010.06：109–114.

［43］巩志．宋大儒朱熹的茶道人生［J］．福建茶叶，2010.10：56–59.

［44］巩志．朱熹的茶道人生［J］．中国茶叶，2010.09：39–41.

［45］郭庆财．朱熹吕祖谦学术之歧的再检视［J］．河南师范大学学报（哲学社会科学版），2010.03：5–8.

［46］郭婷婷．浅析《朱子读书法》［J］．太原大学教育学院学报，2010.S1：41–42.

[47] 郭振香 . 论胡炳文对朱熹《周易本义》的推明与发挥 [J]. 安徽大学学报（哲学社会科学版），2010.02：27-33.

[48] 韩立平 .“平生知己晦庵老”非朱熹辨——钱钟书《谈艺录》正误 [J]. 中国典籍与文化，2010.02：152-154.

[49] 韩立平 . 从心性论看朱熹文学思想——兼论朱熹对苏轼文章的批评 [J]. 宁波大学学报（人文科学版），2010.03：14-19.

[50] 杭建伟 .《朱子家训》中的和谐之道 [J]. 华夏文化，2010.01：16-18.

[51] 何融融 . 郭柯柯 . 朱子理学与中国茶道 [J]. 福建茶叶，2010.06：60-62.

[52] 何融融 . 郭柯柯 . 朱子理学与中国茶道 [J]. 农业考古，2010.05：97-99.

[53] 何妍霓 . 浅析朱熹《大学章句》的训诂 [J]. 青年作家（中外文艺版），2010.07：35-37+44.

[54] 胡宪丽 . 朱熹《诗集传》判断句研究 [J]. 重庆文理学院学报（社会科学版），2010.05：127-131.

[55] 黄黎星 . 朱熹论《周易》“乾道变化”之精义 [J]. 孔子研究，2010.01：34-43.

[56] 黄世福 . 朱熹理学与佛学心性论比较研究 [J]. 合肥工业大学学报（社会科学版），2010.05：6-10.

[57] 黄莹暖 . 从心性架构与格致工夫看牟宗三先生诠释朱子思想之特点 [J]. 当代儒学研究（台湾），2010.08：119-141.

[58] 黄莹暖 . 唐君毅先生论朱子格物致知工夫 [J]. 国文学报（台湾），2010.48：65-91.

[59] 江山 . 20 世纪以来朱熹文献学研究述评 [J]. 商丘师范学院学报，2010.11：65-70.

[60] 江山 . 20 世纪以来朱熹文献学研究述评 [J]. 燕山大学学报（哲学社会科学版），2010.04：59-62.

[61] 蒋开天 . 朱熹重编《大学》次序考论 [J]. 聊城大学学报（社会科学版），2010.02：237-238.

[62] 解光宇 . 论韩儒对朱子学的传承与弘扬——以河西金麟厚理学

思想为例［J］. 合肥学院学报（社会科学版），2010.04：15–20.

［63］解茗 . 朱熹论兵家［J］. 中华文化论坛，2010.04：67–69.

［64］赖功欧 . 朱子之“理”的天道自然观基础及其理气二元结构［J］. 上饶师范学院学报，2010.02：1–6.

［65］乐爱国 . 析朱熹“‘诚’为《中庸》之枢纽”［J］. 中共宁波市委党校学报，2010.04：102–105.

［66］乐爱国 . 朱熹“中庸”解的实学思想——兼与二程“中庸”解之比较［J］. 厦门大学学报（哲学社会科学版），2010.05：37–44.

［67］乐爱国 . 庹永 . 从朱熹的格致论出发——论儒家知识论传统的建构［J］. 黑龙江社会科学，2010.05：1–4.

［68］雷培梁 . 张栋 . 汪启思 . 简论朱熹的家庭教育思想［J］. 高等函授学报（哲学社会科学版），2010.03：20–23.

［69］雷信来 . 陈亮和朱熹的史学观之比较探析［J］. 学术探索，2010.06：110–114.

［70］李承焕 . 朱子气质变化说的品性伦理意义［J］. 台湾东亚文明研究学刊（台湾），2010.01：129–153.

［71］李国文 . 君子 . 伪君子？——朱熹的一次私生活曝光［J］. 深交所，2010.03：59–63.

［72］李珺平 . 从李贽剖判孟轲谈开去——兼及王安石朱熹等［J］. 社会科学论坛，2010.23：4–14.

［73］李凯 . 孟子的“以意逆志”说与朱熹的读书法［J］. 黄山学院学报，2010.02：29–32.

［74］李茂群 . 朱熹思想中的“天理”和“人欲”［J］. 辽宁医学院学报（社会科学版），2010.04：87–89.

［75］李佩山 . 张纪力 . 何永生 . 朱子故里铸精品——中铁十四局四公司向莆铁路尤溪段施工纪实［J］. 建筑，2010.16：57–59.

［76］李平 .《诗经》郑笺、朱注中的“重言”辨析［J］. 晋中学院学报，2010.02：26–29.

［77］李气纠 . 对朱熹《观书有感》的语篇隐喻分析——兼与任绍曾先生商榷［J］. 湘南学院学报，2010.01：33–38.

［78］李圣锋 . 朱熹经典诠释方法新解——从文本出发［J］. 辽宁工

程技术大学学报（社会科学版），2010.01：8-10.

［79］李圣锋．朱熹经典诠释方法新解——从义理出发［J］．柳州师专学报 .2010.01：89-90+101.

［80］李圣锋．朱熹经典诠释方法新解——以读者为中心［J］．重庆科技学院学报（社会科学版），2010.04：33-35.

［81］李圣锋．朱熹经典诠释方法形成原因初探［J］．吉林工程技术师范学院学报，2010.02：12-14.

［82］李士金．从《近思录》看朱熹的编辑思想［J］．编辑学刊，2010.03：69-71.

［83］李士金．朱熹鉴别经典文本真伪的编辑精神［J］．编辑学刊，2010.06：72-74.

［84］李世凯．朱熹理气动静说探析［J］．辽宁医学院学报（社会科学版），2010.04：56-60+77.

［85］李涛．论朱熹的天学思想［J］．自然辩证法研究，2010.11：76-81.

［86］李祥．高丽末期朱子学的社会历史作用［J］．企业家天地（理论版），2010.05：188-189.

［87］李禹阶．王吉平．朱熹关于封建伦理纲常“形而上学”化思想研究［J］．重庆师范大学学报（哲学社会科学版），2010.04：31-35.

［88］李玉峰．论陈淳与朱熹理气论的异同［J］．科技信息，2010.21：189+134.

［89］李月芳．浅析朱子“持敬”说的理论渊源［J］．大众文艺，2010.06：148-149.

［90］（韩）李哲承．朱熹与王夫之的欲望观分析——以《论语集注》与《读论语大全说》为中心［J］．衡阳师范学院学报，2010.01：1-7.

［91］梁思婷．浅析孟子与朱熹的义利观对现代人的启发思考［J］．安徽文学（下半月），2010.10：295-296.

［92］林爱枝．朱熹办教育［J］．政协天地，2010.12：54-55.

［93］林安悟．台湾地区朱子哲学的研究［J］．博览群书，2010.12：18-21.

［94］林美玫．论朱熹的政治观及其当代价值［J］．科教导刊（中旬刊），

2010.09：165–166.

［95］林明誉．朱熹对科举和学校建设的观念［J］．文学界（理论版）.2010.09：180.

［96］刘毳．朱熹科举改革思想述评［J］．教育与考试，2010.04：69–72+86.

［97］刘刚．朱子的政治哲学［J］．重庆科技学院学报（社会科学版），2010.12：16–19.

［98］刘儒．李寅生．朱熹题画诗审美意蕴浅析［J］．乐山师范学院学报，2010.04：33–36+49.

［99］刘雪红．李静．朱熹“主敬”说探微［J］．大众文艺，2010.08：162–163.

［100］龙炘成．纪念朱熹　存理灭欲［J］．文史天地，2010.10：1.

［101］卢姣丽．朱熹《诗集传》成书过程考［J］．延安职业技术学院学报，2010.02：49–50.

［102］陆德海．《韩文考异》与朱熹的文法学研究［J］．井冈山大学学报（社会科学版），2010.02：92–100.

［103］罗秉利．《朱熹·1194 年》读后［J］．图书馆杂志，2010.03：90–92.

［104］骆娟．《朱子语类》校勘举隅［J］．朱子学刊，2010.00：203–213.

［105］麻玉霞．张海峰．“朱子学”略思——读钱穆《朱子学提纲》有感［J］．焦作大学学报，2010.01：94–96.

［106］马恺征．宋明理学研究的新向度——从理学的视野看《朱熹的历史世界》［J］．重庆科技学院学报（社会科学版），2010.18：29–31.

［107］马莹莹．朱子之于“饿死事小，失节事大”［J］．黑龙江史志，2010.05：194+196.

［108］马云鹏．王建国．陈大兴．从《白鹿洞书院揭示》窥探中华德育文明［J］．中国电力教育，2010.10：146–148.

［109］毛长娟．略论朱熹的德育思想及其意义［J］．中州大学学报，2010.02：88–90.

［110］蒙培元．何为“格物”？为何“格物”？——从“格物说”

看朱熹哲学生态观［J］. 泉州师范学院学报（社会科学版），2010.01：1–5.

［111］蒙培元. 乐的体验与审美境界——朱熹哲学的一个重要问题［J］. 陕西师范大学学报（哲学社会科学版），2010.03：145–150.

［112］闵军. 朱子循序渐进读书法思想发微［J］. 船山学刊，2010.04：69–71.

［113］莫山洪. 论朱熹对柳宗元文章的接受及其对后世的影响［J］. 柳州师专学报，2010.01：33–36.

［114］潘牧天. 从《朱子语类》看《汉语大词典》的修订［J］. 陇东学院学报，2010.06：7–10.

［115］裴钰. "名人故里争夺战"之九 朱熹故里：两省四地40亿为圣人做寿［J］. 中国经济周刊，2010.22：40–41.

［116］裴云龙. 朱熹《诗集传》与毛诗解诗歧异新析［J］. 首都师范大学学报（社会科学版），2010.02：145–151.

［117］秦静良. 朱熹"格物致知"论的自然哲学意蕴发微——兼论以马克思主义的科学态度对待朱子［J］. 河南师范大学学报（哲学社会科学版），2010.04：6–10.

［118］曲辉.《朱子晚年定论》与阳明心学传播的突破［J］. 齐鲁学刊，2010.03：16–19.

［119］权锋女. 朝鲜时代关于《朱子大全》的研究成果［J］. 朱子学刊，2010.00：84–90.

［120］任科雄.《朱子语类》"诛杀"概念场研究［J］. 长江师范学院学报，2010.05：61–65.

［121］沈时凯. 宋代理学的历史形上说——兼谈朱熹、陈亮"义利王霸"之辩的实质［J］. 合肥学院学报（社会科学版），2010.04：8–14.

［122］沈享民. 批判检视朱熹对老子哲学的理解——对陈荣捷的诠释的一个考察［J］. 东吴哲学学报（台湾），2010.21：81–103.

［123］沈志权. 朱熹未在明招"朱吕讲堂"讲学考论［J］. 浙江学刊，2010.05：82–88.

［124］施保国. 李霞. "外斥内援"：朱熹佛教观探析［J］. 江西社会科学，2010.07：71–76.

［125］史少博. 朱熹论"义""利"关系的视阈及现代意义［J］. 济

南大学学报（社会科学版），2010.02：44–47.

［126］宋志明．论朱熹对二程天理论的拓展［J］．合肥学院学报（社会科学版），2010.06：3–5.

［127］孙建滨．刘奎杰．乔万敏．朱熹与陆九渊“鹅湖会”的再思考［J］．沈阳农业大学学报（社会科学版），2010.03：368–370.

［128］孙劲松．略论朱熹和郭雍的蓍法之辩［J］．汕头大学学报（人文社会科学版），2010.06：19–25+91.

［129］孙琴．唐韵．《朱子语类》中的“不A不B”格式考察［J］．贺州学院学报，2010.01：77–79+87.

［130］孙琴．唐韵．《朱子语类》中的“不A不B”格式考察［J］．宜宾学院学报，2010.02：110–113.

［131］唐琳．朱熹易学太极观的哲学内涵［J］．中国哲学史，2010.02：82–85+92.

［132］陶俊．从陶、韦之辨看心性论对朱熹山水诗的影响［J］．云南农业大学学报（社会科学版），2010.01：115–120.

［133］陶有浩．论朱熹的社会治理思想［J］．求索，2010.01：224–226.

［134］田芳．朱熹的“中庸”思想探微——以《中庸集注》和《中庸或问》为中心［J］．邢台职业技术学院学报，2010.04：101–103.

［135］（美）田浩．全球化进程中，如何创新儒家文化？——以《朱子家礼·婚礼（现代版）》为例［J］．浙江学刊，2010.06：5–7.

［136］田智忠．从朱子的“已发未发说”看阳明的“无善无恶心之体”［J］．江苏大学学报（社会科学版），2010.02：15–19.

［137］汪艳琴．朱熹伦理思想对当代大学生自律教育的启示［J］．黄山学院学报，2010.04：33–35.

［138］王富红．朱熹教育思想对现代教育的启示［J］．贵州大学学报（社会科学版），2010.05：139–142.

［139］王国良．李瑞瑞．朱熹理学体系研究［J］．合肥学院学报（社会科学版），2010.06：6–12+103.

［140］王宏海．大学之道的理学化——以朱熹《大学章句》为核心的解读［J］．高校教育管理，2010.03：82–86.

［141］王锟．“根原之理”与“一物之理”的统一——对朱子“理”的一个新解释［J］．河北经贸大学学报（综合版），2010.03：18–23.

［142］王蕾．曹端对朱子“太极”之阐发及其诠释学意义［J］．河南科技大学学报（社会科学版），2010.06：5–9.

［143］王丽娟．郭志雨．康熙书朱熹诗碑［J］．中原文物，2010.04：111–112.

［144］王利民．陶文鹏．论朱熹山水诗的审美类型［J］．中山大学学报（社会科学版），2010.01：28–40.

［145］王秋．牟宗三判定朱熹别子为宗标准的疏解与反思［J］．吉首大学学报（社会科学版），2010.02：7–10.

［146］王秋．哲学对勘：牟宗三判定朱熹“别子为宗”之理路［J］．学习与探索，2010.02：44–46.

［147］王汝华．马一浮对朱、王学术的衡度与融摄——以涵养与察识的开展为轴［J］．汉学研究集刊（台湾），2010.10：156–184.

［148］王瑞平．论《朱子家训》的核心意义及实践价值［J］．上饶师范学院学报，2010.04：6–10.

［149］王维先．铁省林．朱熹的道统思想对日本“暗斋学派”的影响［J］．齐鲁学刊，2010.01：22–26.

［150］王燕均．《家礼》新解题［J］．版本目录学研究，2010.00：302–306.

［151］王奕然．对陈荣捷《朱子门人》一书之若干商议［J］．国文学报（台湾），2010.47：71–98.

［152］王奕然．析论朱子与弟子江默、廖德明之义理歧见［J］．东华人文学报（台湾），2010.17：61–88.

［153］王宇．“去忠存文”与朱子学官学化进程的启动［J］．中国哲学史，2010.04：80–86.

［154］王玉琴．理学与诗学的契合——朱熹诗法观综论［J］．盐城师范学院学报（人文社会科学版），2010.03：10–14+19.

［155］王振．晚清今文经学对朱子学经典体系的冲击［J］．山东省农业管理干部学院学报，2010.06：143–145.

［156］王志楣．朱熹理学与庄学［J］．辅仁国文学报（台湾），

2010.31：79–94.

［157］王志跃.《宋史·礼志》与《朱子家礼》的不同命运探源［J］.江汉大学学报（人文科学版），2010.01：82–85.

［158］王治伟.朱子的精神自由［J］.西昌学院学报（社会科学版），2010.02：53–55.

［159］王治伟.张敏.儒学与人类精神家园的构建——“儒学与精神文明建设暨纪念朱熹诞辰880周年”学术讨论会综述［J］.福建论坛（人文社会科学版），2010.07：69–71.

［160］尉利工.论朱熹对经典文本的体验诠释［J］.中州学刊，2010.06：161–165.

［161］吴龙章.律楚.朱熹教育思想初探［J］.广西民族师范学院学报，2010.04：145–147.

［162］吴略余.论王廷相对理生气说与性善论的批评——以朱熹哲学为参照［J］.东华汉学（台湾），2010.12：189–208.

［163］吴长庚.安徽安庆“朱子学及其在海外的传播与影响”学术研讨会综述［J］.合肥学院学报（社会科学版），2010.06：23–25.

［164］武才娃.朱子学研究的成果及意义［J］.博览群书，2010.12：9–12.

［165］武娟.蔡方鹿.从伽达默尔哲学诠释学看朱熹经典诠释学［J］.现代哲学，2010.02：109–115.

［166］夏之奎.朱熹理学与阳明心学同异之辨［J］.教育文化论坛，2010.04：89–91.

［167］肖发荣.朱熹《西铭》研究之影响［J］.西安石油大学学报（社会科学版），2010.02：81–85.

［168］肖发荣.朱熹《正蒙》研究中的两个问题［J］.唐都学刊，2010.04：73–76.

［169］肖发荣.史莉琴.朱熹围绕《西铭》展开的论战［J］.宝鸡文理学院学报（社会科学版），2010.04：22–26+38.

［170］肖建新.宫超.论朱熹的民生思想［J］.安徽师范大学学报（人文社会科学版），2010.05：547–553.

［171］肖美丰.朱熹风水堪舆说初探［J］.齐鲁学刊，2010.04：

22-25.

［172］肖永明．殷慧．朱熹礼学研究综述［J］．朱子学刊，2010.00：38-48.

［173］萧美龄．朱子的经权观析论［J］．当代儒学研究（台湾），2010.09：77-99.

［174］萧仕平．两种道德要求的分疏和转换——朱熹的“诚”、“信”之别及其对当代诚信道德建设的启示［J］．道德与文明，2010.06：72-76.

［175］谢辉．简论朱子易学在元代发展的基本面貌［J］．周易研究，2010.06：54-60.

［176］谢宁．还原朱子学研究的重要性——陈来访谈录［J］．博览群书，2010.12：4-8.

［177］谢谦．朱熹与严蕊：从南宋流言到晚明小说［J］．四川师范大学学报（社会科学版），2010.05：74-78.

［178］熊循庆．评《诠释与构建——陈淳与朱子学》［J］．科教导刊（中旬刊），2010.05：49+57.

［179］徐道彬．朱子形象在徽州本土的重新考察——从新发现的徽州文书谈起［J］．朱子学刊，2010.00：108-120.

［180］徐坰遥．韩国儒学的图说学与朱子学［J］．朱子学刊，2010.00：65-83.

［181］徐泉海．浅论朱熹的《补格物致知传》［J］．法制与社会，2010.20：238-239.

［182］徐雁．朱熹读书论的“现在时分析”［J］．大学图书情报学刊，2010.05：82-85.

［183］徐雁．朱熹读书论的现在时分析［J］．福建广播电视大学学报，2010.02：1-4.

［184］许家星．“贬抑圣门”还是“察病救失”？——论朱子孔门弟子之评的诠释意义［J］．哲学动态，2010.06：79-84.

［185］许家星．《朱子门人》补证［J］．中国哲学史，2010.04：71-79.

［186］许家星．超凡与入俗——朱子四书学圣人观略析［J］．孔子研究，2010.06：94-104.

［187］许家星．朱熹《中庸章句》首章“三位一体”的诠释特色［J］．中州学刊，2010.05：150–153.

［188］许卿彦．对朱子“存天理　灭人欲”的现代解读［J］．内蒙古农业大学学报（社会科学版），2010.04：308–309+311.

［189］杨翰卿．论朱熹重行不轻知的知行观［J］．西南民族大学学报（人文社科版），2010.04：97–101.

［190］杨锦富．夏炘《述朱》“敬”义论述［J］．当代儒学研究（台湾），2010.09：1–31.

［191］杨俊峰．牟宗三视野中的朱子思想［J］．河南广播电视大学学报，2010.04：13–15.

［192］杨敏．朱熹《诗》学与清代《诗》学的分歧［J］．学理论，2010.17：157–158.

［193］杨瑞荣．扩大民间交流 加强两岸合作——第三届武夷山朱子文化节纪实［J］．统一论坛，2010.04：63.

［194］杨文新．朱熹在福建的摩崖石刻研究［J］．武夷学院学报，2010.04：21–26.

［195］杨焄．韩国历代拟朱熹词探微［J］．华东师范大学学报（哲学社会科学版），2010.03：57–64.

［196］叶方石．舒拥军．朱熹《集注》、《集传》训诂方法论析［J］．长江大学学报（社会科学版），2010.01：151–152.

［197］殷慧．朱熹道统观的形成与释奠仪的开展［J］．湖南大学学报（社会科学版），2010.03：18–24.

［198］尹光华．安建平．《朱子年谱》上的焦循题记［J］．图书馆理论与实践，2010.05：63–64.

［199］尹业初．真德秀理学与朱子学概论［J］．大庆师范学院学报，2010.04：14–16.

［200］詹子林．理论与实践相结合 循序渐进 熟读精思——朱熹的几种教学主张［J］．宜宾学院学报，2010.08：111–112.

［201］张华．朱熹和李滉哲学之比较［J］．延边大学学报（社会科学版），2010.01：115–119.

［202］张金兰．朱熹与张载《正蒙》［J］．中国哲学史，2010.01：

53-60.

［203］张金圈.《朱子语类》中“不见得”用法考察［J］. 唐山学院学报，2010.02：48-50.

［204］张俊岭.南孔、理学家与南宋书院——以朱熹、张栻、吕祖谦、陆九渊为例［J］. 赣南师范学院学报，2010.05：68-72.

［205］张克宾.朱熹理学视域中的“乾坤”［J］. 周易研究，2010.04：15-24.

［206］张品端.朱熹与黑格尔哲学之比较［J］. 合肥学院学报（社会科学版），2010.04：3-7+28.

［207］张品端.朱熹与康德哲学概念之比较［J］. 武夷学院学报，2010.04：9-13+37.

［208］张品端.朱子理学与莱布尼茨、沃尔夫的启蒙哲学之比较［J］. 商丘师范学院学报.2010.05：6-10.

［209］张品端.朱子学在日本的传播与发展［J］. 朱子学刊，2010.00：26-37.

［210］张琴.胡宏与朱熹关于《中庸》心性思想之分歧［J］. 求索，2010.09：126-128.

［211］张婷婷.朱熹的人性论思想及其当代价值［J］. 科教导刊（中旬刊），2010.10：186-187.

［212］张晓虹.谢洁.打好朱子牌 加深两岸情［J］. 政协天地，2010.11：23-24.

［213］张玉禄.朱熹对谢良佐思想的评价及原因探析［J］. 中华文化论坛，2010.01：81-84.

［214］张玉梅.张祝平.北宋理学之儒的以“理”言诗——以朱熹所辑《论孟精义》为蓝本［J］. 衡水学院学报，2010.06：46-49.

［215］赵峰.朱熹哲学研究亟待新突破［J］. 博览群书，2010.12：13-17.

［216］赵华富.朱熹与婺源茶院朱氏宗族［J］. 安徽大学学报（哲学社会科学版），2010.04：126-131.

［217］赵兴勤.朱子之学的生存背景及理学式微的多重因素［J］. 河池学院学报，2010.06：1-9.

[218] 郑晓江. 道统、学统与政统——以朱子《白鹿洞书院揭示》和陆子《白鹿洞书院论语讲义》为中心 [J]. 教育文化论坛，2010.01：13–19.

[219] 郑熊. 朱熹《中庸》解释方法论 [J]. 西北大学学报（哲学社会科学版），2010.06：22–26.

[220] 钟永兴. 从“述”与“作”析论朱子诠释经典文本之特质 [J]. 东方人文学志（台湾），2010.01：97–118.

[221] 周茶仙. 朱熹理学宗法伦理思想述论 [J]. 朱子学刊，2010.00：100–107.

[222] 周天庆. 论明代福建朱子学派的理学史意义 [J]. 厦门大学学报（哲学社会科学版），2010.06：67–74.

[223] 周元侠. 论朱熹对“四书”的贡献 [J]. 朱子学刊，2010.00：121–128.

[224] 朱杰人. 朱子家礼之婚礼的现代实验 [J]. 博览群书，2010.12：22–26.

[225] 朱平安. 北孔南朱铸道统 道理相继续文命——朱熹与中国文化 [J]. 武夷学院学报，2010.06：3–7+13.

[226] 朱平安. 王中华. 从“一原”到“一体”——朱子物我同一性浅析 [J]. 中国哲学史，2010.04：66–70.

[227] 朱平安. 王中华. 生理、生意与生活——朱子的生命体验与生态情怀 [J]. 学术界，2010.11：125–131+287.

[228] 朱人求. 南宋书院教化与道学社会化适应——以朱熹为中心的分析 [J]. 孔子研究，2010.02：74–82.

[229] 朱人求. 周燕春. 朱子学的当代发展与创新——“朱子学与理学学派”学术研讨会综述 [J]. 上饶师范学院学报，2010.01：2–5.

硕博论文

[1] 陈丹丹.《朱子语类辑略》中“来”的用法考察 [D]. 福建师范大学，2010. 硕士论文.

[2] 郭光香. 朱熹女教思想研究——从一个角度认识“存天理，灭人欲” [D]. 曲阜师范大学，2010. 硕士论文.

［3］李健．朱熹《诗经》诠释思想研究［D］．黑龙江大学，2010．硕士论文．

［4］李山河．钱穆的朱子哲学思想研究［D］．福建师范大学，2010．硕士论文．

［5］李月芳．朱子“持敬”思想探析［D］．河北大学，2010．硕士论文．

［6］马龙哲．栗谷对朱子学理气心性论的继承和发展［D］．延边大学，2010．硕士论文．

［7］马莹莹．朱子妇女观再探讨［D］．福建师范大学，2010．硕士论文．

［8］王利．朱熹的文学复古思想研究［D］．暨南大学，2010．硕士论文．

［9］许伟．朱子与阳明格物致知说之比较［D］．西北师范大学，2010．硕士论文．

［10］衷鑫恣．论朱熹的“理”——莱布尼茨《论中国人的自然神学》引义［D］．兰州大学，2010．硕士论文．

［11］阿里木·托和提．日本儒学之古学对朱子学的批判与重建［D］．南京大学，2010．博士论文．

［12］胡勇．朱子学新生面的开显——林罗山理学思想研究［D］．山东大学，2010．博士论文．

［13］林建华．论朱熹教育思想体系的生成与建构［D］．福建师范大学，2010．博士论文．

［14］刘杰．《朱子语类》文献语言研究［D］．上海师范大学，2010．博士论文．

［15］刘克兵．朱熹知识论研究［D］．湖南大学，2010．博士论文．

［16］王秋．朱子学与中国现代哲学的思想空间——20 世纪朱子学研究［D］．黑龙江大学，2010．博士论文．

［17］吴志翔．朱熹理学的美学意蕴［D］．武汉大学，2010．博士论文．

［18］张克宾．朱熹易学思想研究［D］．山东大学，2010．博士论文．

报纸论文

［1］本报记者 本报尤溪记者站．纪念理学先贤朱子　传承千年古县文化［N］．三明日报，2010-10-23A01．

［2］曹磊．安县发现朱熹文天祥作序族谱［N］．四川日报，2010-

10-27011.

［3］常江．希望朱熹的生日别过得太安生［N］．新华每日电讯，2010-06-18016.

［4］陈保芳．《朱熹诞生 880 周年》邮票原地探寻［N］．中国集邮报，2010-08-10005.

［5］陈忠．陈官辉．邱游惠．吴文潇．大力弘扬朱子文化 推进交流合作发展［N］．闽北日报，2010-10-23001.

［6］方怀银．“古徽州”应为“朱熹”邮票的原地［N］．中国邮政报，2010-08-31008.

［7］胡劲松．扎实推动朱子学研究［N］．安徽日报，2010-08-16A02.

［8］胡坤．一个真实的朱熹是什么样子——朱熹研究之新进展及不同见解［N］．北京日报，2010-07-26019.

［9］黄家鹏．建阳建设考亭朱子文化旅游度假村［N］．闽北日报，2010-06-12001.

［10］姜毅生．“朱熹”邮票最佳原地在江西婺源［N］．中国邮政报，2010-08-03008.

［11］金秋明．朱子学研讨会 在宜召开［N］．安庆日报，2010-08-17001.

［12］蓝波．朱熹的读书方法［N］．学习时报，2010-01-25006.

［13］廖德光．我市朱熹思想研究会成立［N］．北海日报，2010-05-25001.

［14］林建国．建阳是“朱熹”邮票的最佳原地［N］．中国邮政报，2010-08-10008.

［15］林新样．尤溪才是“朱熹”邮票的真正原地［N］．中国邮政报，2010-09-28008.

［16］刘志坚．九江也是“朱熹”邮票的原地［N］．中国集邮报，2010-10-19005.

［17］倪俊峰．陈建希．林建国．陈航．《朱熹诞生八百八十周年》在福建隆重首发［N］．中国集邮报，2010-10-26001.

［18］史宇．欧秀芬．朱熹邮票设计座谈会召开［N］．三明日报，2010-03-08A01.

［19］宋晓文．解读《朱熹诞生八百八十周年》邮票元素［N］．中国集邮报，2010-10-19005.

［20］王洪波．纪念朱子诞辰 880 周年《朱子著述宋刻集成》出版［N］．中华读书报，2010-10-13001.

［21］王玉贵．两省四地争抢“朱熹故里”　阆中人网上叫卖域名［N］．南充日报，2010-10-20002

［22］翁燕斌．武夷山成就朱子理学——谈“朱熹”邮票最佳原地应为福建武夷山［N］．中国邮政报，2010-08-17008.

［23］吴杭民．朱子想回家看看却不知家在何方［N］．新华每日电讯，2010-06-17003.

［24］熊慎端．代天喜．“朱熹”纪念邮票本月武夷山首发［N］．闽北日报，2010-10-12001.

［25］熊慎端．朱燕涛．追寻“朱子之路”体验朱子文化［N］．华东旅游报，2010-08-10003.

［26］许明罡．故里之争让朱熹邮票难落户［N］．中国商报，2010-07-08008.

［27］杨国华．“朱熹”邮票主题原地就是朱熹出生地［N］．中国邮政报，2010-08-24008.

［28］张建光．“武夷书院”朱子理学的摇篮［N］．光明日报，2010-11-02004.

［29］周琳．两岸共同打造朱子文化品牌［N］．福建日报，2010-03-11002.

［30］朱剑玲．政和、建瓯也是“朱熹”邮票的原地［N］．中国邮政报，2010-10-12008.

［31］朱杰人．朱子家训的普世价值——马来西亚《朱子家训》碑刻揭幕礼上的讲话［N］．三明日报，2010-10-17A03.

2011 年

期刊论文

［1］阿里木·托和提．伊斯兰学者刘智的“元气”与日本儒者伊藤仁斋的“一元气”思想——朱子学“理”、“气”学说的批判与重构［J］.

回族研究，2011.01：86–90.

［2］阿里木·托和提．朱子学本体论思想的批判与重建——日本古学者山鹿素行思想为中心［J］．理论界，2011.01：95–96.

［3］包绍亮．朱熹的美学思想与社会审美情趣提升机制的构建［J］．理论界，2011.07：122–123.

［4］毕秀芹．柏拉图哲学与朱熹哲学之比较［J］．商品与质量，2011.S5：189.

［5］蔡龙九．论《述朱质疑》对“朱陆异同”的评析效力［J］．政治大学哲学学报（台湾），2011.27：75–115.

［6］蔡一纯．《诗集传》尊序、反序与攻序的学术理念研究［J］．鞍山师范学院学报，2011.05：79–82.

［7］曹海东．滞泥失经意 穿凿侮圣言——朱熹经典解释弊病论研究［J］．湖北行政学院学报，2011.03：91–96.

［8］曾春海．朱熹与庄学［J］．哲学与文化（台湾），2011.06：109–124.

［9］曾丽蓉．湘西武陵山区“朱子家礼”仪式及仪式音乐遗存初探［J］．大众文艺，2011.24：214–215.

［10］柴文华．论冯友兰的朱子学［J］．中国哲学史，2011.02：121–129.

［11］陈芳妹．“与三代同风”：朱熹对东亚文化意象的形塑初探［J］．台湾大学美术史研究集刊（台湾），2011.31：61–150+322.

［12］陈国代．张品端．朱熹著作东传日本及其影响［J］．合肥学院学报（社会科学版），2011.03：19–22+107.

［13］陈佳铭．从朱子对《太极图说》及《通书》的诠释论其「理」的活动性［J］．中正大学中文学术年刊（台湾），2011.16：1–28.

［14］陈来．朱子思想中的四德论［J］．哲学研究，2011.01：26–33+44+128.

［15］陈来．朱子学与阳明学及其现代意义［J］．泉州师范学院学报，2011.03：1–9.

［16］陈利华．当代经济视阈下进行朱子理学研究的社会意义［J］．湖北经济学院学报（人文社会科学版），2011.09：15–16.

［17］陈利华．朱熹和李侗在南平九峰山的行踪考辨［J］．武夷学院学报，2011.04：15-18.

［18］陈美容．从《大学》“新民”看朱子“六经注我”与“我注六经”之统一［J］．江汉大学学报（人文科学版），2011.01：109-112.

［19］陈美容．朱熹与经典解释学的创新——评曹海东《朱熹经典解释学研究》［J］．朱子学刊，2011.00：320-324.

［20］陈明海．从“文质彬彬”到“文道合一”——兼论朱熹文道观的哲学建构及其价值超越［J］．科教文汇（上旬刊），2011.07：66-69.

［21］陈蓉．喜欢拿妓女说事儿的朱熹［J］．文史博览，2011.05：68.

［22］陈恬逸．白寿彝《朱熹辨伪书语》初探［J］．台北市立教育大学学报．人文社会类（台湾），2011.02：23-54.

［23］陈雅谦．谢英．朱熹理学思想与精神对闽南梨园戏发展的制约［J］．闽江学院学报，2011.04：13-16.

［24］陈志信．诗境想像、辞气讽咏与性情涵濡——《诗集传》展示的诗歌诠释进路［J］．汉学研究（台湾），2011.01：1-34.

［25］陈来．朱子四德说续论［J］．中华文史论丛，2011.04：25-50+392.

［26］程碧英．《朱子语类》新词札记［J］．重庆师范大学学报（哲学社会科学版），2011.03：118-121.

［27］程嫩生．戴震早年对朱熹学术的评判——以戴震《毛诗补传》与朱熹《诗集传》为例［J］．江西社会科学，2011.09：193-196.

［28］邓洪波．讲道以化科举：南宋书院建设的目标与理想——以朱熹、张栻等理学家为中心的讨论［J］．北京联合大学学报（人文社会科学版），2011.03：15-20.

［29］（台湾）杜保瑞．对牟宗三诠释朱熹以《大学》为规模的方法论反省［J］．湖南大学学报（社会科学版），2011.01：26-33.

［30］范义财．朱熹《诗集传》训诂指瑕［J］．鞍山师范学院学报，2011.05：75-78.

［31］范允巧．唐韵．《朱子语类辑略》含介词标记差比句［J］．内蒙古农业大学学报（社会科学版），2011.01：360-361.

［32］方鹏．宋朝群．浅析易佩绅《诗义择从》对朱熹诗论的批评［J］．

文学教育（上），2011.11：78–79.

［33］方旭东. 事物间的差异究竟意味什么？——试论朱子对“各一其性”的解释［J］. 中国哲学史，2011.01：91–96.

［34］方彦寿. 朱熹的道统论与建本类书中的先贤形象［J］. 孔子研究，2011.05：42–49.

［35］方彦寿. 朱子学与全球化［J］. 博览群书，2011.02：8–11.

［36］冯兵.“义”“利”的对立与统一——朱熹的义利观辨析［J］. 北华大学学报（社会科学版），2011.04：101–107.

［37］冯兵. 我国近年来朱子礼乐思想研究述评［J］. 渭南师范学院学报，2011.05：42–45.

［38］冯兵. 朱熹在武夷山与道士交游事迹略考［J］. 华北电力大学学报（社会科学版），2011.04：93–96.

［39］冯青. 朱熹门人冯椅小传辑补［J］. 古籍整理研究学刊，2011.02：31–34.

［40］付晓芳. 关于朱熹《琴律说》的调弦之法［J］. 大众文艺，2011.13：4–5.

［41］傅文玉. 王欢. 论朱熹德育思想的形成［J］. 淮北职业技术学院学报，2011.01：100–101.

［42］甘小明.《朱子语类》校勘十则［J］. 巢湖学院学报，2011.04：36–39.

［43］高原. 发明朱子之学的蔡清易学观［J］. 山东大学学报（哲学社会科学版），2011.02：43–48.

［44］高长平.《朱子语类》词语拾遗［J］. 唐山师范学院学报，2011.01：17–18+25.

［45］葛荣晋. 朱熹“主静”思想的现代诠释［J］. 党政干部学刊，2011.04：14–16.

［46］郭宝文. 戴震《中庸补注》反朱熹之道论探微——兼论其与《原善》成书先后问题［J］. 台北大学中文学报（台湾），2011.10：129–148.

［47］郭维茹.《朱子语类》能性述补结构中的几个趋向补语——兼与闽南话相较［J］. 国文学报（台湾），2011.49：107–133.

［48］郭振香. 论朱熹对艮卦的阐释［J］. 周易研究，2011.01：

30–35.

［49］韩雅芹.《论语集注》的文化意义［J］. 中国科教创新导刊，2011.30：209.

［50］郝伟. 朱熹的货币思想［J］. 朱子学刊，2011.00：68–82.

［51］何江海.《近思录》其书与编著问题再探［J］. 学习月刊，2011.02：47–48.

［52］何新文. 徐三桥. 论洪迈与朱熹对《高唐》《神女赋》评价的差异——兼及宋玉辞赋批评标准与方法的把握［J］. 中国韵文学刊，2011.04：70–74+78.

［53］胡健. 新儒学理论的系统建构和展示——论朱熹在《中庸章句》对“天人合一”的哲学诠释［J］. 安徽冶金科技职业学院学报，2011.01：98–100.

［54］胡迎建. 论朱熹的庐山诗［J］. 九江学院学报（社会科学版），2011.02：21–25.

［55］胡迎建. 试论朱熹在八闽的山水诗［J］. 闽江学院学报，2011.03：1–8.

［56］胡迎建. 程越华. 朱熹咏物诗赏析［J］. 厦门教育学院学报，2011.03：53–59.

［57］胡迎建. 吕荣荣. 论朱熹的田园农事诗［J］. 农业考古，2011.04：177–180.

［58］黄成. 论《朱子家礼》对丽末鲜初韩国社会之影响［J］. 朱子学刊，2011.00：300–306.

［59］黄怀信.《大学、中庸章句》献疑［J］. 中国典籍与文化，2011.03：35–40.

［60］汲军. 马宾. 朱熹未赴陈亮、辛弃疾铅山之会原因再探究［J］. 上饶师范学院学报，2011.01：24–28+53.

［61］江先忠. 朱熹《论语集注》中“六经注我”的诠释方法对当下教育的指导意义［J］. 福建教育学院学报，2011.06：78–81.

［62］姜龙翔. 朱子疑《古文尚书》再探［J］. 嘉大中文学报（台湾），2011.05：129–154.

［63］姜颖. 朱熹对“明刑弼教”的阐释和发展［J］. 法制与社会，

2011.08：11+18.

［64］解光宇．朱子新安后学对“理”的解构及其意义［J］．鹅湖月刊（台湾），2011.436：20–26.

［65］金春峰．对朱熹哲学思想的重新认识——兼评冯友兰、牟宗三解释模式之扭曲［J］．学术月刊，2011.06：30–41.

［66］（韩）金祐莹．朱子易学之哲学的分析——通过《易学启蒙》理解“理”的“穷极”义［J］．周易研究，2011.02：49–56.

［67］靳惠．一部影响深远的家庭礼仪著作《朱子家礼》［J］．兰台世界，2011.10：58–59.

［68］康全诚．张忠智．张宝贵．略论朱熹的伦理道德思想［J］．应用伦理教学与研究学刊（台湾），2011.01：13–24.

［69］康全诚．张忠智．朱熹心性论探析［J］．远东通识学报（台湾），2011.01：79–96.

［70］赖文远．船山对朱子论“知言养气”的理解与批判［J］．当代儒学研究（台湾），2011.10：123–144.

［71］兰宗荣．论朱熹的景观设计思想［J］．全国商情（理论研究），2011.07：105–107.

［72］兰宗荣．朱熹的隐士情结及其影响［J］．合肥学院学报（社会科学版），2011.04：13–16+37.

［73］乐爱国．朱熹《中庸章句》对“诚者，天之道也”的诠释——兼与《礼记正义·中庸》的比较［J］．中共宁波市委党校学报，2011.05：112–116.

［74］雷炳锋．朱熹《诗序辨说》试论［J］．宁夏大学学报（人文社会科学版），2011.02：66–72.

［75］雷励．余颂辉．朱熹《诗集传》所注二反、二音考［J］．语言科学，2011.03：294–301.

［76］李宝红．“虚心”与“怀疑”：钱穆、胡适对朱子读书法的不同体认［J］．广东社会科学，2011.06：27–34.

［77］李存山．朱子《学校贡举私议》述评［J］．中国社会科学院研究生院学报，2011.02：19–27.

［78］李光生．书院语境下的文学传播——以朱熹《白鹿洞赋》为考

察对象［J］. 山西师大学报（社会科学版），2011.03：35-38.

［79］李红 . 朱熹“格物致知”说研究［J］. 学理论，2011.31：61-62.

［80］李家树 . 朱熹及其弟子群释《诗》都不尊古义［J］. 中国文哲研究通讯（台湾），2011.01：83-109.

［81］李敬峰 . 敬义夹持视域下的朱子哲学工夫论［J］. 中国社会科学院研究生院学报，2011.06：118.

［82］李平 . 探究朱注《集传》中“见”的用法［J］. 嘉应学院学报（哲学社会科学版），2011.01：97-100.

［83］李倩 . 简论朱熹的德育方法［J］. 科学大众（科学教育），2011.04：141.

［84］李倩 . 论朱熹德育思想的现实启迪［J］. 衡水学院学报，2011.02：103-104+123.

［85］李士金 . 朱熹召集编辑会议［J］. 编辑学刊，2011.06：73-75.

［86］李素桢 . 对近人研究朱子《知言疑义》“性无善恶，心以用尽”之省察［J］. 当代儒学研究（台湾），2011.11：215-248.

［87］李尾咕 . 朱熹民本思想对朱子学者的影响［J］. 山西广播电视大学学报，2011.05：87-89.

［88］李星 .“诚信”的体用一源与生活世界的主体性建构——兼论朱熹的诚信思想［J］. 湖南农业大学学报（社会科学版），2011.02：86-89.

［89］李星 . 论朱熹的诚信观及对和谐海西建设的启示［J］. 三明学院学报，2011.01：8-11.

［90］李星 . 论朱熹修养论的双重向度及其当代意义［J］. 山西农业大学学报（社会科学版），2011.06：618-620.

［91］李燕 . 论朱熹辨《书》与其“既疑且信”［J］. 学术界，2011.01：127-133+286.

［92］李育富 . 朱熹易学思想与诗歌关系考论［J］. 洛阳师范学院学报，2011.01：49-53.

［93］李中祥 . 莱布尼茨的“单子”和朱熹的“理”之异同——兼论莱布尼茨对朱熹之“理”的理解［J］. 河北理工大学学报（社会科学版），2011.03：11-14.

［94］林安梧．关于《大学》“身”“心”问题之哲学省察（上）——以《大学》经一章为核心的诠释兼及于程朱与陆王的讨论［J］．鹅湖月刊（台湾），2011.428：2–10.

［95］林红．基于旅游竞合的朱熹故里之争解决策略［J］．三明学院学报，2011.01：67–72.

［96］林素芬．朱子论“乐”［J］．嘉大中文学报（台湾），2011.05：87–128.

［97］林维杰．越儒黎贵惇《芸台类语》中的朱子学线索［J］．当代儒学研究（台湾），2011.10：145–170.

［98］林玮．朱子学的身体哲学再诠释［J］．朱子学刊，2011.00：28–41.

［99］（韩）林玉均．王船山的《中庸》新解析——以与朱子解析的比较为中心［J］．衡阳师范学院学报，2011.02：17–23.

［100］林振礼．朱熹选择人居环境的文化意蕴［J］．福建师范大学学报（哲学社会科学版），2011.03：101–106.

［101］刘成．从“朱陆之辩”看南宋理学与心学的分歧［J］．唯实，2011.10：34–37.

［102］刘成群．元代新安理学的四个“转向”［J］．汉学研究（台湾），2011.04：167–200.

［103］刘刚．晚年李侗期许面会朱子的迫切、缘由及境遇［J］．朱子学刊，2011.00：292–299.

［104］刘光启．康熙御笔朱子诗考析［J］．收藏家，2011.05：67.

［105］刘光顺．宇宙生成论的中西比较——以朱熹和托马斯·阿奎那为例［J］．世界宗教研究，2011.01：154–163.

［106］刘光顺．朱熹“致知”须假“格物”原因探析［J］．广西社会科学，2011.04：36–42.

［107］刘光顺．李达理．朱熹的宇宙生成论研究［J］．北京工业大学学报（社会科学版），2011.01：44–48+54.

［108］刘光顺．薛虹．朱熹理学思想中的系统生成论［J］．系统科学学报 .2011.01：20–24.

［109］刘佩芝．朱熹的伦理教育［J］．朱子学刊，2011.00：93–105.

[110] 刘述先. 朱子与儒家的精神传统 [J]. 湖南大学学报（社会科学版），2011.01：5-10.

[111] 刘艳. 朱子《家礼》的实质及其特色 [J]. 洛阳师范学院学报，2011.09：55-57.

[112] 刘艳. 姜波. 朱熹“以理释礼”思想的形上依据 [J]. 齐鲁师范学院学报，2011.04：96-101.

[113] 刘艳. 姜波. 朱熹“以理释礼”思想的形上依据 [J]. 朱子学刊，2011.00：258-266.

[114] 刘永祥. 白寿彝先生与朱熹研究 [J]. 回族研究，2011.01：36-40.

[115] 刘子瑜.《朱子语类》反复问句研究——兼论反复问句历史发展中的相关问题 [J]. 长江学术，2011.03：102-114.

[116] 刘荣贤. 从理一分殊到心统性情——伊川与朱子经学及理学思想结构之不同 [J]. 逢甲人文社会学报（台湾），2011.22：55-73.

[117] 卢其薇. 论朱熹的“去旧习”说 [J]. 华东师范大学学报（哲学社会科学版），2011.05：54-62+153.

[118] 卢其薇. 朱熹理学“豁然贯通”的依据 [J]. 华冈哲学学报（台湾），2011.03：93-114.

[119] 卢睿蓉. 美国朱子学研究发展之管窥 [J]. 现代哲学，2011.04：122-126.

[120] 陆翠玲. 试析朱子与阳明的“格物致知” [J]. 内蒙古农业大学学报（社会科学版），2011.02：306-307.

[121] 麻尧宾.《大学》、《中庸》天人范式议论——以朱子疏释为关键的视域 [J]. 哲学研究，2011.05：37-42.

[122] 麻尧宾. 从叶适到朱熹：“过不及”辨略 [J]. 四川大学学报（哲学社会科学版），2011.01：25-33.

[123] 马茂军. 朱熹的散文思想 [J]. 安康学院学报，2011.03：1-9.

[124] 马照南. 朱熹与中华文化元典 [J]. 福建质量技术监督，2011.06：44-46.

[125] 蒙培元. 论朱熹“生”的学说 [J]. 鄱阳湖学刊，2011.01：32-55.

［126］蒙培元．论朱熹的“心统性情”说［J］．天水师范学院学报，2011.03：1-8.

［127］蒙培元．论朱熹敬的学说［J］．天水师范学院学报，2011.04：1-13.

［128］蒙培元．朱子对书院文化的贡献及其意义［J］．杭州师范大学学报（社会科学版），2011.06：12-16+59.

［129］宁俊红．散文与经学关联视野中韩愈文道观的本体论内涵及意义——兼与刘勰、朱熹文道观比较［J］．兰州大学学报（社会科学版），2011.05：31-37.

［130］裴骞．朱子《中庸章句》“慎独”解析［J］．安徽职业技术学院学报，2011.03：47-50.

［131］彭华．朱熹女性观探析［J］．现代哲学，2011.06：120-124.

［132］彭燕．褒贬抵牾：朱熹何以如是论杜甫？［J］．西南民族大学学报（人文社会科学版），2011.08：180-183.

［133］钱萌萌．朱熹思想中的“圣贤气象”浅析［J］．文学界（理论版），2011.05：175-176.

［134］乔清举．朱子心性论的结构及其内在张力［J］．哲学研究，2011.02：28-35+128.

［135］邱蔚华．论朱熹诗“士不遇”情结中的文化审美意蕴［J］．嘉应学院学报（哲学社会科学版），2011.10：65-70.

［136］邱蔚华．文化还原下的朱熹诗忧患情结研究［J］．文艺评论，2011.10：18-22.

［137］邱蔚华．林富玲．诗歌视野下的朱熹心态管窥［J］．哈尔滨学院学报，2011.04：68-73.

［138］屈志勤．冯慧卿．论朱熹的格物穷理思想及其“科学理性精神”［J］．南华大学学报（社会科学版），2011.06：28-31.

［139］桑靖宇．朱熹哲学中的天与上帝——兼评利玛窦的以耶解儒［J］．武汉大学学报（人文科学版），2011.02：21-26.

［140］沈素珍．钱耕森．再论朱熹籍贯三省之争［J］．安徽师范大学学报（人文社会科学版），2011.05：527-531.

［141］沈毅．试论刘智哲学宇宙论对朱熹理学本体论思想的“中

介化”过程［J］. 北方民族大学学报（哲学社会科学版），2011.06：130–133.

［142］盛霞. 道德判断与历史判断——论朱子与陈亮的德性与功业之争［J］. 合肥学院学报（社会科学版），2011.03：6–9.

［143］苏正道. 朱子学的近代行程［J］. 朱子学刊，2011.00：42–57.

［144］孙海龙.《诗集传》义理解诗之得失［J］. 鞍山师范学院学报，2011.03：84–87.

［145］孙雪萍. 朱熹《诗经》诠释之“兴起”说浅论［J］. 烟台大学学报（哲学社会科学版），2011.04：55–61.

［146］孙媛. 戏曲电视剧《朱熹与丽娘》的叙事策略分析［J］. 佳木斯教育学院学报，2011.03：79–80.

［147］孙增娟. 名校之于名师——从朱熹、陆九渊看宋代私学发展［J］. 吕梁教育学院学报，2011.03：3–4.

［148］（日）藤井伦明. 被遗忘的汉学者：近代日本崎门朱子学者内田周平学思探析［J］. 中正大学中文学术年刊（台湾），2011.17：53–81.

［149］汪超. 论朱熹对苏轼词学的接受［J］. 上饶师范学院学报，2011.02：47–50+117.

［150］汪超. 朱熹《晦庵词》考论［J］. 合肥学院学报（社会科学版），2011.04：17–21.

［151］汪玉明. 天道流行 法威常存——评徐公喜教授《朱熹理学法律思想研究》［J］. 朱子学刊，2011.00：315–319.

［152］汪祚民. 郑樵、朱熹《诗》学传承关系考论［J］. 安庆师范学院学报（社会科学版），2011.12：1–7.

［153］王德胜. 宋洁. 朱熹理学范畴初探［J］. 白城师范学院学报，2011.06：1–5.

［154］王法贵. 浅探陆学、禅学之异同——兼议朱熹指陆学“本自禅中来”之意见［J］. 皖西学院学报，2011.01：142–145.

［155］王虹. 关于朱熹所传两则调弦法文献的律学分析［J］. 天津音乐学院学报（天籁），2011.04：51–55.

［156］王连弟. 朱子《论语》集注中的“仁”之论辨析［J］. 龙岩学院学报，2011.04：17–20.

[157] 王蓉 . 孙晋书 . 从《朱子家礼》看儒家的家庭伦理观[J]. 才智，2011.17：208.

[158] 王少芳 . 政、教之间的心路徘徊——论朱熹教育思想的政治诉求 [J]. 邢台学院学报，2011.01：133–135.

[159] 王小穹 .《朱子语类》中“只是”的主观性和主观化 [J]. 汉字文化，2011.03：36–39.

[160] 王心竹 . 从朱陈之辩看朱熹陈亮的王霸思想 [J]. 社会科学，2011.11：131–135.

[161] 王新春 . 朱熹的《周易》观 [J]. 哲学研究，2011.10：51–57.

[162] 王雅克 . 从《白鹿洞书院揭示》看朱熹的教育理念 [J]. 保定学院学报，2011.01：51–55.

[163] 王堰永 . 原意复归——意义创生：朱熹诠释学追寻的最佳境界 [J]. 安徽广播电视大学学报，2011.02：14–16.

[164] 王英暎 . 朱熹理学审美与闽画之风 [J]. 新疆艺术学院学报，2011.02：77–79.

[165] 王宇 . 从庆元党禁到嘉定更化：朱子学解禁始末考述 [J]. 国际社会科学杂志（中文版），2011.04：87–96+11+16–17.

[166] 王宇 . 人心道心之辨与后朱熹时代朱子学方法的奠定 [J]. 哲学研究，2011.03：39–46.

[167] 王征 . 廖纪《中庸管窥》对朱熹《中庸章句》思想的遮蔽与彰显 [J]. 沧州师范专科学校学报，2011.01：10–11.

[168] 王志跃 .《朱子家礼》与《满洲四礼集》对比研究 [J]. 历史教学（下半月刊），2011.09：14–17+64.

[169] 卫阿利 .《朱子语类》之读书法 [J]. 文学界（理论版），2011.04：60–61.

[170] 尉利工 . 朱子《易》学诠释思想的形成与特点 [J]. 哲学动态，2011.10：45–50.

[171] 魏玉东 . 吴兴杰 . 朱熹的恭俭好善治国之道 [J]. 朱子学刊，2011.00：83–92.

[172] 文碧方 . 从“湖洛之争”看朝鲜儒者的朱子性理学诠释 [J]. 现代哲学，2011.06：113–119.

［173］闻旭冉．解光宇．新安理学派对“理”的解构及其意义［J］．朱子学刊，2011.00：139-154.

［174］（日）吾妻重二著．吴震译．木主考——到朱子学为止［J］．云南大学学报（社会科学版），2011.05：39-46+95-96.

［175］吴国富．从公理化诠释看朱熹对《论语》的误读［J］．九江学院学报（社会科学版），2011.02：46-49+58.

［176］吴略余．论朱子哲学的理之活动义与心之道德义［J］．汉学研究（台湾），2011.01：85-118.

［177］吴震．略论朱熹“敬论”［J］．湖南大学学报（社会科学版），2011.01：11-17.

［178］向世陵．“性之本体是如何”——朱熹性论的考究［J］．孔子研究，2011.03：46-54.

［179］向世陵．论朱熹对“继善成性”说的规范［J］．周易研究，2011.01：17-23.

［180］谢海林．周泉根．论朱熹“淫诗”说的学术背景及内在理路［J］．海南师范大学学报（社会科学版），2011.01：111-115.

［181］谢晓东．朱熹的“新民”理念——基于政治哲学视角的考察［J］．厦门大学学报（哲学社会科学版），2011.04：94-101.

［182］邢丽菊．朝鲜儒者南塘的人物性异论及对朱熹理论的新发展［J］．社会科学战线，2011.01：23-28.

［183］邢丽菊．朝鲜儒者巍岩的未发心性论以及对朱熹理论的新阐释［J］．中国哲学史，2011.04：118-123+12.

［184］胥思省．论朱熹及其《大学章句》［J］．中外企业家．2011.14：244-245.

［185］徐刚．近现代西方哲学的朱熹理学因素——以莱布尼茨、李约瑟为例［J］．东南学术，2011.04：160-168.

［186］徐公喜．朱熹理治社会核心价值论［J］．江淮论坛，2011.03：88-91.

［187］徐公喜．朱熹理治社会论［J］．福建论坛（人文社会科学版），2011.09：53-57.

［188］徐国利．朱子伦理思想与明清徽州商业伦理观的转换和建构

[J].安徽史学，2011.05：92–102.

[189]徐榴.朱熹对苏轼政治作为的评价[J].首都师范大学学报(社会科学版)，2011.S1：67–71.

[190]徐时仪.略论《朱子语类》的文化价值[J].朱子学刊，2011.00：58–67.

[191]徐雁.曾祥芹先生对朱熹读书诗的赏析[J].大学图书情报学刊，2011.02：80–83.

[192]许华峰.两种《晦庵先生朱文公语录》残本对朱子学研究的价值[J].国文学报(台湾)，2011.49：31–64.

[193]许家星."更是《大学》次序，诚意最要"——论朱子《大学章句》"诚意"章的诠释意义[J].南昌大学学报(人文社会科学版)，2011.01：18–25.

[194]许家星.朱子、张栻"仁说"辨析[J].中国哲学史，2011.04：30–40.

[195]许兰.朱熹道德哲学与意识形态[J].重庆教育学院学报，2011.04：90–94.

[196]许卿彦.朱熹的土地改革思想[J].合肥学院学报(社会科学版)，2011.03：23–27.

[197]许卿彦.朱熹政治思维下的"诚意"阐述[J].顺德职业技术学院学报，2011.04：48–51.

[198]许卿彦.朱熹政治学说中的"诚意"思想[J].湖南广播电视大学学报，2011.03：35–38.

[199]许卿彦.朱熹重农思想探微[J].湖南广播电视大学学报，2011.04：45–48.

[200]许宗兴.李光泰.朱子哲学之定位[J].华梵人文学报(台湾)，2011.16：1–30.

[201]鄢建江.朱熹通识教育思想刍议[J].广东石油化工学院学报，2011.02：1–4.

[202]严佐之.朱子《中庸辑略》芟节石𡼖《中庸集解》原本条目考——兼论芟节原本条目的经典诠释意图[J].湖南大学学报(社会科学版)，2011.01：18–25.

［203］颜立水．厦门可以打造“朱子文化”品牌［J］．群文天地，2011.04：29-31.

［204］杨高崴．陈辉．朱熹《祭陈福公文》考略——兼评王懋竑《朱子年谱》的失误［J］．朱子学刊，2011.00：307-310.

［205］杨国学．李世财．朱子学在台湾传播的途径及其功效研究［J］．合肥学院学报（社会科学版），2011.03：14-18.

［206］杨佳．浅析朱熹《大学章句》［J］．辽东学院学报（社会科学版），2011.04：19-22.

［207］杨露．董伟．朱熹与陆九渊德育思想比较研究［J］．世纪桥，2011.21：88-89.

［208］杨希英．《毛诗序》、朱熹与文化积淀［J］．时代文学（下半月），2011.11：189-190.

［209］杨艳．朱子门人之蔡氏家族考［J］．史林，2011.02：72-76+188.

［210］杨祖汉．程伊川、朱子“真知”说新诠——从康德道德哲学的观点看［J］．台湾东亚文明研究学刊（台湾），2011.02：177-203.

［211］杨祖汉．从朝鲜儒学“主理派”之思想看朱子理气论之涵义［J］．鹅湖学志（台湾），2011.46：191-219.

［212］叶青春．“性”的失语与“情”的独语——以朱熹为重点的儒家性情思想考察［J］．社会科学研究，2011.05：137-141.

［213］殷慧．天理与人文的统一——朱熹论礼、理关系［J］．中国哲学史，2011.04：41-49.

［214］殷慧．肖永明．朱熹礼学思想建设的启示［J］．湖南大学学报（社会科学版），2011.01：40-45.

［215］游腾达．论朱泽澐《朱子圣学考略》对「朱陆异同论」的文献探析［J］．东华汉学（台湾），2011.14：109-148.

［216］余惠先．朱熹对大学格物致知的错解及其对后世的影响［J］．高等函授学报（哲学社会科学版），2011.11：15-17.

［217］余瑞霞．关于朱熹《仪礼经传通解》的梳理［J］．太原城市职业技术学院学报，2011.03：170-171.

［218］袁名泽．朱子自然哲学的审视与纠偏［J］．重庆大学学报（社

会科学版），2011.02：130–135.

［219］袁文春．朱熹鬼神思想中的志怪空间［J］．福建论坛（人文社会科学版），2011.11：64–68.

［220］张春雷．冯青．《朱子语类》校补疏误订正［J］．求索，2011.01：128–130.

［221］张芳．论朱熹“明违而阴从”之诗序观［J］．牡丹江大学学报，2011.05：51–53.

［222］张海媚．两种诸宫调和《朱子语类》词语的地域差别比较研究［J］．宁夏大学学报（人文社会科学版），2011.04：33–37.

［223］张建．浅析朱熹晚年人性论对宇宙论的支持［J］．湖北经济学院学报（人文社会科学版），2011.02：15–16.

［224］张锦波．“实”而“中庸”——试论朱熹关于“中庸”的解读［J］．福建论坛（社科教育版），2011.12：9–10.

［225］张进．朱熹父子与苏轼的《昆阳城赋》［J］．名作欣赏，2011.31：23–25.

［226］张静莉．朱子读书法与当代语文教学［J］．渭南师范学院学报，2011.04：39–42.

［227］张克宾．朱熹“《易》本是卜筮之书”疏论［J］．中国哲学史，2011.02：103–109.

［228］张莉．张凯．朱熹的醇儒教育研究［J］．沧桑，2011.01：92–93.

［229］张年荣．浅析朱熹哲学“理一分殊”思想［J］．福建论坛（社科教育版），2011.04：20–21.

［230］张品端．《朱子家礼》与朝鲜礼学的发展［J］．中国社会科学院研究生院学报，2011.01：141–144.

［231］张品端．朱熹哲学体系概说［J］．武夷学院学报，2011.01：1–6.

［232］张品端．朱子学在新加坡的传播与影响［J］．武夷学院学报，2011.04：8–14.

［233］张奇智．19 世纪朱子学文献英译概况考察［J］．长江大学学报（社会科学版），2011.11：83–84+6.

［234］张奇智．新中国成立以来朱子学文献英译概况考察［J］．福建教育学院学报，2011.03：98–101.

［235］张全明．论朱熹对科举态度的三次转变及其改革主张［J］．国际社会科学杂志（中文版），2011.04：79-86+10+16.

［236］张全明．朱熹对科举态度的转变及其改革主张［J］．南都学坛（人文社会科学学报），2011.05：25-30.

［237］张世亮．从《近思录》看宋儒对佛老之学的批判［J］．东方论坛，2011.06：28-32.

［238］张树青．略论《大乘起信论》对朱熹心性论的影响［J］．白城师范学院学报，2011.02：1-4+31.

［239］张体云．论朱熹与徽州宗族文化之间的关系［J］．学术界，2011.01：134-139+286.

［240］张希圆．朱熹理欲之辨与医患道德修养的契合［J］．华西医学，2011.06：951-953.

［241］张娴静．孙云．尤溪茶艺——红醇绿翠朱子情［J］．福建茶叶，2011.06：59.

［242］张新国．论朱熹传统主义的经典诠释方法［J］．中共四川省委党校学报，2011.01：103-106.

［243］赵乖勋．朱熹论“屈原之过”［J］．求索，2011.06：186-188.

［244］赵静．朱熹生命观中的道家思想［J］．绥化学院学报，2011.05：75-76.

［245］赵青青．从《周易本义》看朱子之易学观［J］．安徽文学（下半月），2011.04：156-157.

［246］赵婷婷．朱熹经典诠释方法——从其读书法中探究［J］．佳木斯教育学院学报，2011.02：97.

［247］郑俊晖．朱熹《诗》乐思想［J］．交响（西安音乐学院学报），2011.01：15-18.

［248］郑铭德．南宋地方荒政中朝廷、路与州军的关系—以朱熹、陈宓、黄震为例［J］．成大历史学报（台湾），2011.41：1-32.

［249］锺永兴．从《大学》释义析论朱子、阳明学说特质之异同［J］．辅仁国文学报（台湾），2011.32：21-39.

［250］周茶仙．宋明时期江西朱子后学群体研究概说［J］．朱子学刊，2011.00：116-123.

［251］周淑舫．孔子“诗论”与朱子诗学理论的比较研究［J］．孔子研究，2011.01：55–62.

［252］周永健．论朱熹《家礼》的社会教化功能［J］．兰台世界，2011.19：10–11.

［253］周之翔．朱汉民．朱子对“为己之学”的诠释与建构［J］．湖南大学学报（社会科学版），2011.01：34–39.

［254］朱汉民．周之翔．朱熹的“自得”思想［J］．社会科学战线，2011.06：39–43.

［255］朱惠莉．朱熹生态哲学思想及其实践浅析［J］．经济与社会发展，2011.01：58–60.

［256］朱人求．“人文与价值”朱子学国际学术研讨会综述［J］．哲学动态，2011.02：102–103.

［257］朱人求．朱子和谐四重奏与当代社会［J］．合肥学院学报（社会科学版），2011.04：3–6.

［258］朱瑞熙．朱子与中国文化［J］．国际社会科学杂志（中文版），2011.04：69–78+10+16.

［259］朱少山．朱棣和他的诗歌［J］．朱子学刊，2011.00：267–279.

［260］朱思凡．从《诗集传》看朱熹的《诗序》之辨［J］．安徽文学（下半月），2011.07：155–156.

［261］朱文典．朱子理学诚信观及其现代商业意蕴［J］．内蒙古农业大学学报（社会科学版），2011.03：289–290.

［262］朱湘钰．论清儒毛奇龄“伸王抑朱”——以《大学》解为讨论范围［J］．中央大学人文学报（台湾），2011.46：93–143.

［263］朱学军．朱熹卜筮思想探微［J］．邯郸职业技术学院学报，2011.03：11–13.

［264］朱学军．朱熹卜筮思想探微［J］．湖北职业技术学院学报，2011.03：59–61.

［265］朱学军．朱熹哲学体系中的人性与道德探微［J］．闽西职业技术学院学报，2011.03：43–45.

［266］朱叶楠．程朱学脉中朱子的自我身份认同［J］．阴山学刊，2011.05：107–112.

［267］祝总斌．略论朱熹《戊申封事》的特色和宋孝宗的度量［J］．北京联合大学学报（人文社会科学版），2011.02：12-17.

［268］邹云．晏功明．略论朱熹伦理观及其现实意义［J］．景德镇高专学报，2011.03：28-30+27.

硕博论文

［1］陈苏珍．朱熹善恶思想研究［D］．福建师范大学，2011．硕士论文．

［2］陈美容．朱熹《大学》思想研究——从解释学的角度出发［D］．福建师范大学，2011．硕士论文．

［3］陈彦曜．朱子为政之道研究［D］．福建师范大学，2011．硕士论文．

［4］陈瑶．朱熹文学理论研究［D］．青海师范大学，2011．硕士论文．

［5］程婷．朱熹的教育思想研究——以克服时弊为中心［D］．苏州大学，2011．硕士论文．

［6］段雯佳．朱熹道德修养工夫概论［D］．南京大学，2011．硕士论文．

［7］范继义．黑格尔的“和悦静穆”与朱熹的“气象浑成”［D］．青岛大学，2011．硕士论文．

［8］冯丽华．朱熹《〈中庸〉章句》研究［D］．黑龙江大学，2011．硕士论文．

［9］傅文玉．朱熹德育思想探析［D］．海南师范大学，2011．硕士论文．

［10］郭翡．论朱熹德育思想对我国当代学校德育建设的价值［D］．西南政法大学，2011．硕士论文．

［11］胡媛．论朱熹道德思想与新课程背景下的德育教育［D］．黑龙江大学，2011．硕士论文．

［12］黄极．朱熹生态伦理思想及其现实意义［D］．武汉科技大学，2011．硕士论文．

［13］姜波．以理释礼——朱熹礼、理关系研究［D］．安徽大学，2011．硕士论文．

［14］李英．朱熹唐代观研究——以朱熹论唐代政治、哲学、文学为考察对象［D］．湖北大学，2011．硕士论文．

［15］刘勃然．朱子“诚”思想探析［D］．河北大学，2011．硕士论文．

［16］刘登鼎．论郑玄、孔颖达、朱子、阳明对《大学》之诠释［D］．

湘潭大学，2011. 硕士论文 .

［17］刘建国.《朱子语类》比较句研究［D］. 北京大学,2011. 硕士论文 .

［18］刘星 . 论朱子学官学化的原因［D］. 河南师范大学，2011. 硕士论文 .

［19］刘远鑫 . 朱子诗歌之精神［D］. 山东师范大学,2011. 硕士论文 .

［20］骆娟 .《朱子语类》四字格词语研究［D］. 上海师范大学，2011. 硕士论文 .

［21］任淮南 . 朱熹的修养论与佛学［D］. 中共中央党校，2011. 硕士论文 .

［22］沈叶露 .《朱子语类》异形词举隅［D］. 上海师范大学，2011. 硕士论文 .

［23］孙银周 . 朱熹《诗集传》思想研究［D］. 河南大学，2011. 硕士论文 .

［24］王蓉 . 从《朱子家礼》看儒家的家庭伦理观［D］. 辽宁大学，2011. 硕士论文 .

［25］王瑞良 . 朱熹的“理气”论及人性论研究［D］. 河北大学，2011. 硕士论文 .

［26］王振 . 朱子之学在近现代中国［D］. 山东师范大学，2011. 硕士论文 .

［27］肖薇 . 朱熹艺术美学浅析［D］. 四川师范大学,2011. 硕士论文 .

［28］徐榴 . 朱熹眼中的苏轼［D］. 首都师范大学，2011. 硕士论文 .

［29］徐明 . 朱熹《论语集注》研究［D］. 扬州大学,2011. 硕士论文 .

［30］延玥 . 朱熹论礼与理的关系［D］. 南京大学，2011. 硕士论文 .

［31］杨艺馨 . 朱熹北宋文学批评之研究［D］. 复旦大学，2011. 硕士论文 .

［32］袁君华 . 朱子之“理”的形上诠释［D］. 复旦大学，2011. 硕士论文 .

［33］张春丽 . 朱熹的德治思想研究［D］. 华侨大学,2011. 硕士论文 .

［34］张海珍 . 朱熹《论语集注》与刘宝楠《论语正义》比较研究［D］. 华中师范大学，2011. 硕士论文 .

［35］张丽丽 . 论朱熹的历史人物评价［D］. 淮北师范大学，2011.

硕士论文．

［36］张守艳．朱熹《诗集传》训诂研究［D］．山东师范大学，2011．硕士论文．

［37］张卫国．“庆元党禁”视域下之朱子学转向——真德秀《大学衍义》研究［D］．海南大学，2011．硕士论文．

［38］张玉倩．朱熹儒家经典校勘研究［D］．华中师范大学，2011．硕士论文．

［39］张志明．《论语集注》与《论语集解》训诂比较研究［D］．河北师范大学，2011．硕士论文．

［40］智王晴．荀子理欲观研究——兼与朱熹理欲观比较［D］．安徽大学，2011．硕士论文．

［41］周后燕．陈荣捷朱子研究述评［D］．西北大学，2011．硕士论文．

［42］朱文凯．朱熹咏物诗研究［D］．福建师范大学，2011．硕士论文．

［43］吴冬梅．“心与理一”与“超凡入圣”之学——朱子心论研究［D］．上海师范大学，2011．博士论文．

［44］贾璐．朱熹训诂研究［D］．复旦大学，2011．博士论文．

报纸论文

［1］蔡兴争通讯员朱海湛．朱创锋．湛江首个朱熹思想研究会成立［N］．湛江日报，2011-09-05A02．

［2］程越华．朱熹诗中不可忽视的理趣［N］．泰州日报，2011-12-23W02．

［3］方彦寿．《游云谷诗卷》是朱熹真迹吗？［N］．中华读书报，2011-07-27015．

［4］方彦寿．一幅伪造的朱熹书帖［N］．中国文物报，2011-10-19004．

［5］林盛．尤溪打造朱子文化绿色长廊［N］．中国绿色时报，2011-03-01B03．

［6］罗勇安．传承弘扬朱子文化 推动两岸交流合作［N］．闽北日报，2011-05-01001．

［7］徐文彬．朱熹与社仓［N］．中国社会报，2011-07-22B04．

［8］章原．朱熹：半日静坐．半日读书［N］．东方早报，2011-09-10B04.

［9］郑大中．朱熹：中国儒家主要代表人物［N］．上饶日报，2011-09-05003.

2012 年

期刊论文

［1］.《道的传承：朱熹对孔子门人言行的诠释》［J］．石河子大学学报（哲学社会科学版），2012.05：125.

［2］阿里木・托和提．朱子学“人性”论思想的批判及其重构——日本武士道学者山鹿素行思想为中心［J］．理论界，2012.07：119-120.

［3］安国楼．王志立．司马光《书仪》与《朱子家礼》之比较［J］．河南社会科学，2012.10：86-88+108.

［4］毕新英．朱熹教育思想对职业院校思想政治教育实践的启示［J］．职业教育研究，2012.07：179-180.

［5］毕游．从朱学到王学的历史演进——二十世纪以来的研究综述［J］．中国史研究动态，2012.02：34-42.

［6］蔡方鹿．朱熹论修身［J］．江南大学学报（人文社会科学版），2012.02：24-27.

［7］蔡方鹿．解茗．朱熹的子学思想及其特征和地位［J］．哲学研究，2012.06：35-41.

［8］蔡慧清．论朱子学在英语世界的最早传播与研究（上）［J］．湖南大学学报（社会科学版），2012.06：126-131.

［9］蔡家和．书评：《学术性格与思想谱系——朱子的哲学视野及其历史影响的发生学考察》［J］．中国文哲研究集刊（台湾），2012.41：166-178.

［10］蔡家和．王船山对朱子《孟子·浩然章》诠释之批评——以《读孟子大全说》为据［J］．当代儒学研究（台湾），2012.12：151-178.

［11］蔡戎．致力朱子文化传承的“美珍姐”［J］．政协天地，2012.12：26-27.

［12］曾春海．朱熹理一分殊的理气论与冯友兰新理学之对比研究

[J]. 湖南大学学报（社会科学版），2012.01：11–18.

[13] 曾奕.《大学》中的"功夫－效验"问题与朱子的工夫论学说[J]. 湖南大学学报（社会科学版），2012.06：31–37.

[14] 陈代湘. 朱熹与胡宏门人及子弟的学术论辩[J]. 船山学刊，2012.03：38–41.

[15] 陈逢源.《四书大全》征引人物系谱分析[J]. 东吴中文学报（台湾），2012.23：219–246.

[16] 陈逢源. 道南与湖湘——朱熹《四书章句集注》义理进程分析[J]. 东华汉学（台湾），2012.15：89–129.

[17] 陈国代. 朱熹委托修书之举隅[J]. 武夷学院学报，2012.03：8–11.

[18] 陈国代. 朱子《家礼》与文化建设之考察[J]. 朱子学刊，2012.00：37–43.

[19] 陈海波. 朱熹法律思想中的法家因素[J]. 武夷学院学报，2012.03：12–15.

[20] 陈晖. 浅论朱熹的学习观[J]. 沈阳工程学院学报（社会科学版），2012.01：121–123.

[21] 陈佳铭. 书评：秦家懿·《朱熹的宗教思想》[J]. 哲学与文化（台湾），2012.05：127–132.

[22] 陈建仁. 杜兵. 闽学大师朱熹与兵部侍郎福清林栗辨易探究[J]. 淮阴工学院学报，2012.06：28–33.

[23] 陈玲. 论朱熹的科学思想方法[J]. 福建广播电视大学学报，2012.03：27–32.

[24] 陈玲. 朱熹与科学[J]. 自然辩证法通讯，2012.06：31–34+126.

[25] 陈敏. 朱子读书心德[J]. 福建教育学院学报，2012.06：5–8.

[26] 陈荣捷.《朱熹》[J]. 读书，2012.07：93.

[27] 陈荣灼. 朱子与哈伯马斯——伦理学的新方向[J]. 当代儒学研究（台湾），2012.13：139+141–170.

[28] 陈兴华. 朱熹儿童教育思想研究[J]. 长江师范学院学报，2012.04：126–131.

[29] 陈永光. 朱熹对张载思想的继承与发展[J]. 晋城职业技术学

院学报，2012.01：87–89.

［30］陈赟．朱熹与中国思想的道统论问题［J］．齐鲁学刊，2012.02：5–13.

［31］陈振崑．论朱子“心统性情”的“心”是“本心”还是“气心”？［J］．华梵人文学报（台湾），2012.18：1–20.

［32］陈振崑．唐君毅对于朱子德性工夫论的诠释［J］．鹅湖月刊（台湾），2012.442：36–43.

［33］陈志信．从朱熹的治经忖量论《四书章句集注》的形制与意义［J］．政大中文学报（台湾），2012.17：93–131.

［34］陈遵沂．朱熹哲学散论［J］．中共福建省委党校学报，2012.06：102–104.

［35］程碧英．从《朱子语类》看朱熹的“俗语”观［J］．成都大学学报（社会科学版），2012.01：17–20.

［36］程碧英．释《朱子语类》中的“款”类词［J］．四川文理学院学报，2012.01：101–105.

［37］程刚．无所思与无邪思：苏轼与朱熹关于“思无邪”的对立阐释［J］．安徽师范大学学报（人文社会科学版），2012.05：637–643.

［38］程继红．黄以周《礼书通故》对朱熹礼学的遵从与批评［J］．浙江海洋学院学报（人文科学版），2012.06：1–8.

［39］崔海东．朱子静坐工夫略论［J］．深圳大学学报（人文社会科学版），2012.05：45–49.

［40］崔志博．樊兰．论元代《诗经》学对朱熹《诗》学的推崇［J］．集宁师范学院学报，2012.04：15–20.

［41］戴艳．潘建．朱熹的终身教育思想及其现实价值［J］．科学教育，2012.06：92–94.

［42］邓庆平．朱子门人群体特征概述［J］．中国哲学史，2012.01：74–78.

［43］邓维明．从《武夷棹歌》浅析朱熹的山水审美观［J］．三明学院学报，2012.03：66–69.

［44］邓维明．朱熹理学思想中的审美元素［J］．艺术探索，2012.05：57–61+5.

［45］丁波 . 盖世之气与匹夫之勇——朱熹眼中的项羽［J］. 宁夏社会科学，2012.03：107-109.

［46］丁为祥 . 从经典选择到不同思路之辩——简论朱子理气观的形成［J］. 陕西师范大学学报（哲学社会科学版），2012.06：112-120.

［47］丁为祥 . 从生存基础到力动之源——朱子哲学中的“气”论思想［J］. 北京大学学报（哲学社会科学版），2012.02：21-29.

［48］丁为祥 . 从生存实在到理气世界——朱子理气双重视角的形成［J］. 人文杂志，2012.06：1-10.

［49］丁为祥 . 余英时“政治文化”的特色及其形成——再读《朱熹的历史世界——宋代士大夫政治文化的研究》［J］. 哲学分析，2012.03：176-196.

［50］丁为祥 . 朱子“理先气后”的发生学解读［J］. 唐都学刊，2012.05：31-39.

［51］丁为祥 . 朱子理气关系的三种不同解读［J］. 江南大学学报（人文社会科学版），2012.01：19-29.

［52］窦道阳 .“不付忧时一片心”：朱熹爱国精神探析［J］. 朱子学刊，2012.00：72-82.

［53］杜保瑞 . 对王阳明批评朱熹的理论反省［J］. 台湾大学哲学论评（台湾），2012.44：33-72.

［54］方莉 . 朱熹新旧“中和”说浅析［J］. 常熟理工学院学报（哲学社会科学版），2012.11：44-47.

［55］方笑一 . 论朱熹经学与文章之学的关系［J］. 华东师范大学学报（哲学社会科学版），2012.02：118-122+156.

［56］方旭东 . 尽心与知性——朱子对《孟子》“尽心知性”的诠释问题［J］. 西北大学学报（哲学社会科学版），2012.06：15-23.

［57］方旭东 . 邵雍“观物”说的定位——由朱子的批评而思［J］. 湖南大学学报（社会科学版），2012.06：51-56.

［58］方彦寿 . 朱熹与漳州官私刻书［J］. 朱子学刊，2012.00：83-89.

［59］方彦寿 . 朱子理学的当今价值［J］. 政协天地，2012.12：23-25.

［60］冯兵 . 经学苑中的哲学花——读杨燕《〈朱子语类〉经学思想研究》［J］. 中华文化论坛，2012.03：187-188.

［61］冯兵．予“敬”予“和”：朱熹的礼乐价值论［J］．江汉论坛，2012.05：88–94.

［62］冯晨．朱子“格物”理论中“知”的特点［J］．中国石油大学学报（社会科学版），2012.05：77–80.

［63］冯会明．刘佩芝．朱熹“官德”思想述论［J］．中共福建省委党校学报，2012.06：112–116.

［64］冯青．《朱子语类》俗语词考释［J］．湖北社会科学，2012.03：141–143.

［65］付佳．试论朱熹对欧阳修《本末论》的继承与突破［J］．中国典籍与文化，2012.03：45–55.

［66］傅锡洪．惟是齐戒祭祀之时，鬼神之理著——简论朱熹鬼神观中的气与祭祀［J］．朱子学刊，2012.00：17–23.

［67］傅小凡．周克浩．朱熹《中庸章句》的天道观［J］．信阳农业高等专科学校学报，2012.01：1–5.

［68］甘小明．《朱子语类》引诗的特点及其成因［J］．宿州学院学报，2012.06：64–67.

［69］高予远．朱子理欲新论［J］．深圳大学学报（人文社会科学版），2012.02：29–36.

［70］古亮．试论朱熹《论语集注》对德的阐述［J］．集宁师范学院学报．2012.01：87–90.

［71］谷潇．朱熹的心性论和康德的道德律之对比［J］．商业文化（下半月），2012.07：112.

［72］郭芳如．朱熹的《周易参同契考异》［J］．哲学与文化（台湾），2012.05：151–181.

［73］郭红超．朱熹的农业思想概述［J］．安徽农业科学，2012.01：624–625+628.

［74］郭淑新．王子廓．寻找支点：朱熹经典诠释思想析微［J］．安徽师范大学学报（人文社会科学版），2012.05：632–636.

［75］郭维茹．《朱子语类》表被动的“为”字式［J］．师大学报：语言与文学类（台湾），2012.01：1–21.

［76］郭维茹．《朱子语类》的无主语“被”字句［J］．台大中文学报（台

湾），2012.37：175–220.

［77］郭晓东．论朱子对《中庸》“致曲”的诠释［J］．湖南大学学报（社会科学版），2012.06：46–50.

［78］韩锋．黄建荣．试论宋代的《天问》注释特色——以洪兴祖、朱熹、杨万里三家为考察对象［J］．东华理工大学学报（社会科学版），2012.04：325–332.

［79］韩剑锋．马志东．《朱子家训》在大学生道德素质教育中的应用［J］．知识经济，2012.18：166.

［80］韩剑锋．马志东．《朱子家训》中的治生之学［J］．经营管理者，2012.22：351.

［81］郝永．论朱熹《诗经》学的王道思想［J］．周口师范学院学报，2012.06：19–24.

［82］郝永．周文王王道政化的里巷歌谣——朱熹文学、理学二元一体的《二南》解释学［J］．南阳师范学院学报，2012.05：66–70+78.

［83］何静．扬弃朱熹理学的阳明心学［J］．齐鲁学刊，2012.03：20–25.

［84］胡绍文．《朱子语类》词语选释［J］．阜阳师范学院学报（社会科学版），2012.06：45–49.

［85］胡秀娟．《朝鲜古写徽州本朱子语类》的传播过程考订［J］．学术界，2012.05：51–57+285.

［86］胡迎建．论朱熹的江西山水游览诗［J］．朱子学刊，2012.00：44–61.

［87］胡迎建．朱熹与佛禅五题［J］．宜春学院学报，2012.10：46–50+55.

［88］胡迎建．刘诗频．论朱熹词［J］．江西广播电视大学学报，2012.03：19–25.

［89］胡勇．略论阳明心学视域中的静坐功夫——兼与朱熹的静坐论思想比较［J］．孔子研究，2012.02：59–67.

［90］胡元玲．朱子学中的乾道精神［J］．鹅湖月刊（台湾），2012.446：30–44.

［91］滑静．《孟子集注》辨义二则［J］．语文学刊，2012.08：22–23.

［92］黄鸿文．朱子“中和四札”年代研究［J］．思与言：人文与社会科学杂志（台湾），2012.04：159–178.

［93］黄建华．王德荣．书院精神作为“为己之学”的内涵及其现代价值——以朱熹《白鹿洞书院学规》为例［J］．上饶师范学院学报，2012.05：18–21.

［94］黄太勇．论朱熹“存天理、灭人欲”思想［J］．赤峰学院学报（汉文哲学社会科学版），2012.02：18–19.

［95］黄太勇．于晓杰．论朱熹的“正统”观［J］．牡丹江师范学院学报（哲学社会科学版），2012.03：64–66.

［96］黄逸．浅谈江户时代朱子学官学教育［J］．常州大学学报（社会科学版），2012.04：67–71.

［97］江乾益．宋儒项安世《周易玩辞》之著作及其与程、朱《易》学异同之研究［J］．兴大中文学报（台湾），2012.31：55–91.

［98］江如瑞．袁莉．朱熹童蒙道德教育的心理学解读［J］．现代教育科学，2012.08：59–60+58.

［99］姜龙翔．论朱子《诗集传》对二〈南〉修齐治平之道的开展［J］．清华中文学报（台湾），2012.07：61–105.

［100］姜龙翔．论朱子疑辨〈书序〉之启蒙渊源及其义理思维［J］．兴大人文学报（台湾），2012.03：87–120.

［101］姜龙翔．朱子“淫奔诗”篇章界定再探［J］．台北大学中文学报（台湾），2012.12：77–101.

［102］姜龙翔．朱子命蔡沈编修《书集传》考［J］．汉学研究（台湾），2012.02：99–130.

［103］姜龙翔．朱子由《四书》所建构之《诗经》学基础思维探源［J］．新竹教育大学人文社会学报（台湾），2012.02：1–49.

［104］金银珍．“海东朱子”论《九曲棹歌》［J］．常州工学院学报（社会科学版），2012.02：27–29.

［105］孔凡青．朱熹“克己复礼”之解辨正——兼论“理”与“礼”的关系［J］．牡丹江大学学报，2012.04：20–23.

［106］孔妮妮．居乡状态中的南宋理学士人——以朱熹为辐射中心的群体探讨［J］．学术月刊，2012.02：133–139.

［107］来玉英．朱熹在百姓族谱谱序中的礼仪思想探析［J］．青海社会科学，2012.04：146–148.

［108］乐爱国．白寿彝对朱熹生平事迹的研究［J］．史学史研究，2012.04：65–71.

［109］乐爱国．民国时期白寿彝的朱熹易学研究［J］．周易研究，2012.05：35–40.

［110］乐爱国．民国时期白寿彝对朱熹从学于道谦的论证［J］．福建论坛（人文社会科学版），2012.09：64–67.

［111］乐爱国．民国时期朱子学与科学关系的讨论［J］．学习与实践，2012.10：109–115.

［112］乐爱国．朱熹、陈淳对《中庸》“诚”的新界定［J］．闽台文化交流，2012.02：29–35.

［113］乐爱国．朱熹《中庸章句》“诚”论——与郑玄、孔颖达《礼记正义》之比较［J］．西南民族大学学报（人文社会科学版），2012.12：71–76.

［114］乐爱国．朱熹《中庸章句》对“道不可离”的诠释——以王恩洋与唐君毅的诠释为线索［J］．朱子学刊，2012.00：1–16.

［115］乐爱国．朱熹《中庸章句》对“致中和”的注释及其蕴含的生态思想——兼与《礼记正义·中庸》比较［J］．江南大学学报（人文社会科学版），2012.01：13–18.

［116］乐爱国．朱熹《中庸章句》对“致中和”的注释及其蕴含的生态思想——兼与《礼记正义·中庸》比较［J］．鄱阳湖学刊，2012.01：39–45.

［117］乐爱国．朱熹《中庸章句·哀公问政》的为政以诚思想——兼与《礼记正义·中庸》比较［J］．厦门大学学报（哲学社会科学版），2012.01：101–108.

［118］乐爱国．朱熹的科学研究途径和方法［J］．徐州工程学院学报（社会科学版），2012.05：10–14.

［119］乐爱国．朱熹对《孟子》“仁民而爱物”的诠释——一种以人与自然和谐为中心的生态观［J］．中国地质大学学报（社会科学版），2012.02：65–69+139.

［120］乐爱国．朱熹对张载“民胞物与”的诠释——一种以人与自然和谐为中心的生态观［J］．中共宁波市委党校学报，2012.03：115-119.

［121］乐爱国．钟小明．朱熹《中庸章句》对“慎独”的诠释——兼与《礼记正义·中庸》的比较［J］．中国哲学史，2012.04：86-93.

［122］黎昕．赵妍妍．当代海外的朱子学研究及其方法［J］．哲学研究，2012.05：32-41+128.

［123］李承贵．王金凤．佛教与儒学的三大差异——朱熹的分辨与判断［J］．湖南大学学报（社会科学版），2012.06：11-17.

［124］李方泽．王培．“克己复礼为仁”之本义澄清——兼论朱熹的“误读”及其意义［J］．江淮论坛，2012.03：120-123.

［125］李红英．汪远忠．朱熹的行政伦理思想及对当代启示——以《朱文公政训》为视角［J］．和田师范专科学校学报，2012.02：6-9.

［126］李敬峰．敬义夹持视域下的朱子哲学工夫论［J］．重庆师范大学学报（哲学社会科学版），2012.02：50-55.

［127］李丽琴．宋代经学诠释与朱熹对儒学终极关切的构建［J］．孔子研究，2012.04：53-59.

［128］李瑞全．《知言》之版本源流和章节考订——并论张南轩“《知言》序”与朱子“中和旧说”期间对五峰学之理解［J］．鹅湖学志（台湾），2012.48：39-86.

［129］李山河．“诚之”至“诚”：朱熹“中和”思想探微［J］．江汉大学学报（人文科学版），2012.03：93-96.

［130］李少鹏．郑毅．伊藤仁斋《论语古义》对朱子学的异化［J］．北华大学学报（社会科学版），2012.04：65-68.

［131］李弢．李弥逊与朱熹［J］．闽台文化交流，2012.03：48-54.

［132］李同乐．南宋浙江朱子学发展的境遇和特点［J］．江南大学学报（人文社会科学版），2012.06：27-32.

［133］李同乐．试论朱熹与吕祖谦历史观之异同［J］．社科纵横，2012.09：105-107+111.

［134］李尾咕．林国平．朱熹山水心探源［J］．中北大学学报（社会科学版），2012.05：76-80.

［135］李雄飞．北京大学图书馆藏朱子遗集一种小考［J］．中国文化研究，2012.01：146–148.

［136］李永明．朱熹《楚辞集注》版本述略［J］．兰台世界，2012.12：37–38.

［137］梁洋．朱熹的《论语》观［J］．湖南第一师范学院学报，2012.03：97–99+116.

［138］林世荣．朱熹《周易本义》夬〈大象〉“居德则忌”研究［J］．鹅湖月刊（台湾），2012.446：17–29.

［139］林玮．朱子学的身体哲学再诠释［J］．江西社会科学，2012.02：30–33.

［140］林月惠．罗钦顺与日本朱子学［J］．湖南大学学报（社会科学版），2012.01：19–27.

［141］林振礼．朱熹与狐仙传说的文化源头及伦理意蕴［J］．漳州职业技术学院学报，2012.02：37–42.

［142］林振礼．朱熹与闽南多元宗教［J］．泉州师范学院学报，2012.05：1–8+14.

［143］林镇国．真理与意识：从佛性论争到朱陆异同的二种哲学类型［J］．政治大学哲学学报（台湾），2012.28：1–46.

［144］林志刚．我国第一部系统研究《朱子语类》经学思想的学术专著——《〈朱子语类〉经学思想研究》绍介［J］．湖南科技学院学报，2012.05：207–208.

［145］刘成群．元代新安理学从“羽翼朱子”到“求真是”的转向［J］．江汉论坛，2012.01：73–78.

［146］刘芳．简谈朱熹《诗》学思想及其形成［J］．文学教育（中），2012.08：22–23.

［147］刘刚．迫切、缘由及境遇：论李侗对朱子的期许面会［J］．北京电子科技学院学报，2012.01：36–41.

［148］刘刚．朱子早期的政治哲学［J］．朱子学刊，2012.00：105–111.

［149］刘光胜．《大学》成书问题新探——兼谈朱熹怀疑《曾子》十篇真实性的内在思想根源［J］．文史哲，2012.03：92–101.

［150］刘焕云 . 朱熹与陈淳之理气观及其现代价值之研究［J］. 闽台文化交流，2012.02：42–52.

［151］刘基玫 . 邹其昌 .《朱子语类》“乐”论诠释学美学初探［J］. 艺苑，2012.04：19–22.

［152］刘基玫 . 邹其昌 . 论朱子《仪礼释宫》设计美学思想［J］. 苏州大学学报（哲学社会科学版），2012.05：145–152.

［153］刘京虹 . 浅析程朱理学与经院哲学之异同——以朱熹和托马斯·阿奎那为例［J］. 常州大学学报（社会科学版），2012.04：1–5.

［154］刘静 . 朱熹幼儿教育思想探微［J］. 佳木斯教育学院学报，2012.11：10+23.

［155］刘佩芝 . 朱熹旅游思想之再探析［J］. 朱子学刊，2012.00：62–71.

［156］刘清 . 朱熹教育思想浅论［J］. 大学教育，2012.12：20–21.

［157］刘顺 . 郑《笺》、孔《疏》与朱熹《诗集传》“兴” 论略析［J］. 广西社会科学，2012.02：151–155.

［158］刘涛 . 朱熹视域中的荀子人性论［J］. 现代哲学，2012.06：112–116.

［159］刘亚玲 . 朱熹对古代文献及其传播贡献的研究［J］. 大学图书情报学刊，2012.04：88–90+96.

［160］刘真伦 . 晁补之《续楚辞》、《变离骚》与朱熹《楚辞后语》比较研究［J］. 文学遗产，2012.02：83–90.

［161］麻尧宾 . 与朱子的对峙：试释永康之心性路径［J］. 四川大学学报（哲学社会科学版），2012.05：57–63.

［162］马宾 . 朱熹《牧斋净稿》述评［J］. 上饶师范学院学报，2012.04：12–15.

［163］毛庆 . 论朱熹心理领悟学习研究方法及其特色［J］. 江汉论坛，2012.09：84–89.

［164］彭国翔 . 近三十年（1980—2010）英语世界的朱子研究——概况、趋势及意义［J］. 湖南大学学报（社会科学版），2012.01：34–38.

［165］平飞 . 论朱熹与朱子学研究的五大范式［J］. 江西社会科学，2012.06：31–37.

［166］钱敏 . 朱之润 . 朱熹思想对大学生“四成”教育的借鉴与启示［J］. 辽宁行政学院学报，2012.09：123–125.

［167］乔清举 . 论朱子的理气动静问题［J］. 哲学动态，2012.07：70–80.

［168］乔清举 . 朱子的境界论思想简论［J］. 湖南大学学报（社会科学版），2012.06：18–23.

［169］秦友莲 . 南平政协的朱子文化心路［J］. 政协天地，2012.12：19–22.

［170］丘山石 . 朱熹终极之思道统:“屹然天一柱,雄镇斡维东！”［J］. 朱子学刊，2012.00：24–36.

［171］邱蔚华 . 朱熹诗闲适意趣的文化审美视境［J］. 北京工业大学学报（社会科学版），2012.02：65–69.

［172］申元凯 . 朱熹之前“体用一源”说的历史演变［J］. 福建省社会主义学院学报，2012.01：62–64.

［173］沈曙东 . 朱熹“李太白始终学选诗，所以好”说刍议［J］. 绵阳师范学院学报，2012.01：22–25+30.

［174］沈享民 . 再探访朱熹格物致知论：并从德性知识论的视域略论其可能性与限制［J］. 哲学与文化（台湾），2012.02：69–102.

［175］石兰荣 . 朱熹与王阳明“格物”说探析［J］. 求索，2012.08：139–141.

［176］斯嘉 . 选题成熟 史学价值高 申报材料详实——学术巨制《朱子著述宋刻集成》出版纪实［J］. 全国新书目，2012.01：38–39.

［177］（韩）苏铉盛 . 朱子与张南轩的仁说论辨［J］. 湖南大学学报（社会科学版），2012.06：38–45.

［178］孙赫男 . 朱熹童蒙文献的理学传播意义［J］. 吉林大学社会科学学报，2012.02：95–101.

［179］孙雯 . 我们到哪里去瞻仰朱子？［J］. 政协天地，2012.12：32.

［180］陶新宏 . 朱熹理欲观视域下的伦理转向与异化［J］. 福建论坛（人文社会科学版），2012.01：77–81.

［181］陶有浩 . 论朱熹的社会发展思想［J］. 社会科学战线，

2012.01：263–264.

［182］田智忠．也论朱子对《周易参同契》的整理［J］．周易研究，2012.01：74–81.

［183］涂爱荣．朱熹童蒙教育思想及实践探索［J］．湖南师范大学教育科学学报，2012.01：117–118.

［184］汪远忠．李红英．论析朱熹的行政伦理思想［J］．人民论坛，2012.20：170–171.

［185］王光松．朱熹与孔子“有德无位”事件［J］．现代哲学，2012.06：117–121.

［186］王国良．王霞．论朱熹的天人观及其实践［J］．社会科学战线，2012.04：24–27.

［187］王涵青．陈确对程朱理学人性论之批判［J］．哲学与文化（台湾），2012.10：113–129.

［188］王金清．瞻孔子故地，思朱子文化传播［J］．政协天地，2012.12：28–31.

［189］王蕾．《朱子实纪》［J］．图书馆学刊，2012.05：2.

［190］王萍．试论朱熹的“存天理、灭人欲”思想［J］．卫生职业教育，2012.06：153–156.

［191］王仕强．典范的意义——朱熹的辞赋创作［J］．辽东学院学报（社会科学版），2012.01：48–52.

［192］王硕．“明德”与“明明德”辨义——以《朱子语类》为中心［J］．中国哲学史，2012.01：79–87+105.

［193］王小穹．危艳丽．《朱子语类》中“把来”结构的词汇化及“把”“来”的语法化过程［J］．中南大学学报（社会科学版），2012.04：164–168.

［194］王奕然．试论朱熹和弟子杨方学术观点的差异［J］．当代儒学研究（台湾），2012.13：173+175–194.

［195］王奕然．析论朱子和弟子程洵思想的异同——以两人对苏学的看法为讨论核心［J］．东华人文学报（台湾），2012.21：29–44.

［196］王奕然．析论朱子与门人对义理的歧见——以徐昭然、刘黼为讨论对象［J］．东吴中文线上学术论文（台湾），2012.20：15–29.

［197］王玉强．日本朱子学者的产生与新汉学的传播［J］．东北亚论坛，2012.01：122–129.

［198］王玉强．陈景彦．江户初期日本朱子学者的哲学自觉［J］．学习与探索，2012.06：141–145.

［199］王玉琴．“诗哲”与“文道”——以柏拉图与朱熹为例［J］．盐城师范学院学报（人文社会科学版），2012.05：64–70.

［200］王志刚．论朱子对“明德”的诠释［J］．理论界，2012.05：119–120.

［201］王志阳．以德为本，彰显人格魅力——朱子教育思想与辅导员工作精细化研究［J］．漳州职业技术学院学报，2012.01：91–94.

［202］魏燕明．朱熹的教育思想与意义评析［J］．兰台世界，2012.15：56–57.

［203］吴宁．《易》本卜筮之书：朱子论《易》的形成［J］．衡水学院学报，2012.03：9–13.

［204］吴宁．易何为而作：朱子论《周易》的成书过程［J］．渭南师范学院学报，2012.05：59–64.

［205］吴晟．朱熹与黄庭坚诗学的离与合［J］．南昌大学学报（人文社会科学版），2012.04：120–125.

［206］吴思远．共襄盛会谈朱子，学人齐聚凤凰城——“朱子经学及其在东亚的流传与发展”国际学术研讨会综述［J］．中国文哲研究通讯（台湾），2012.02：109–113.

［207］吴哲．朱熹礼学思想中“宜时用”原则概述［J］．兰台世界，2012.36：64–65.

［208］吴震．鬼神以祭祀而言——关于朱子鬼神观的若干问题［J］．哲学分析，2012.05：73–95+198.

［209］吴震．宋代政治思想史上的“皇极”解释——以朱熹《皇极辨》为中心［J］．复旦学报（社会科学版），2012.06：1–12.

［210］向世陵．论朱熹的“心之本体”与未发已发说［J］．湖南大学学报（社会科学版），2012.01：5–10.

［211］向世陵．仁心、觉心与本心——朱熹心论三议［J］．湖南大学学报（社会科学版），2012.06：5–10.

［212］肖发荣．论朱熹对张载读书思想的继承和发展［J］．西安石油大学学报（社会科学版），2012.04：70–75.

［213］肖发荣．朱熹《西铭》研究的三个特点［J］．唐都学刊，2012.06：28–31.

［214］肖发荣．朱熹作过《〈横渠集〉校补》吗？——束景南“朱熹有《〈横渠集〉校补》并刻版”说献疑［J］．西安石油大学学报（社会科学版），2012.05：68–71.

［215］谢昌飞．从形上之辨到理气分殊——《朱子文集·答黄道夫书》与宋明理学的思想逻辑［J］．河南社会科学，2012.12：16–19.

［216］谢海金．张立文对现代朱子学研究的几点贡献［J］．朱子学刊，2012.00：240–251.

［217］徐恩火．余龙生．得理至善:朱熹政治伦理思想的内在理路［J］．江西社会科学，2012.11：31–34.

［218］徐时仪．《朱子语类》词语考［J］．南阳师范学院学报（社会科学版），2012.02：25–34.

［219］徐时仪．《朱子语类》佛学词语考［J］．南阳师范学院学报（社会科学版），2012.07：44–57.

［220］徐时仪．《朱子语类》同义近义词语考［J］．宁波大学学报（人文科学版），2012.04：28–37.

［221］徐时仪．《朱子语类》知晓概念词语类聚考探［J］．上海师范大学学报（哲学社会科学版），2012.05：71–85.

［222］徐时仪．朝鲜古写徽州本《朱子语类》考［J］．古籍整理研究学刊，2012.03：18–28.

［223］徐弢．李思凡．从人的个体性视角看奥古斯丁与朱熹的心身学说［J］．武汉大学学报（人文科学版），2012.03：10–14.

［224］徐婷．朱熹教育思想研究［J］．剑南文学（经典教苑），2012.09：358.

［225］徐仪明．朱子学研究的新开拓——杨燕《〈朱子语类〉经学思想研究》述评［J］．鹅湖月刊（台湾），2012.439：56–59.

［226］徐正英．陈昭颖．“郑风淫”是朱熹对孔子“郑声淫”的故意误读［J］．中州学刊，2012.04：155–160.

[227] 许华峰. 蔡沈《书集传》所引据的资料分析 [J]. 东华汉学（台湾），2012.16：183-217.

[228] 许家星. "哲学与时代：朱子学国际学术研讨会" 综述 [J]. 中国哲学史，2012.01：125-126.

[229] 许家星. 人心与人欲——《〈朱子语类〉中两条重要语录辩误》之辨误 [J]. 学术界，2012.07：126-134+288.

[230] 许家星. 仁的工夫论诠释——以朱子 "克己复礼" 章解为中心 [J]. 孔子研究，2012.03：20-32.

[231] 许旭. 泉州将举办 "朱熹及其后学与泉南文化" 研讨会 [J]. 泉州师范学院学报，2012.05：122.

[232] 许宗兴. 朱子 "理" 之外在属性探析 [J]. 华梵人文学报（台湾），2012.17：37-71.

[233] 薛孝斌. 朱子心学的逻辑结构 [J]. 东南学术，2012.06：218-230.

[234] 杨帆. 朱熹理学对徽州装饰雕刻的审美影响 [J]. 宿州学院学报，2012.06：97-100.

[235] 杨浩. 孔门传授心法——朱子《四书章句集注》对儒家道统论的理论贡献 [J]. 首都师范大学学报（社会科学版），2012.03：62-67.

[236] 杨浩. 以理释天——朱子《四书章句集注》对 "天" 概念的诠释 [J]. 黑河学刊，2012.04：59-60.

[237] 杨浩. 朱子《四书章句集注》"切己体察" 读书法探析 [J]. 学理论，2012.15：121-122.

[238] 杨华祥. "革欲复理"、"剥落物欲" 与 "理在欲中" ——朱熹理学、陆王心学与明清实学理欲观之比较 [J]. 合肥学院学报（社会科学版），2012.01：8-13.

[239] 杨晶. 朱熹家庭伦理思想研究 [J]. 孝感学院学报，2012.02：16-21.

[240] 杨静静. 朱熹论诸葛亮 [J]. 语文知识，2012.01：76-77+92.

[241] 杨静静. 朱熹蜀汉正统论 [J]. 宜春学院学报，2012.01：94-97.

[242] 杨立华. 体用与阴阳：朱子《太极图说解》的本体论建构 [J].

哲学研究，2012.10：65–70.

［243］杨胜宽．朱熹论杜矛盾现象评析［J］．杜甫研究学刊，2012.02：1–10.

［244］杨兴华．王船山数责朱熹“过于忠”论的原因探究［J］．衡阳师范学院学报，2012.01：7–10.

［245］杨雅妃．朱熹论诗中“气象”之义理视角试探——以《朱子语类》论诗为考察范围［J］．逢甲人文社会学报（台湾），2012.24：69–86.

［246］杨永胜．概论《朱子语类·释氏》中的反佛思想［J］．学理论，2012.29：51–52.

［247］杨祖汉．朱子学与阳明学的会通［J］．杭州师范大学学报（社会科学版），2012.05：30–38.

［248］杨祖汉．“以自然的辩证来诠释朱子学”的进一步讨论［J］．当代儒学研究（台湾），2012.13：119+121–138.

［249］杨祖汉．牟宗三先生的朱子学诠释之反省［J］．鹅湖学志（台湾），2012.49：185–209.

［250］姚季冬．高晓锋．朱熹《胡子知言疑义》研究［J］．鹅湖月刊（台湾），2012.447：42–56.

［251］叶茂樟．紫阳过化 薪传不绝——朱熹在泉南的教育活动拾零［J］．长江论坛，2012.05：75–78.

［252］衣若芬．宋代“武夷棹歌”中的地景空间与文化意蕴［J］．东华人文学报（台湾），2012.20：33–58.

［253］殷慧．祭之理的追索——朱熹的鬼神观与祭祀思想［J］．湖南大学学报（社会科学版），2012.01：28–33.

［254］殷慧．宋代儒学重建视野中的朱熹《仪礼》学［J］．湖南大学学报（社会科学版），2012.06：24–30.

［255］于雷．“性”—“心”—“情”——朱熹心性哲学解读［J］．才智，2012.28：164.

［256］袁文春．论朱熹建构鬼神理论的必然性［J］．史学集刊，2012.04：107–113.

［257］翟广顺．典籍与教科书同构：朱熹纂辑《四书》的理路［J］．齐鲁学刊，2012.02：14–20.

［258］詹志华．朱熹科学研究之特色及当代启示［J］．自然辩证法通讯，2012.04：52-56+126.

［259］张春贵．儒家社会治理思想的价值取向分析——论李觏与朱熹对儒家核心价值体系的不同梳理［J］．中共贵州省委党校学报，2012.04：83-87.

［260］张东宝．汪文彬．实事求是地对待历史人物［J］．朱子学刊，2012.00：236-239.

［261］张宏华．朱熹先天易学思想探析［J］．晋阳学刊，2012.01：139-141.

［262］张建光．让朱子文化辉耀民族复兴的时代星空［J］．政协天地，2012.12：17-19.

［263］张捷．简析山鹿素行对朱子心性论的批判［J］．中国哲学史，2012.01：98-105.

［264］张静莉．朱子读书法与现代教育心理的内在关系［J］．佳木斯教育学院学报，2012.12：254.

［265］张凯作．论朱子哲学中的气质之性［J］．东方论坛，2012.01：30-35+64.

［266］张凯作．朱子理学与古典儒家礼教［J］．北京大学学报（哲学社会科学版），2012.02：12-20.

［267］张凯作．朱子哲学中“心之德”的思想［J］．中国哲学史，2012.01：67-73.

［268］张柯．朱熹“理一分殊”问题中的二重性思辨——从《朱子哲学研究》相关探讨的不足与限度谈起［J］．中州学刊，2012.05：132-138.

［269］张克宾．论朱熹易哲学中的“生生”与仁［J］．中州学刊，2012.01：114-118.

［270］张克宾．朱熹与《太极图》及道统［J］．周易研究，2012.05：19-26.

［271］张立新．本体论视域中的“天地之性”和“气质之性”——以张载、朱熹为代表的分析［J］．人民论坛，2012.17：191-193.

［272］张品端．朱熹的诚信思想及其当代意义［J］．上饶师范学院

学报，2012.05：9–13.

［273］张品端．朱子学在日本的传播与发展［J］．中共福建省委党校学报，2012.06：105–111.

［274］张品端．张蕾．朱熹诗歌的美学思想刍议［J］．武夷学院学报，2012.06：1–5.

［275］张汝伦．朱陈之辩再思考［J］．复旦学报（社会科学版），2012.03：58–72.

［276］张婷．简析《近思录》之贫富观［J］．学理论，2012.05：100–101.

［277］张维新．论朱熹对儒家法制原则的改造［J］．北方论丛，2012.02：152–156.

［278］张务农．朱熹德育思想对中小学德育的启示［J］．教学与管理，2012.15：44–45.

［279］张新国．朱子心性论的结构及其内在张力——与乔清举先生商榷［J］．江汉论坛，2012.11：68–73.

［280］赵峰．朱熹的人才教育观［J］．人才资源开发，2012.10：96.

［281］赵明玉．吴长庚．朱熹王夫之对屈原精神的阐释［J］．武夷学院学报，2012.03：1–7.

［282］赵小刚．《朱子语类》并列式复合词语素音序的第三种规则［J］．西北大学学报（哲学社会科学版），2012.03：171–173.

［283］赵子杰．论颜元在人性论上对朱熹的批判［J］．韶关学院学报（社会科学版），2012.05：14–18.

［284］郑晨寅．朱子知漳与漳州理学之进路［J］．朱子学刊，2012.00：90–104.

［285］郑丞良．百年论定——试论黄干〈朱子行状〉的书写与朱熹历史形象的形塑［J］．汉学研究（台湾），2012.02：131–164.

［286］郑淑花．《朱子语类》被字句的衍变［J］．宜春学院学报，2012.01：70–74.

［287］郑淑花．《朱子语类》副词“没”的功能分析［J］．乐山师范学院学报，2012.07：33–35.

［288］郑维亮．比较会通朱熹“太极”、《管子》四篇“道”及《大

般涅盘经》“如来藏”［J］. 新世纪宗教研究（台湾），2012.01：39–70.

［289］郑翔.《诗集传》看宋代语音的发展特点［J］. 才智，2012.12：140.

［290］钟建华. 浅析朱熹陈淳理学思想对漳州民俗的影响与意义［J］. 闽台文化交流，2012.04：63–66.

［291］周茶仙. 胡荣明. 试论宋元明初江西朱子学发展的若干特性［J］. 上饶师范学院学报，2012.02：1–5+37.

［292］周怀文. 经莉莉. 风人之旨 谁可独得——略论毛奇龄对朱熹“淫诗”说的批评［J］. 合肥学院学报（社会科学版），2012.03：7–10+31.

［293］周茜. 朝鲜本朱熹诗文选集《雅诵》考论［J］. 社会科学战线，2012.05：146–149.

［294］周挺启. 论《毛诗原解》中朱子改序说［J］. 淮北师范大学学报（哲学社会科学版），2012.06：5–9.

［295］周晓光. 方宁. 朱熹与严州理学的发展［J］. 安徽师范大学学报（人文社会科学版），2012.04：494–499.

［296］周元侠. 李侗对朱熹四书学的影响［J］. 中国哲学史，2012.01：88–97.

［297］朱汉民. 周之翔. 朱熹《大学》“明明德”诠释的理学意蕴［J］. 哲学研究，2012.07：34–39.

［298］朱人求. 朱熹陈淳学术思想及其现代价值——海峡两岸朱熹陈淳学术研讨会综述［J］. 闽台文化交流，2012.02：53–58+161.

［299］庄振华.《孝经》初探——以《孝经刊误》为参照［J］. 云南大学学报（社会科学版），2012.01：44–54+111.

［300］邹赣华. 基于SWOT分析的武夷山朱子文化旅游发展的探索［J］. 扬州教育学院学报，2012.03：18–21.

［301］邹云. 郝海望. 晏功明. 朱熹法律伦理思想简析［J］. 景德镇高专学报，2012.01：45–46.

［302］（日）佐藤仁. 张加才. 李思婉.《北溪字义》日译本《解题》［J］. 朱子学刊，2012.00：154–175.

硕博论文

［1］曾清燕．朱熹组诗研究［D］．福建师范大学，2012. 硕士论文．

［2］陈慧丽．朱子《家礼》在祁门黄龙口村的实践［D］．安徽大学，2012. 硕士论文．

［3］陈露．比较朱熹与陆九渊读书法对语文教育的启示［D］．华东师范大学，2012. 硕士论文．

［4］窦道阳．马克思主义历史观视域下朱熹爱国精神研究［D］．南京信息工程大学，2012. 硕士论文．

［5］傅锡洪．朱子鬼神观研究［D］．复旦大学，2012. 硕士论文．

［6］高玉娜．从《朱子家礼》看朱熹的孝道主张［D］．安徽大学，2012. 硕士论文．

［7］黄承芳．朱熹的民生思想研究［D］．安徽大学 .2012, 硕士论文．

［8］黄太勇．朱熹民族观研究［D］．吉林师范大学, 2012. 硕士论文．

［9］荆常宝．略论朱熹排佛［D］．上海师范大学，2012. 硕士论文．

［10］赖纪伟．〈伊洛渊源录〉编纂渊源考［D］. 北京大学 .2012. 硕士．

［11］赖文婷．朱熹《周易本義》之元代研究述略［D］．福建师范大学，2012. 硕士论文．

［12］李红．朱熹修养功夫论研究［D］. 曲阜师范大学, 2012. 硕士论文．

［13］李丽珠．卜筮视域下易学的重大转型——朱熹易学新探［D］．山东大学，2012. 硕士论文．

［14］李伟．吕祖谦《吕氏家塾读诗记》初探——从朱熹《序》谈起［D］. 四川师范大学，2012. 硕士论文．

［15］李滢瑜．朱子《小学》“习与智长, 化与心成”孝教育思想研究［D］. 中南大学，2012. 硕士论文．

［16］刘靓．赵岐《孟子章句》和朱熹《孟子集注》比较研究［D］．扬州大学，2012. 硕士论文．

［17］刘欧．朱熹传道活动研究［D］．河北大学，2012. 硕士论文．

［18］路晓．朱熹《论语集注》训诂研究［D］．苏州大学，2012. 硕士论文．

［19］罗晨．朱熹《诗集传》训诂研究——《诗经·国风》的实词注

释［D］. 河北师范大学，2012. 硕士论文 .

［20］马玉红 . 朱熹咏梅诗词的研究［D］. 延边大学,2012. 硕士论文 .

［21］马志东 .《朱子家训》与大学生道德素质研究［D］. 河北工业大学，2012. 硕士论文 .

［22］马雯 .《朱子语类》义类词群研究［D］. 上海师范大学，2012. 硕士论文 .

［23］聂涛 . 复性自主与圣王之治——儒学传统视域内的朱子“理欲之辨”探析［D］. 南京师范大学，2012. 硕士论文 .

［24］庞玉勇 . 朱熹道德知行观研究［D］. 山东师范大学，2012. 硕士论文 .

［25］任科雄 .《朱子语类》义刚所录朱熹词汇研究［D］. 四川外语学院，2012. 硕士论文 .

［26］茹婧 .《毛传》与朱熹《诗集传》释《诗》比较研究［D］. 重庆师范大学，2012. 硕士论文 .

［27］田静 . 朱熹与张栻仁说比较［D］. 湘潭大学，2012. 硕士论文 .

［28］王璐 . 朱熹法律思想研究［D］. 青岛大学，2012. 硕士论文 .

［29］王治伟 . 朱熹《孟子》学研究［D］. 福建师范大学，2012. 硕士论文 .

［30］许卿彦 . 朱子休闲哲学研究［D］. 福建师范大学,2012. 硕士论文 .

［31］薛娇 .《朱子语类》的处置式研究［D］. 辽宁师范大学，2012. 硕士论文 .

［32］杨静静 . 朱熹论三国［D］. 温州大学，2012. 硕士论文 .

［33］杨利俊 . 朱熹《大学章句》德育思想对中学德育的启示［D］. 苏州大学，2012. 硕士论文 .

［34］袁英 . 论朱熹《诗集传》对《小序》的改造［D］. 沈阳师范大学，2012. 硕士论文 .

［35］张白波 . 试论朱熹师生关系及其现代启示［D］. 北方工业大学，2012. 硕士论文 .

［36］张婷婷 . 从理学到心学——王阳明对朱熹的继承与改造［D］. 安徽大学，2012. 硕士论文 .

［37］张元野 . 朱熹《诗集传》义理研究［D］. 扬州大学，2012. 硕

士论文 .

［38］赵静 . 朱熹生命观研究［D］. 安徽大学，2012. 硕士论文 .

［39］朱学军 . 朱熹科技思想研究［D］. 福建师范大学，2012. 硕士论文 .

［40］程强 .“太极”概念内涵的流衍变化——从《易传》到朱熹［D］. 上海师范大学，2012. 博士论文 .

［41］甘小明 . 概念场词汇系统及其演变研究——以《朱子语类》为中心［D］. 上海师范大学，2012. 博士论文 .

［42］郭锋航 . 明初朱子学研究［D］. 陕西师范大学，2012. 博士论文 .

［43］郭红超 . 理学宇宙本体论研究——以朱熹为中心的考察［D］. 暨南大学，2012. 博士论文 .

［44］胡秀娟 .《朝鲜古写徽州本朱子语类》研究［D］. 浙江大学，2012. 博士论文 .

［45］李云安 . 朱子诗经学的民间立场［D］. 华东师范大学，2012. 博士论文 .

［46］刘刚 . 朱子学传入朝鲜半岛研究（1290–1409）［D］. 暨南大学，2012. 博士论文 .

［47］王霞 . 朱熹自然观研究［D］. 安徽大学，2012. 博士论文 .

［48］王娅维 . 王弼、朱熹《周易》注释比较研究［D］. 陕西师范大学，2012. 博士论文 .

［49］周之翔 . 朱子《大学》经解研究［D］. 湖南大学，2012. 博士论文 .

报纸论文

［1］方彦寿 . 是“国宝”还是伪帖？——朱熹《赠门人彦忠、彦孝同榜登第诗册》考析［N］. 中华读书报，2012–03–14005.

［2］李金枝驻福建记者吴健芳 . 建阳将建朱子文化旅游度假区［N］. 中国旅游报，2012–10–24014.

［3］蒙培元 . 朱子研究的新视角——评《学术性格与思想谱系》［N］. 光明日报，2012–11–04012.

［4］邱丹燕 . 朱熹陈淳学术研讨会在漳州召开［N］. 闽南日报，2012–06–18004.

［5］虞云国 . 朱熹梦断帝王师［N］. 东方早报，2012–11–04T10.

［6］王伯军．邵良明．朱熹的人才教育观［N］．组织人事报，2012-07-10005.

［7］吴震．朱子学研究领域的一部巅峰之作［N］．中华读书报．2012-08-22009.

［8］徐忠俊．从朱熹断案看法官的理性［N］．人民法院报，2012-08-31006.

2013年

期刊论文

［1］．央视讲坛在现我校学者风采 彭红卫教授登台讲朱熹反腐［J］．三峡论坛（三峡文学·理论版），2013.03：151.

［2］艾涛．朱熹与辛弃疾在上饶的友谊［J］．春秋，2013.01：37-40.

［3］蔡龙九．"朱陆异同争论史"中的保守调和模式——李绂《朱子晚年全论》评析［J］．东吴哲学学报（台湾），2013.27：1-31.

［4］蔡铭泽．更约九垓游——论蔡元定对朱熹理学之贡献［J］．湖湘论坛，2013.06：97-100.

［5］曹海东．朱熹的"涵泳"论［J］．武汉冶金管理干部学院学报，2013.04：3-6.

［6］曹海东．朱熹的"以意逆志"论［J］．深圳信息职业技术学院学报，2013.04：71-76.

［7］曹洁．程水龙．《近思录》书目著录辨正［J］．图书馆理论与实践，2013.09：47-51.

［8］曹润青．朱子《论语集注》"天"、"命"范畴发微［J］．安阳工学院学报，2013.03：24-27.

［9］曹姗姗．李贽对朱熹的厌恶［J］．黑龙江史志，2013.13：6.

［10］曾春海．唐君毅论朱熹主敬穷理的工夫涵义［J］．朱子学刊，2013.00：280-293.

［11］曾纪鑫．多面朱熹［J］．书屋，2013.05：39-44.

［12］查金萍．方东树与晚清程朱理学的复兴［J］．朱子学刊，2013.00：303-312.

［13］柴文华．任继愈的朱子学研究［J］．朱子学刊，2013.00：

265–279.

［14］陈安民．周欣．朱熹蒙学教材《童蒙须知》的价值探究［J］．文史博览（理论），2013.11：79–80.

［15］陈才．凤凰本朱熹《诗集传》校点商榷［J］．社会科学论坛，2013.02：110–117.

［16］陈德和．王廷相对朱子人性论之批判与局限［J］．淡江中文学报（台湾），2013.28：65–101.

［17］陈逢源．"其味深长，最宜潜玩"——朱熹《四书章句集注》叮咛之分析［J］．长庚科技学刊（台湾），2013.19：93–113.

［18］陈国平．朱熹辞官原因考［J］．江苏技术师范学院学报，2013.01：42–45.

［19］陈慧丽．高筠．刘伯山．朱子《家礼》在祁门黄龙口的实践——祭礼篇［J］．江淮文史，2013.04：156–161.

［20］陈慧丽．王倩．朱子《家礼》在祁门黄龙口的实践——婚礼篇［J］．江淮文史，2013.02：152–160.

［21］陈佳铭．朱子格物思想中"心与理"的属性与关系新探［J］．中国文哲研究集刊（台湾），2013.42：149–182.

［22］陈来．"一破千古之惑"——朱子对《洪范》皇极说的解释［J］．北京大学学报（哲学社会科学版），2013.02：5–17.

［23］陈利华．论李侗在朱子理学创立中的作用与影响［J］．合肥学院学报（社会科学版），2013.01：15–17+22.

［24］陈利华．让以朱子为代表的中国文化精神走进千家万户［J］．湖北经济学院学报（人文社会科学版），2013.04：19–21.

［25］陈林．乐爱国．民国时期汤用彤《理学谵言》对朱子学的阐释与推崇——兼论汤用彤早期的文化观［J］．江汉学术，2013.05：117–121.

［26］陈美容．从《大学章句》"格物致知"看朱子的注经与解经［J］．呼伦贝尔学院学报，2013.05：37–40.

［27］陈秋蓉．朱熹尚德思想对培养大学生道德自律意识的启示［J］．沈阳工程学院学报（社会科学版），2013.04：571–573.

［28］陈荣灼．程伊川与朱子之基本分歧——希腊哲学的视点［J］．

中央大学人文学报（台湾），2013.55：75-105.

［29］陈苏珍．朱熹善恶观的德育内涵及现代价值［J］．三峡论坛（三峡文学·理论版），2013.06：124-126.

［30］陈苏珍．朱熹善恶观的德育内涵及现代价值［J］．四川职业技术学院学报，2013.05：19-21.

［31］陈微．《近思录》的为学思想述略［J］．湖南科技学院学报，2013.03：78-80.

［32］陈文苑．马蕾．朱熹对梅尧臣诗歌的接受［J］．湖州师范学院学报，2013.01：16-21.

［33］陈晓杰．论朱熹的“天地之心”［J］．朱子学刊，2013.00：116-127.

［34］陈雪明．从“大传统”到“小传统”——以《茗洲吴氏家典》对朱子《家礼》的诠释与实践为例［J］．牡丹江师范学院学报（哲学社会科学版），2013.04：67-70+80.

［35］陈瑶瑶．探究朱熹“贯专而不贵博”的治学精神价值［J］．品牌（下半月），2013.10：79.

［36］陈振崑．朱子所论“理”的融贯性与殊别性［J］．中国文哲研究通讯（台湾），2013.03：29-47.

［37］崔丽萍．朱熹的中庸与中和关系探讨［J］．华夏文化，2013.03：19-20.

［38］崔治忠．革新他人与修己爱民——朱熹与王阳明《大学》“亲民”之辩［J］．鹅湖月刊（台湾），2013.453：46-55.

［39］代云．朱熹人心道心论的辟佛意旨［J］．中州学刊，2013.11：115-119.

［40］邓维明．朱熹审美品评旨趣管窥［J］．大理学院学报，2013.01：52-56.

［41］邓秀梅．唐君毅先生解朱子“太极动静”评析［J］．当代儒学研究（台湾），2013.15：187+189-216.

［42］丁为祥．道德与自然之间——朱子与陈亮的争论及其分歧的再反思［J］．哲学分析，2013.03：85-101+197-198.

［43］董卫国．朱子对儒家忠恕之道的创造性诠释［J］．广西社会科学，

2013.02：40–45.

［44］窦道阳．“不付忧时一片心”：朱熹爱国精神探析［J］．安阳工学院学报，2013.01：76–80.

［45］杜保瑞．对牟宗三以“觉悟说”诠释朱陆之争的方法论反思［J］．国文学报（台湾），2013.53：149–173.

［46］方旭东．朱子“太极”论二题［J］．宗教哲学（台湾），2013.65–66：41–46.

［47］方彦寿．《游云谷诗卷》的前世今生——对古今几种有关朱熹伪帖的辨析［J］．中国典籍与文化，2013.01：61–69.

［48］方彦寿．朱熹与漳州官私刻书［J］．合肥学院学报（社会科学版），2013.04：3–6.

［49］方彦寿．朱子理学的形成与历史地位［J］．政协天地，2013.07：58–60.

［50］房瑞丽．朱熹的三家《诗》学探略［J］．孔子研究，2013.05：110–116.

［51］冯兵．“理”“礼”会通，承扬道统——朱熹仁学思想探究［J］．东南学术，2013.01：181–188.

［52］冯兵．理性与非理性之间：朱熹的鬼神观辨析［J］．学术研究，2013.02：26–32.

［53］冯兵．朱子礼学的形上世界——以理气论为进路的解析［J］．中国哲学史，2013.03：65–71+110.

［54］冯兵．朱子礼学的形上世界——以理气论为进路的解析［J］．朱子学刊，2013.00：138–157.

［55］冯会明．胡居仁对朱熹读书方法的传衍［J］．上饶师范学院学报，2013.01：13–16.

［56］冯丽．仁义、友爱与和谐——论《朱子家训》对当代社会道德教育的意义［J］．怀化学院学报，2013.03：24–25.

［57］高建立．陈荣捷与 20 世纪美国的朱子学研究［J］．郑州大学学报（哲学社会科学版），2013.04：30–34.

［58］高玮谦．从王阳明的观点反省朱子学说体系的根本问题［J］．朱子学刊，2013.00：216–231.

［59］耿振东．朱熹《管子》研究的历史考察［J］．新疆大学学报（哲学·人文社会科学版），2013.02：123-125.

［60］顾宏义．朱门后学《四书》著述与晚宋理学的发展［J］．朱子学刊，2013.00：24-36.

［61］郭晓东．"气质"与"气质之性"——陈淳对朱子的绍述及其与朱子之异趣［J］．云南大学学报（社会科学版），2013.06：58-64+110.

［62］贺恒．南宋著名教育家朱熹及其教育思想探索［J］．兰台世界，2013.15：116-117.

［63］洪永稳．论朱熹伦理美学的主要范畴："文"和"美"［J］．合肥学院学报（社会科学版），2013.04：12-16.

［64］洪永稳．朱熹关于美的本体论和生成论思想［J］．淮北师范大学学报（哲学社会科学版），2013.02：1-4.

［65］胡发贵．罗钦顺"笃信程朱"缕述［J］．朱子学刊，2013.00：232-237.

［66］胡泉雨．论朱熹与李侗的师生关系［J］．黄山学院学报，2013.01：12-15.

［67］胡泉雨．浅析朱熹论读书［J］．黑河学刊，2013.01：43-44.

［68］胡绍文．《朱子语类》特色词语研究［J］．南昌航空大学学报（社会科学版），2013.04：64-70.

［69］胡绍文．《朱子语类》同义词语考释［J］．合肥师范学院学报，2013.01：43-47.

［70］胡孝忠．"大学章句"新解及与朱熹注解的对比［J］．吉林广播电视大学学报，2013.10：79-80+109.

［71］黄柏翰．朱子的静心之道——从《延平答问》对"夜气"的讨论谈起［J］．朱子学刊，2013.00：158-173.

［72］黄藿．朱子家训与品格教育——德行伦理学的观点［J］．朱子学刊，2013.00：174-183.

［73］黄信二．朱子释孟理论预设分析［J］．哲学与文化（台湾），2013.08：115-142.

［74］季小燕．浅析朱熹的知行关系与当代大学生活的链接［J］．科教文汇（上旬刊），2013.09：15-16.

［75］冀荣德．鹅湖之会［J］．民间传奇故事（A 卷），2013.01：24.

［76］江增华．朱松、朱槔别集叙评与版本流变［J］．上饶师范学院学报，2013.05：64–66+82.

［77］姜龙翔．朱子《五经》阅读次序及其义理定位［J］．东吴中文学报（台湾），2013.26：91–119.

［78］金香花．孟子“四端”说流衍考辨——以朱熹与韩儒为中心［J］．东南学术，2013.05：200–207.

［79］靳义亭．李振宇．论《朱子家训》中的和谐思想及其当代价值［J］．华北水利水电学院学报（社会科学版），2013.06：24–27.

［80］康云山．朱熹诗歌的山水审美体验之乐［J］．人文与社会研究学报（台湾），2013.02：39–61.

［81］赖功欧．雷扬．唐君毅的朱、陆异同论——兼论唐君毅的学术史视野［J］．朱子学刊，2013.00：294–302.

［82］兰宗荣．论朱熹“幔亭之风”的美育特征与实质［J］．湖州师范学院学报，2013.01：11–15.

［83］兰宗荣．朱熹的旅游动机与旅游文化人格新探［J］．合肥学院学报（社会科学版），2013.01：18–22.

［84］乐爱国．“理学而尚考据”——民国学人吴其昌的朱子学研究［J］．江南大学学报（人文社会科学版），2013.02：22–27.

［85］乐爱国．《朱熹〈中庸〉学研究》导论［J］．社科纵横，2013.02：142–144.

［86］乐爱国．胡适对朱熹格致说的诠释及影响［J］．江淮论坛，2013.02：73–77.

［87］乐爱国．论朱熹《中庸章句》的“人–物”平等思想［J］．吉首大学学报（社会科学版），2013.01：7–13.

［88］乐爱国．民国时期白寿彝对《朱子语类》的研究——兼与胡适《〈朱子语类〉的历史》比较［J］．齐鲁学刊，2013.01：27–30.

［89］乐爱国．民国时期对朱熹理气论的不同解读［J］．人文杂志，2013.03：14–18.

［90］乐爱国．民国时期对朱熹政治思想的研究［J］．北京社会科学，2013.05：4–9.

［91］乐爱国．民国时期冯友兰的朱子学研究与创新［J］．东南学术，2013.05：193–199.

［92］乐爱国．民国时期胡适的朱子学研究［J］．天津社会科学，2013.06：139–144.

［93］乐爱国．民国时期嵇文甫对朱熹与程颢思想异同之辨析——兼与冯友兰《中国哲学史》之比较［J］．社会科学战线，2013.02：12–15.

［94］乐爱国．民国时期钱穆的朱子学研究及其创新——从朱子心学入手［J］．南京社会科学，2013.01：33–39+46.

［95］乐爱国．民国时期唐文治的朱子学研究［J］．暨南学报（哲学社会科学版），2013.10：91–99.

［96］乐爱国．民国时期谢无量的朱子学研究［J］．厦门大学学报（哲学社会科学版），2013.01：90–96.

［97］乐爱国．民国时期周予同经学史视野下的朱子学研究［J］．江汉论坛，2013.07：128–132.

［98］乐爱国．民国学人李相显《朱子哲学》述论［J］．南昌大学学报（人文社会科学版），2013.03：22–28.

［99］乐爱国．张岱年的朱子哲学研究及其创新——以《中国哲学大纲》为中心［J］．安徽大学学报（哲学社会科学版），2013.02：30–37.

［100］乐爱国．朱熹《中庸章句》对“性”“道”“教”的诠释及其蕴含的生态观［J］．中共宁波市委党校学报，2013.02：101–106.

［101］乐爱国．朱熹《中庸章句》对“赞天地之化育”的诠释——一种以人与自然和谐为中心的生态观［J］．西南大学学报（社会科学版），2013.06：5–10+173.

［102］乐爱国．朱熹《中庸章句》对“知、仁、勇”的诠释［J］．湖南科技大学学报（社会科学版），2013.05：31–34.

［103］乐爱国．朱熹论《中庸》之“诚”［J］．徐州工程学院学报（社会科学版），2013.04：33–38.

［104］乐爱国．朱熹自然科学思想概述［J］．洛阳师范学院学报，2013.03：14–26.

［105］李承贵．对道德与知识的双重关切——朱熹“格物致知论”探微［J］．贵阳学院学报（社会科学版），2013.06：1–6.

［106］李承贵．朱子学研究的新境际——新世纪以来中国大陆朱子思想研究述评［J］．福建论坛（人文社会科学版），2013.09：53-66.

［107］李春强．朱熹《论语集注》文学观简论［J］．山西师大学报（社会科学版），2013.01：116-120.

［108］李惠娥．朱熹的读书之道及其现代价值［J］．辽宁医学院学报（社会科学版），2013.01：105-107.

［109］李劲松．朱子兴复白鹿洞书院动机之辨析——兼及宋朝书院官学化的问题［J］．江西教育学院学报（社会科学版），2013.02：179-182.

［110］李敬峰．刘俊．朱子的格物致知：一种可能的科技理性［J］．自然辩证法研究，2013.03：79-83.

［111］李敬峰．刘俊．朱子义命观：一种可能的道德生活［J］．社会科学家，2013.08：26-29.

［112］李敬峰．刘俊．朱子义命观：一种可能的道德生活［J］．中国社会科学院研究生院学报，2013.03：38.

［113］李秋莎．毁誉、是非与善善从长——《论语》总章四〇二朱子注衍义［J］．人文杂志，2013.01：22-28.

［114］李瑞全．论朱子“知言疑义”与胡五峰《知言》之义理特色［J］．深圳大学学报（人文社会科学版），2013.01：24-44.

［115］李士金．朱熹在实际文学活动中流露的文学思想［J］．河北师范大学学报（哲学社会科学版），2013.02：100-104.

［116］李思远．论朱熹“中和之悟”的修养论转变［J］．华夏文化，2013.01：14-18.

［117］李斯斯．赵法坤．周鹏．朱熹籍贯中方言特色对《诗集传》叶音用韵影响浅探［J］．广西职业技术学院学报，2013.03：88-90.

［118］李甦平．朱子学在高丽时代的传播与发展［J］．南昌大学学报（人文社会科学版），2013.01：1-8.

［119］李涛．朱熹的理学自然观研究［J］．陕西师范大学学报（哲学社会科学版），2013.05：139-143.

［120］李涛．郝艳杰．朱熹“理同气异”与“气近理异”说辨析［J］．河北大学学报（哲学社会科学版），2013.06：96-99.

［121］李尾咕．朱熹的养生思想与实践［J］．湖州师范学院学报，

2013.01：58-62.

［122］李学昌.《朱子治家格言》对大学生良好道德养成的现实教育意义探索［J］. 今日中国论坛，2013.06：135+137.

［123］李训昌. 诠释与建构：朱熹和王阳明知行观的比较研究［J］. 三峡大学学报（人文社会科学版），2013.03：101-104.

［124］李勇刚. 佛教对儒家道统观的影响——以韩愈和朱熹为中心［J］. 五台山研究，2013.01：3-8.

［125］廖信优. 朱子读书法对高中语文选修课教学的启示［J］. 文学教育（下），2013.04：122-123.

［126］林保全. 南宋学者对北宋理学社群之建构——以朱熹《伊洛渊源录》为观察核心［J］. 东华人文学报（台湾），2013.23：83-123.

［127］林汉文. 朱熹历史思维试探：以对宋初三朝政事之史评为例［J］. 政大史粹（台湾），2013.25：107-131.

［128］林蕾. 严复对朱熹社会治理思想的吸收与继承［J］. 黑龙江教育学院学报，2013.11：197-198.

［129］刘伯山. 陈慧丽. 朱子《家礼》在祁门黄龙口的实践——丧礼篇［J］. 江淮文史，2013.03：139-145.

［130］刘伯山. 陈慧丽. 朱子《家礼》在祁门黄龙口的实践——通礼篇［J］. 江淮文史，2013.01：152-159.

［131］刘迪娜. 张洪江. 朱熹：理学大师的人生境界［J］. 兰台世界，2013.24：125-126.

［132］刘鹄根. 朱熹的教育思想及其实践研究［J］. 兰台世界，2013.24：48-49.

［133］刘刚. 试论李齐贤对朱子学在高丽传播和发展的贡献［J］. 大庆社会科学，2013.06：60-62.

［134］刘娟. 百年来朱熹诗经学与诗经汉学比较研究述评［J］. 河北科技师范学院学报（社会科学版），2013.03：10-15.

［135］刘娟. 百年来朱熹诗经学与宋代其他各家诗经学比较研究述评［J］. 河北北方学院学报（社会科学版），2013.05：11-15.

［136］刘娟. 朱熹诗经学思想矛盾性探析［J］. 河南工业大学学报（社会科学版），2013.02：118-122.

［137］刘克兵．朱熹知识论的建构与儒学知识论的内在发展［J］．文史博览（理论），2013.09：34–35.

［138］刘培军．朱熹“主体育德”方法及其对个体修德的启示［J］．西北成人教育学报，2013.05：39–42.

［139］刘文恭．朱熹诗《春日》［J］．秘书，2013.01：48.

［140］刘玉民．吕祖谦与朱熹交游述论［J］．河南师范大学学报（哲学社会科学版），2013.02：111–115.

［141］刘增光．朱熹《孝经》学探微三题——从元明学者的理解看［J］．杭州师范大学学报（社会科学版），2013.01：12–19.

［142］刘增光．《孟子》末章与理学道统论［J］．鹅湖学志（台湾），2013.51：131–162.

［143］刘真．浅解“朱子读书法”［J］．学理论，2013.36：236–237.

［144］柳倩．重温古典教育思想——朱熹的家庭教育思想及其启示［J］．小说评论，2013.S2：265–267.

［145］龙晓添．丧礼中的女性——以《仪礼》《朱子家礼》记述为例［J］．广西师范大学学报（哲学社会科学版），2013.02：54–60.

［146］鲁涛．点校整理本朱熹《楚辞集注》简介［J］．云梦学刊，2013.05：37.

［147］陆永胜．天理对政治的论证——朱熹政治伦理哲学论略［J］．朱子学刊，2013.00：105–115.

［148］吕铭崴．由朱子的读书法论道德教育的可能性［J］．当代儒学研究（台湾），2013.14：85+87–113.

［149］吕宜倩．朱熹道德教育思想研究综述（2000–2012）［J］．宿州教育学院学报，2013.04：10–12.

［150］马寄．分殊：朱熹由佛转儒内在机理探微［J］．闽台文化研究，2013.04：61–68.

［151］马寄．理一分殊——朱熹从佛转儒内在机理探微［J］．朱子学刊，2013.00：128–137.

［152］（美）马思清著．熊莺译．本雅明的翻译理论与朱熹对《离骚》的解读［J］．职大学报，2013.01：21–27.

［153］马晓莹．刘英．朱熹道德教育思想浅探［J］．兰台世界，

2013.18：112–113.

［154］毛珠峰．朱熹对“明明德”之诠释［J］．南都学坛（人文社会科学学报），2013.02：122–123.

［155］南方朔．连朱熹也会犯错［J］．南风窗，2013.26：94.

［156］彭月肖．朱子《家礼》的现代实践——以朱氏婚礼为例［J］．中华文化论坛，2013.06：75–80.

［157］祁志祥．重“道”而兼顾“文”：朱熹美学的整体视阈［J］．吉首大学学报（社会科学版），2013.06：8–13.

［158］任超．刘威．论朱熹“格物致知”思想的两面性［J］．衡水学院学报，2013.02：69–71.

［159］任剑涛．朱陆之争:宋儒经典解释取向的政治蕴涵［J］．原道，2013.02：61–90.

［160］任文香．朱熹与白鹿洞书院［J］．兰台世界，2013.19：121–122.

［161］桑靖宇．莱布尼茨、朱熹与有机论哲学——对李约瑟相关思想的分析与回应［J］．武汉大学学报（人文科学版），2013.04：26–31.

［162］沈时凯．形上之“理”与中国文化——理解朱熹学说在中国哲学史上重要意义的一种视角［J］．合肥学院学报（社会科学版），2013.01：3–8.

［163］沈时凯．后形而上的朱子学——以江永的《近思录集注》为考察文本［J］．朱子学刊，2013.00：13–23.

［164］沈享民．朱熹批判“观过知仁”与“知觉为仁”之探讨——对比于程明道与谢上蔡的诠释进路［J］．台湾大学哲学论评（台湾），2013.45：39–60.

［165］沈秀蓉．宋代欧曾二苏与程颐朱熹书写人物传记的差异及其特色［J］．有凤初鸣年刊（台湾），2013.09：63–82.

［166］石力波．对朱子理气“一元”“二元”争论的看法［J］．合肥学院学报（社会科学版），2013.04：7–11.

［167］石力波．人心与天理的较量——《论语》朱熹注本与钱穆注本的比较［J］．合肥学院学报（社会科学版），2013.01：9–14.

［168］石力波．是“散”还是“尽”——试论朱熹气学思想的内在

矛盾［J］. 西北大学学报（哲学社会科学版），2013.04：164–168.

［169］史少博 . 论日本江户时期的朱子学［J］. 东方论坛，2013.01：110–114.

［170］宋兵超 . 朱子《大学章句》建构体系的梳理与析出［J］. 长春理工大学学报（社会科学版），2013.09：56–58.

［171］宋克夫 . 熊恺妮 . 宋濂朱学渊源考［J］. 湖北大学学报（哲学社会科学版），2013.05：57–61.

［172］宋秀清 . 朱子“中和说”研究［J］. 文学教育（中），2013.06：31.

［173］宋志明 . 艮斋对朱子心学的诠释［J］. 江苏师范大学学报（哲学社会科学版），2013.01：94–98+153.

［174］孙慧玲 . 朱熹诗歌三论［J］. 文艺评论，2013.02：16–19.

［175］孙玉娇 .《朱子语类》词语考释［J］. 学理论，2013.23：203–204.

［176］孙玉娇 .《朱子语类》史料价值研究综述［J］. 现代交际，2013.06：52–53.

［177］孙致文 . 从文献学的角度考察敖继公《仪礼集说》与朱熹理学的关系［J］. 鹅湖学志（台湾），2013.51：99–129.

［178］唐筱静 . 南宋著名理学家朱熹的德育思想发微［J］. 才智，2013.19：145–146.

［179］（日）藤井伦明 . 从格物到觉知——德川日本崎门朱子学者三宅尚斋“格物致知”论探析［J］. 汉学研究（台湾），2013.03：169–192.

［180］田世民 . 从媒体史的观点看近世日本知识人的《朱子家礼》实践［J］. 淡江日本论丛（台湾），2013.27：143–159.

［181］田文军 . 古典中国哲学史研究的一种范型——读朱熹编纂的《伊洛渊源录》与《近思录》［J］. 湖北大学学报（哲学社会科学版），2013.06：58–64.

［182］田文军 . 古典中国哲学史研究的一种范型——读朱熹编纂的《伊洛渊源录》与《近思录》［J］. 朱子学刊，2013.00：1–8.

［183］万书元 . 朱熹与南宋书院的兴盛［J］. 南京理工大学学报（社会科学版），2013.02：60–66.

［184］汪学群．朱熹对命的思考［J］．湖南大学学报（社会科学版），2013.04：26-34.

［185］汪业全．朱熹部分叶音声母古音性质试拟之理据例释［J］．语言科学，2013.04：409-419.

［186］王灿．儒家思想与当代大学生形象塑造——孔子、孟子、荀子和朱子的相关言论探析［J］．教育文化论坛，2013.01：10-14.

［187］王飞．朱熹、吕祖谦史学思想之比较［J］．衡水学院学报，2013.03：101-104.

［188］王风．朱子怎样读《周易》［J］．国学，2013.08：54-55.

［189］王耕．马兰兰．殊途同归——朱熹与老庄"中庸"之探究［J］．兰台世界，2013.21：124-125.

［190］王进．秩序的确立与毁灭——以朱子《中庸章句》为中心论"贤知之过"［J］．广西社会科学，2013.12：79-84.

［191］王立新．陈晨．船山与朱子对王猛的评价［J］．深圳大学学报（人文社会科学版），2013.05：36-43.

［192］王胜军．王阳明书院理念与朱熹之比较——以《教条示龙场诸生》与《白鹿洞书院揭示》为例［J］．教育文化论坛，2013.03：17-20.

［193］王向清．谢红．颜元对朱子"明天理,灭人欲"命题的反思［J］．湖南社会科学，2013.04：12-15.

［194］王莹．孙红梅．论朱熹"心统性情"哲学思想统摄下的文学观［J］．沈阳师范大学学报（社会科学版），2013.04：119-122.

［195］王玉强．陈景彦．日本朱子学的官学化研究［J］．社会科学战线，2013.07：264-266.

［196］王振．维新运动对朱子之学的影响浅析［J］．船山学刊，2013.04：89-93.

［197］王振铎．甄娜．朱熹：因中原文献之传而编辑宋儒理学之大成——兼论朱熹与吕祖谦的编辑架构思想［J］．河南大学学报（社会科学版），2013.04：145-150.

［198］王政燃．张伟．论朱熹的理气观［J］．河北学刊，2013.02：218-221.

［199］王志刚．朱子“中和”思想发展过程辨析［J］．武陵学刊，2013.01：12–16.

［200］王志跃．推崇与抵制：明代不遵循《朱子家礼》现象之探研［J］．求是学刊，2013.05：163–169.

［201］王治伟．朱熹公正思想论略［J］．理论探索，2013.06：19–22.

［202］王治伟．朱熹哲学的知识观［J］．聊城大学学报（社会科学版），2013.05：86–91.

［203］尉利工．论朱子的《尚书》学诠释思想［J］．孔子研究，2013.06：42–48.

［204］尉利工．朱子训诂与义理并重的经典诠释原则［J］．哲学动态，2013.03：55–60.

［205］魏伯河．朱熹创立的社仓制度是成功的吗？［J］．山东女子学院学报，2013.03：88–92.

［206］魏涛．朱熹道统理论与思想视界中的司马光［J］．理论月刊，2013.03：64–68.

［207］魏涛．朱熹缘何未将司马光纳入道学谱系［J］．山西师大学报（社会科学版），2013.04：118–122.

［208］魏义霞．朱熹、王夫之哲学比较［J］．朱子学刊，2013.00：81–96.

［209］魏志远．从“格物致知”看朱熹的理学地位——对牟宗三判朱熹为“别子为宗”的反思［J］．重庆邮电大学学报（社会科学版），2013.02：46–50.

［210］魏志远．由“格物致知”看朱熹的理学地位——对朱熹心性论和工夫论的再认识［J］．西安石油大学学报（社会科学版），2013.02：73–79.

［211］吴邦才．陈国代．朱熹对教育的贡献新论［J］．海峡教育研究，2013.03：73–76.

［212］吴伯曜．朱熹的主敬工夫及其现代意义［J］．崇仁学报（台湾），2013.07：23–38.

［213］吴冬梅．从“赤子”到“大人”——朱子对先秦儒道哲学的重释［J］．中国哲学史，2013.02：92–98.

［214］吴凯雷．朱陆关于“尊德性与道问学”关系之争［J］．教师博览（科研版），2013.09：88-89.

［215］吴励生．新道统、新道学与人间秩序的终极关怀——读余英时《朱熹的历史世界》并与魏敦友、孙国东二君谈辩新道论［J］．社会科学论坛，2013.02：68-92.

［216］吴秋雅．赵岐《孟子章句》和朱熹《孟子集注》注释特点比较［J］．文学教育（中），2013.01：16-17.

［217］吴叶．程朱理学与陆王心学差异性的透析［J］．新高考（高三政史地），2013.01：37.

［218］吴莺莺．朱熹文学意象和义理阐发及其当代价值［J］．泉州师范学院学报，2013.01：93-97.

［219］吴展良．朱子之鬼神论述义［J］．汉学研究（台湾），2013.04：111-144.

［220］吴长庚．八百年朱熹文学接受与传播导言［J］．朱子学刊，2013.00：334-359.

［221］吴震．从政治文化角度看道学工夫论之特色——有关朱熹工夫论思想的一项新了解［J］．社会科学，2013.08：130-139.

［222］吴洲．朱熹“天人之学”的生态背景［J］．江南大学学报（人文社会科学版），2013.02：11-21.

［223］肖永明．陈冠伟．郭嵩焘《校订朱子家礼》的社会学考察［J］．湖南社会科学，2013.03：88-91.

［224］谢红．“克己复礼为仁”再诠释——兼论颜元对朱子的批判［J］．当代教育理论与实践，2013.12：155-157.

［225］谢晓东．朱子哲学中的“欲”、“人心”、“道心”与“天理”—答许家星博士［J］．朱子学刊，2013.00：53-74.

［226］徐道彬．论朱子学背景下江永的学术抗衡［J］．朱子学刊，2013.00：238-256.

［227］徐恋．李伟强．《朱子家礼》中丧祭礼的嬗变——以湖南平江、浏阳两县徐氏家族为例［J］．商，2013.11：229-230.

［228］徐泉海．试论朱熹理欲观的现代意义［J］．法制与社会，2013.02：7+13.

［229］徐时仪 .《朱子语类》猜测概念词语类聚考探［J］. 合肥师范学院学报，2013.01：30–36.

［230］徐时仪 .《朱子语类》词汇特点探略［J］. 江西科技师范大学学报，2013.01：1–14.

［231］徐时仪 .《朱子语类》词汇研究与《汉语大词典》修订［J］. 陇东学院学报，2013.04：1–6.

［232］徐时仪 .《朱子语类》词组层面的语块考探［J］. 南阳师范学院学报（社会科学版），2013.01：23–32.

［233］徐时仪 .《朱子语类》方俗口语词考［J］. 古汉语研究，2013.01：22–26+95.

［234］徐时仪 .《朱子语类》欺骗概念词语类聚考探［J］. 江西科技师范大学学报，2013.03：1–10.

［235］徐时仪 .《朱子语类》愚昧、痴狂概念词语类聚考探［J］. 陕西师范大学学报（哲学社会科学版），2013.05：65–72.

［236］徐晓蕾 .《朱子语类》"一向"补说［J］. 齐齐哈尔大学学报（哲学社会科学版），2013.02：96–98.

［237］许光 . 朱熹叶适诗歌理论之比较［J］. 闽台文化研究，2013.02：109–114.

［238］许卉 . 论黄道周对朱熹道统说的批判［J］. 河北学刊，2013.02：203–208.

［239］许家星 . 真知格物，必成圣贤——朱子"格物"解发覆［J］. 南昌大学学报（人文社会科学版），2013.05：27–34.

［240］许家星 . 朱子道统说新论——以孔颜"克复心法"说为中心［J］. 人文杂志，2013.06：19–27.

［241］许家星 . 朱子四书学的羽翼与修正——以元代《四书笺义》为中心［J］. 北方论丛，2013.05：74–79.

［242］许家星 . 朱子四书学形成新考［J］. 中国哲学史，2013.01：5–14.

［243］许家星 . 朱子四书学研究之回顾与前瞻［J］. 中华文化论坛，2013.02：115–122.

［244］许家星 . 朱子学的内在演变与朱陆合流——以饶鲁《大学》诠释对朱子学的突破为中心［J］. 哲学研究，2013.10：57–63+72.

［245］许明珠 . 李光地对朱子学的承接与调修［J］. 泉州师范学院学报，2013.01：87–92.

［246］许宗兴 . 李光泰 . 朱子“形上”义析论及其反省［J］. 华梵人文学报（台湾），2013.19：83–123.

［247］许宗兴 . 朱子义理研究之方法论刍议——以“晚年宗说”为探讨主轴［J］. 高雄师大国文学报（台湾），2013.18：61–85.

［248］薛芳芸 . 许馨 . 论朱熹的医学情怀［J］. 中国中医药现代远程教育，2013.10：116–117.

［249］颜铭俊 . 考察唐君毅与牟宗三先生对朱子理气心性说的诠释（上）［J］. 鹅湖月刊（台湾），2013.452：27–38.

［250］杨昶 . 朱熹义利观管窥［J］. 朱子学刊，2013.00：75–80.

［251］杨丽娟 .“尊德性”与“道问学”——朱熹和陆九渊教育观的碰撞［J］. 克拉玛依学刊，2013.02：55–60.

［252］杨瑞荣 . 弘扬朱子文化 促进两岸交流——第五届海峡论坛·两岸朱子文化交流活动在武夷山举行［J］. 统一论坛，2013.05：61.

［253］杨秀礼 . 朱熹以地域文化解读“风诗”研究［J］. 兰州学刊，2013.07：63–67.

［254］杨艳 . 朱子门人之浦城杨氏家族考［J］. 广西社会科学，2013.12：167–172.

［255］杨宗建 . 论朱熹的知行关系思想——兼论中国传统文化与新时期官德建设［J］. 宁夏党校学报，2013.04：85–88.

［256］杨祖汉 . 从主理的观点看朱子的哲学［J］. 当代儒学研究（台湾），2013.15：117+119–140.

［257］姚进生 . 朱熹的道德教育思想及其当代价值［J］. 中共福建省委党校学报，2013.09：103–108.

［258］姚进生 . 朱熹生态伦理思想及其对构建当代生态文明的启示［J］. 福建论坛（人文社会科学版），2013.11：76–80.

［259］姚进生 . 程利田 . 叶琪瑛 . 朱熹“和”思想对构建新时期和谐统一战线的启示［J］. 武夷学院学报，2013.04：1–6.

［260］叶茂樟 . 朱熹在泉南的教育活动拾零［J］. 郑州航空工业管理学院学报（社会科学版），2013.02：31–34.

[261] 殷慧. 传承与开拓：朱子学国际学术研讨会综述 [J]. 中国哲学史，2013.01：127–129.

[262] 尹业初. 义理化倾向——朱熹与胡寅史论比较研究 [J]. 船山学刊，2013.01：96–98.

[263] 于浴贤. 从《楚辞集注》看朱熹辞赋观[J]. 泉州师范学院学报，2013.03：43–48.

[264] 余晓慧. 熊伟. 朱熹的养生体育思想 [J]. 体育文化导刊，2013.08：140–142+150.

[265] 袁岚. 浅析朱熹义利观及其现代启示 [J]. 黑龙江史志，2013.01：6–7.

[266] 岳天雷. 理学权说析论——以程颐、朱熹、高拱为中心 [J]. 中原文化研究，2013.01：55–64.

[267] 詹艳. 加强旅游与文化深度结合的思考——以武夷朱熹旅游文化为例 [J]. 湖北广播电视大学学报，2013.01：76–77.

[268] 张安琪. 朱子《诗》学在朝鲜的传播及其本土化过程 [J]. 山西大学学报（哲学社会科学版），2013.02：34–40.

[269] 张宝林. 朱熹天命观研究 [J]. 朱子学刊，2013.00：97–104.

[270] 张荷群. 朱熹对孟子"不尊周室"的辩护 [J]. 福建商业高等专科学校学报，2013.04：91–94.

[271] 张荷群. 朱熹对疑孟的总结与回应 [J]. 成都师范学院学报，2013.04：109–113.

[272] 张辉. 朱熹《诗集传序》论说 [J]. 文艺理论研究，2013.02：51–56.

[273] 张卉. 张栻对朱熹心性论的影响 [J]. 四川师范大学学报（社会科学版），2013.06：19–25.

[274] 张剑敏. 周敦颐与朱熹：理学开山与集大成者的神交 [J]. 南方文物，2013.03：183–184+189.

[275] 张静莉. 朱熹书院教育思想的特色及启示 [J]. 安康学院学报，2013.04：107–109.

[276] 张静莉. 朱熹语文教育思想的现代性 [J]. 渭南师范学院学报，2013.04：100–102.

［277］张柯 . 德文语境中的朱熹思想——对朱熹思想之德语接受史的考察与反思［J］. 孔子研究，2013.03：98–110.

［278］张品端 . 朱熹教育哲学思想之探讨［J］. 中共福建省委党校学报，2013.09：97–102.

［279］张品端 . 朱熹与陆九渊哲学思想之比较［J］. 武夷学院学报，2013.03：1–5.

［280］张品端 . 朱子学在越南的传播与影响［J］. 泉州师范学院学报，2013.01：81–86.

［281］张巧霞 . 郑立柱 . 朱熹的太极之理在中医学中的体现［J］. 医学与哲学（A），2013.06：73–76.

［282］张清江 ."如在"与"临在"之间——论朱熹对"祭如在"的理解［J］. 云南社会科学，2013.03：39–44.

［283］张天杰 . 刘宗周与朱子学——兼谈许孚远的朱学倾向及其对刘宗周的影响［J］. 福建论坛（人文社会科学版），2013.10：113–119.

［284］张伟 . 南宋大家朱熹的理学思想考辨［J］. 兰台世界，2013.09：127–128.

［285］张文彪 . 朱熹思想在当代台湾之主要学术评价［J］. 台湾研究集刊，2013.01：82–87.

［286］张文朝 . 四书学史之研究——以宋元时代四书学为中心的政治思想状况［J］. 书目季刊（台湾），2013.01：19–55.

［287］张文朝 . 朱熹《诗集传》在日本江户时代（1603–1868）的流传［J］. 汉学研究通讯（台湾），2013.01：9–22.

［288］张晓蕊 . 朱熹"存天理 灭人欲"思想考究［J］. 兰台世界，2013.18：111–112.

［289］张剑 . 范浚兴秦桧、朱熹关系考论——兼从范浚看道学谱系的生成［J］. 中华文史论丛，2013.04：59–85+390–391.

［290］赵辉 . 杨刚 . 朱熹之好恶与宋四家的历史遭遇研究［J］. 文艺评论，2013.06：81–85.

［291］赵杰红 . 以德育人下的朱熹家庭教育思想启示［J］. 兰台世界，2013.06：97–98.

［292］赵楠楠 . 朱熹的"小学"之教与"成人"之道［J］. 广州大

学学报（社会科学版），2013.03：84-90.

［293］赵天宝．吴瑕．论朱熹廉政思想及启示［J］．阿坝师范高等专科学校学报，2013.04：39-44.

［294］赵胤．浅析朱熹“本体论－宇宙论”双层结构系统［J］．长江大学学报（社会科学版），2013.04：188-189.

［295］赵忠祥．求是明真 剔伪证实——罗钦顺对朱子学的承接与改造［J］．河北青年管理干部学院学，2013.03：77-81.

［296］郑晨寅．朱熹知漳与漳州理学之进路［J］．闽台文化研究，2013.03：65-73.

［297］郑瑞宽．浅谈朱子经典与养成教育的有效融合［J］．学校党建与思想教育，2013.08：83+88.

［298］郑淑花．《朱子语类》“多少”量性的研究［J］．哈尔滨学院学报，2013.02：98-101.

［299］郑淑花．《朱子语类》助词“将”结构及功能研究［J］．福建工程学院学报，2013.05：414-418.

［300］郑亚茜．蓬莱茶与朱熹［J］．福建茶叶，2013.06：61.

［301］钟斌．书院会讲对当代中学语文研究性学习的启示——朱熹阅读教学思想探究［J］．厦门广播电视大学学报，2013.02：51-54.

［302］钟斌．书院会讲教育理念的现代阐释——朱熹阅读教学思想管窥［J］．语文建设，2013.23：62-63.

［303］钟小明．朱熹《论语集注》对“吾道一以贯之”的阐释［J］．东南学术，2013.02：237-242.

［304］钟小明．朱熹哲学中的“仁包四德”论［J］．福建论坛（人文社会科学版），2013.05：81-85.

［305］衷鑫恣．朱熹与裹脚及“木头履”［J］．鹅湖月刊（台湾），2013.453：35-45.

［306］周炽成．论朱熹与儒家的两轮哲学——兼与西方二元论作比较［J］．学术研究，2013.02：20-25.

［307］周慧珺．朱熹《周礼》学研究［J］．长沙理工大学学报（社会科学版），2013.03：86-89+104.

［308］周锦红．叶飞霞．朱熹与苏格拉底的教学方法比较研究［J］．

福建教育学院学报，2013.04：57-60.

［309］周旺东．朱熹生态伦理思想及其当代价值解读［J］．湖南社会科学，2013.04：34-36.

［310］周欣．《太极图说解》的理学思想述略——兼论朱熹与周敦颐的思想渊源［J］．湖南农业大学学报（社会科学版），2013.05：76-81.

［311］周欣婷．朱子《易》学的动静观：从经学与理学的交涉谈起［J］．清华中文学报（台湾），2013.10：379-439.

［312］周永健．论朱熹的社会教化思想［J］．重庆师范大学学报（哲学社会科学版），2013.04：13-18.

［313］周元侠．《论语集注》的"集注"体例及其意义［J］．中国哲学史，2013.01：15-20.

［314］周元侠．《论语集注》中"学"字释义解析［J］．福建论坛（人文社会科学版），2013.11：72-75.

［315］朱高正．期待儒学的第二次复兴——今人对《近思录》与朱子学应有的认识［J］．朱子学刊，2013.00：9-12.

［316］朱萌萌．朱熹"心统性情"论探微［J］．重庆科技学院学报（社会科学版），2013.05：27-29.

［317］朱人求．格物致知：朱子理学的理论基石［J］．政协天地，2013.08：58-60.

［318］朱人求．下学而上达——朱子小学与大学的贯通［J］．江南大学学报（人文社会科学版），2013.02：5-10.

［319］朱叶楠．《朱子语类》"思想火花说"新证——试论韩愈、李翱哲学思想的先后关系［J］．船山学刊，2013.01：99-103.

［320］庄焕明．朱熹的工夫论——以修身为中心［J］．电影评介，2013.01：106-108+110.

［321］庄梅兰．朱熹知行统一德育方法及其对高校德育的启示［J］．阜阳师范学院学报（社会科学版），2013.02：82-85.

［322］佐野公治．四书学之成立——朱子的经书学构造［J］．中国文哲研究通讯（台湾），2013.01：147-183.

硕博论文

［1］蔡世晶．朱熹“持敬”伦理思想及其当代价值［D］．山东师范大学，2013．硕士论文．

［2］郭雄雄．朱熹道德教育思想及其现代价值研究［D］．西北师范大学，2013．硕士论文．

［3］贺鹏．朱熹《楚辞集注》训诂研究［D］．辽宁师范大学，2013．硕士论文．

［4］胡红萍．文质与情理—朱熹文道观探析［D］．华侨大学，2013．硕士论文．

［5］黄河．中华本《朱子语类》小字注的相关问题［D］．上海师范大学，2013．硕士论文．

［6］黄小玉．《朱子语类》（七、八册）疑问句研究［D］．北京大学，2013．硕士论文．

［7］敬然．用生态翻译理论分析程荣捷对朱熹哲学著作的选译［D］．华中师范大学，2013．硕士论文．

［8］李彩．朱熹《孟子集注》训诂研究［D］．闽南师范大学，2013．硕士论文．

［9］李丽博．《朱子家训》的伦理意蕴［D］．河南大学，2013．硕士论文．

［10］李思远．论朱熹的《大学》研究［D］．西北大学，2013．硕士论文．

［11］刘振华．魏晋玄学与朱熹文论关系研究［D］．南京师范大学，2013．硕士论文．

［12］陆野．朱熹《论语集注》之训诂成就［D］．辽宁师范大学，2013．硕士论文．

［13］罗惜．《朱子语类》反复问句研究［D］．苏州大学，2013．硕士论文．

［14］潘牧天．宋本《晦庵先生朱文公语录》研究［D］．上海师范大学，2013．硕士论文．

［15］盘能文．朱熹历史哲学思想论纲［D］．湘潭大学，2013．硕士论文．

［16］祁秋艳．《朱子语类》之《论语》观研究［D］．扬州大学，2013．硕士论文．

［17］史小贺．《朱子语类·诗说》研究［D］．河南大学，2013．硕士论文．

［18］孙婧．朱熹对孔子礼乐的发展［D］．安徽大学,2013. 硕士论文．

［19］汪玉明．朱子法哲学思想研究［D］．福建师范大学，2013. 硕士论文．

［20］杨洁．朱熹“诗教”思想探析——以《诗集传》为中心［D］．中国政法大学，2013. 硕士论文．

［21］杨雅男．朱熹的蒙学与哲学［D］．天津大学，2013. 硕士论文．

［22］张洪义．从朱子“格物致知”学说看“理”的意涵［D］．复旦大学，2013. 硕士论文．

［23］张家海．灵魂与心性——柏拉图与朱熹伦理思想比较研究［D］．长沙理工大学，2013. 硕士论文．

［24］张耀南．朱熹生态伦理思想探析［D］．河南大学,2013. 硕士论文．

［25］赵勇．朱熹《诗经》学新论［D］．江西师范大学,2013. 硕士论文．

［26］郑男．儒家的中庸思想演进——以《中庸》、李翱、朱熹为中心的考察［D］．上海师范大学，2013. 硕士论文．

［27］毕游．从朱陆异同到朱王异同——以理、性、心、知四个范畴为中心［D］．中国社会科学院研究生院，2013. 博士论文．

［28］陈才．朱子诗经学考论［D］．华东师范大学，2013. 博士论文．

［29］郭芳如．从鬼神观论朱熹哲学及其宗教向度［D］．台湾大学哲学研究所，2013. 博士论文．

［30］吕晓斌．朱熹的墨子观［D］．天津大学，2013. 博士论文．

［31］吕振宇．《家礼》源流编年辑考［D］．华东师范大学，2013. 博士论文．

［32］石力波．钱穆的朱子学研究［D］．西北大学，2013. 博士论文．

［33］王云云．朱熹礼学思想渊源研究［D］．西北大学,2013. 博士论文．

［34］张伟．朱熹“四书学”思想研究［D］．河北大学,2013. 博士论文．

报纸论文

［1］曹海东．朱熹解经之于训诂［N］．光明日报，2013-08-12015.

［2］查明昊．迥出同时学人的朱子、阳明研究［N］．中华读书报，2013-01-30014.

［3］陈才．复原朱子《尚书》学的面貌［N］．中华读书报，2013-

12-11010.

［4］冯兵 .《周礼》对朱熹政治思想的影响［N］. 光明日报，2013-11-04015.

［5］黄柏林 . 朱熹《秋日告病斋居诗卷》考［N］. 中国文物报，2013-03-13007.

［6］罗婳 . 略论《〈朱子语类〉词汇研究》的学术价值［N］. 语言文字周报，2013-09-25004.

［7］乐爱国 . 朱熹之《中庸》学［N］. 中国社会科学报，2013-01-21A05.

［8］李文超 . 谢源泽 . “朱子文化与现代文明”论坛举行［N］. 闽北日报，2013-06-19001.

［9］廖宏艳 . 从《朱子语类》的研究看语言演变中的规范与从俗［N］. 语言文字周报，2013-09-04004.

［10］刘辉 . 吴旭涛 . 金文莲 . 朱子文化：一个世界级品牌的复兴路［N］. 福建日报，2013-06-25009.

［11］邱游惠 . 挖掘朱子文化底蕴［N］. 闽北日报，2013-01-27001.

［12］苏黎明 . 林华东 . 闽南文化与朱熹思想的形成发展［N］. 光明日报，2013-03-20011.

［13］谢海潮 . 乐爱国教授告诉你一个不一样的朱熹［N］. 福建日报，2013-10-28011.

［14］谢源泽 . 李文超 . 打响朱子文化品牌　促进两岸交流合作［N］. 闽北日报，2013-06-19001.

［15］杨海文 . 朱熹答陈埴书小考［N］. 中华读书报，2013-11-06015.

［16］张建光 . 陈育进 . 打造世界级的朱子文化品牌［N］. 福建日报，2013-05-20011.

［17］张其成 . 朱熹的养生［N］. 东方早报，2013-11-02A05.

2014 年

期刊论文

［1］.《朱熹大辞典》. 张立文主编 . 上海辞书出版社 2013 年 9 月出版［J］.

中国哲学史，2014.02：64.

［2］.《朱熹大辞典》［J］. 学术界，2014.08：315.

［3］. 朱熹论知行［J］. 领导文萃，2014.11：87.

［4］柏家文 . 朱熹理学思想述论［J］. 理论月刊，2014.04：73-76.

［5］卞京海 . 朱熹的刑罚观及其影响探析［J］. 法制与社会，2014.36：7-8.

［6］蔡慧清 . 论朱子学在英语世界的最早传播与研究（下）［J］. 湖南大学学报（社会科学版），2014.01：38-43.

［7］蔡家和 ."因病施药"——王船山与朱子的《论语》诠释比较及其当代文化意义［J］. 鹅湖学志（台湾），2014.53：27-55.

［8］蔡家和 . 汉宋之间——程朱、船山、程树德诠释《论语．漆雕章》之比较［J］. 当代儒学研究（台湾），2014.17：49-75.

［9］蔡家和 . 书评：蔡龙九，《〈朱子晚年定论〉与朱陆异同》［J］. 哲学与文化（台湾），2014.05：109-114.

［10］蔡家和 . 朱子与阳明的孟学诠释差异之比较［J］. 哲学与文化（台湾），2014.05：19-45.

［11］蔡龙九 . 朱熹与王阳明论"知行"之对比及其可融通处［J］. 哲学与文化（台湾），2014.05：77-108.

［12］蔡思杨 .《朱子语类辑略》中"X 上"结构的用法考察［J］. 苏州教育学院学报，2014.02：45-48.

［13］蔡振丰 . 丁茶山的政治论——与朱子学、徂徕学的比较观点［J］. 台湾东亚文明研究学刊（台湾），2014.02：183-207.

［14］曹炳辉 . 朱家村：朱熹手植古杉群［J］. 森林与人类，2014.12：149.

［15］曹歌鸿 . 简论朱熹的理学思想［J］. 黑龙江史志，2014.21：116-117.

［16］曹海东 . 钟虹 . 朱熹经典解释理论中的"自得"说［J］. 学习与实践，2014.10：128-135.

［17］曹建墩 . 论朱子礼学对《五礼通考》的影响［J］. 江海学刊，2014.05：156-161.

［18］曾春海 . 罗光对朱熹、王阳明心论之诠释［J］. 哲学与文化（台

湾），2014.05：3–17.

［19］曾春海．唐君毅论朱熹与王阳明互补之成德工夫［J］．哲学与文化（台湾），2014.02：33–47.

［20］曾昭聪．《〈朱子语类〉词汇研究》读后［J］．伊犁师范学院学报（社会科学版），2014.01：128–131.

［21］柴文华．杨辉．任继愈的朱子学研究［J］．中州学刊，2014.04：114–118.

［22］陈壁生．理教与经教之间——朱子政治哲学中的帝王、士大夫与庶民［J］．现代哲学，2014.06：101–107.

［23］陈壁生．朱熹的《四书》与"五经"［J］．中山大学学报（社会科学版），2014.02：110–116.

［24］陈才．朱子《诗序》观析论［J］．朱子学刊，2014.00：96–111.

［25］陈才．朱子治《诗》理念简论［J］．阜阳师范学院学报（社会科学版），2014.06：63–67.

［26］陈聪发．朱熹对诗教的接受［J］．淮北师范大学学报（哲学社会科学版），2014.02：84–88.

［27］陈德明．论程朱易学之异同及其明代和会［J］．船山学刊，2014.04：138–143.

［28］陈逢源．从五贤信仰到道统系谱——朱熹《四书章句集注》圣门传道脉络之历史考察［J］．东华汉学（台湾），2014.19：121–155.

［29］陈国代．天理架构下的朱熹和谐思想［J］．朱子学刊，2014.00：120–128.

［30］陈佳．论朱熹音乐美学思想的秩序原则［J］．黄河之声，2014.20：88.

［31］陈林．"性善"与"性本善"：孟子朱熹人性论的两条理路［J］．理论月刊，2014.02：38–44.

［32］陈林．近年来朱熹"四书"学研究综述［J］．无锡商业职业技术学院学报，2014.06：92–96.

［33］陈士桂．朱熹审美思想的本质精神——读《朱熹文学思想研究》感言［J］．美与时代（下），2014.09：33–34.

［34］陈友山．朱熹也有成都情结——朱熹《跋十七帖》读后［J］．

文史杂志，2014.05：115–116.

［35］陈云．蔡元培对朱子学的研究及其重要影响［J］．聊城大学学报（社会科学版），2014.03：73–79.

［36］陈允吉．流风余韵，不绝如缕——简评《朱熹文学思想研究》［J］．盐城工学院学报（社会科学版），2014.04：44–46.

［37］陈支平．朱子学·理学：唐宋变革与明清实践［J］．厦门大学学报（哲学社会科学版），2014.03：68–74.

［38］陈志信．论《四书章句集注》对圣贤授受语境的承继与开展［J］．政大中文学报（台湾），2014.22：183–214.

［39］成中英．朱熹与张栻的论学：性体情用心统与性体心用导向心之九义［J］．四川师范大学学报（社会科学版），2014.03：5–14.

［40］程继红．元代浙江儒学形势与义乌朱子后学发展［J］．朱子学刊，2014.00：145–160.

［41］程荣．才子风流与儒者气象——柳永与朱熹文化人格比较［J］．武夷学院学报，2014.04：5–10.

［42］程水龙．中国理学经典《近思录》在日本的传播和本土化［J］．河南社会科学，2014.05：94–99+124.

［43］程小青．郭丹．吕祖谦与朱熹新理学［J］．福建师范大学学报（哲学社会科学版），2014.06：110–115.

［44］崔广洲．关于朱熹《论语集注》的几处思考［J］．大众文艺，2014.13：38.

［45］戴昀．朱熹生态伦理思想探析［J］．长春理工大学学报（社会科学版），2014.01：57–59.

［46］邓晨媛．陈淳与朱子学的新探索——第二届海峡两岸朱熹陈淳学术研讨会综述［J］．闽台文化研究，2014.04：114–118.

［47］邓秀梅．唐君毅“生之理”义之探析——唐先生综释二程学、朱子学方法之探源［J］．鹅湖学志（台湾），2014.52：31–79.

［48］丁俊苗．论《朱子语类》复句的研究价值［J］．巢湖学院学报，2014.04：87–92.

［49］董奇峰．从“洒扫应对进退之节”教起——朱熹的“小学”教育思想探析［J］．淮北职业技术学院学报，2014.06：20–21.

[50] 杜保瑞. 对方东美朱熹诠释的反思[J]. 中国文化研究, 2014.01: 30–39.

[51] 范立舟. 朱熹与"吃菜事魔"[J]. 中国哲学史, 2014.03: 77–85.

[52] 方克立. 宁新昌. 守自己的庄稼 流自己的汗——读丁为祥《学术性格与思想谱系——朱子的哲学视野及其历史影响的发生学考察》[J]. 人文杂志, 2014.02: 23–28.

[53] 方旭东. 章句之学不可忽——朱子《论语集注》"可与共学"章的章句问题[J]. 厦门大学学报(哲学社会科学版), 2014.04: 102–111.

[54] 方旭东. 朱子太极思想发微[J]. 湖南大学学报(社会科学版), 2014.03: 5–9.

[55] 房小莎. 漫谈朱陆理论之异[J]. 赤子(上中旬), 2014.19: 64.

[56] 冯兵. 朱熹的礼治思想[J]. 湖南大学学报(社会科学版), 2014.01: 44–48.

[57] 冯兵. 情感性·宗教性·实践性——朱子礼学观的三重维度[J]. 哲学与文化(台湾), 2014.12: 139–152.

[58] 冯青.《朱子语类》的方言成分及其地域分析[J]. 福建江夏学院学报, 2014.06: 78–86.

[59] 冯青.《朱子语类》与《二程语录》词汇的南北差异[J]. 琼州学院学报, 2014.06: 48–53.

[60] 冯青. 朱熹语录中的民俗文化词[J]. 江西科技师范大学学报, 2014.03: 1–4.

[61] 付春明. 朱熹咏梅诗的思想意蕴[J]. 南京工程学院学报(社会科学版), 2014.04: 34–38.

[62] 傅小凡. 朱熹为重建家族制度进行的合理性辩护[J]. 东南学术, 2014.01: 111–116.

[63] 高晓梦. 浅议二程朱子阳明对"格物致知"的不同理解[J]. 学理论, 2014.03: 53–54.

[64] 耿芳朝. 近三十年朱熹诠释学研究述评[J]. 内江师范学院学报,

2014.09：114-117.

［65］郭齐．释义周延 开卷瞭然——张立文教授主编《朱熹大辞典》读后［J］．社会科学研究，2014.05：211.

［66］郝永．朱熹《诗经》解释学“淫诗”说新论［J］．河南教育学院学报（哲学社会科学版），2014.01：106-111.

［67］洪永稳．“人文化成”——朱熹审美教育的目的论［J］．巢湖学院学报，2014.02：68-71+75.

［68］洪永稳．论朱熹审美教育的功能［J］．合肥学院学报（社会科学版），2014.01：21-24.

［69］洪永稳．朱熹的审美体验论［J］．宿州学院学报，2014.09：53-55.

［70］洪永稳．朱熹审美阅读的“自得”说［J］．宿州学院学报，2014.06：47-49.

［71］洪永稳．朱熹审美阅读的主体论：“涤肠宽胸”说［J］．淮北师范大学学报（哲学社会科学版），2014.02：20-22.

［72］侯飞．朱熹教育思想对当代教育的启示［J］．河南农业，2014.12：43-45.

［73］侯美欣．丽末鲜初时期朱子学的传播和发展［J］．华夏文化，2014.03：22-25.

［74］侯帅．略论王阳明对朱熹“格物致知”思想的批评［J］．河南师范大学学报（哲学社会科学版），2014.02：98-101.

［75］侯小红．冯友兰与朱熹理学之探讨［J］．南方论刊，2014.07：43-45.

［76］侯雪娟．朱熹太极观抉微［J］．大叶大学通识教育学报（台湾），2014.11：23-45.

［77］胡瀚平．朱子《易》学的贡献［J］．彰化师范大学文学院学报（台湾），2014.10：163-181.

［78］胡泉雨．魏文山．论青年朱熹对“心”的理解——以《延平答问》中的讨论为中心［J］．朱子学刊，2014.00：129-136.

［79］胡绍文．《汉语大词典》失收词条补——以《朱子语类》语料为中心［J］．湖北师范学院学报（哲学社会科学版），2014.01：50-53+88.

［80］胡元玲．朱熹对宋王朝南渡变局的省思［J］．书目季刊（台湾），2014.02：59–77.

［81］黄昊．朱熹的科学素养［J］．科技管理研究，2014.13：243–246.

［82］黄昊．朱熹对《梦溪笔谈》中自然科学部分的研究［J］．贵州社会科学，2014.04：28–32.

［83］黄晓宁．据江海之大 我独取一瓢之精华——徐时仪先生《〈朱子语类〉词汇研究》述评［J］．理论界，2014.04：144–146.

［84］黄信二．从朱子与阳明论蒯聩与卫辄比较朱王之“礼”论［J］．哲学与文化（台湾），2014.05：47–76.

［85］黄忠慎．朱熹“淫诗说”衡论［J］．静宜中文学报（台湾），2014.06：1–28.

［86］贾璐．浅析朱熹训诂著作的指导思想［J］．沈阳大学学报（社会科学版），2014.05：628–631.

［87］贾璐．朱熹训释词语的创获与不足［J］．汉字文化，2014.05：44–49.

［88］江求流．天道根源与价值意义——论朱子《仁说》的核心问题［J］．朱子学刊，2014.00：26–39.

［89］姜波．朱熹仁、礼关系研究［J］．黄山学院学报，2014.02:5–9.

［90］姜波．刘艳．朱熹礼、理关系研究［J］．齐鲁师范学院学报，2014.05：74–78.

［91］姜龙翔．论朱子诠释〈国风〉怨刺诗之教化意涵［J］．台中教育大学学报：人文艺术类（台湾），2014.01：1–22.

［92］蒋武林．朱熹理学的解构与中国哲学传统的再诠释［J］．中外企业家，2014.18：249.

［93］解光宇．朱子书函教育及其特色［J］．朱子学刊，2014.00：73–84.

［94］金春峰．朱熹《孟子集注》所反映的哲学思想［J］．陕西师范大学学报（哲学社会科学版），2014.01：41–47.

［95］金文明．编辑严谨把关之负责精神——谈《朱熹文学思想研究》的原著版本引用［J］．编辑学刊，2014.04：79–81.

［96］阚迪．吴哲．文末不可轻——从朱熹看中国传统礼学思想［J］．兰台世界，2014.06：124-125.

［97］康宇．论儒家诠释学中的两个基本向度——以郑玄、朱熹对经典的解读为中心［J］．哲学研究，2014.09：47-54.

［98］赖功欧．朱子的修身功夫论体系［J］．朱子学刊,2014.00:1-11.

［99］赖尚清．朱子与张栻“《仁说》之辩”书信序次详考［J］．厦门大学学报（哲学社会科学版），2014.04：112-119.

［100］赖尚清．朱子早期仁论思想研究——以《延平答问》为中心［J］．首都师范大学学报（社会科学版），2014.03：56-62.

［101］兰宗荣．论李侗的“洒落气象”及其对朱熹的影响［J］．上饶师范学院学报，2014.01：70-75.

［102］乐爱国．“诚”是朱熹学术体系的最高境界——以《大学章句》、《中庸章句》为中心的讨论［J］．江淮论坛，2014.06：50-55+197.

［103］乐爱国．蔡元培《中国伦理学史》对朱子学的阐述［J］．安徽师范大学学报（人文社会科学版），2014.05：615-620.

［104］乐爱国．民国时期陈钟凡的朱子学研究及其创新——从宋代思想史的角度看［J］．南京社会科学，2014.04：44-51.

［105］乐爱国．民国时期程朱关系考察之辨析［J］．中共宁波市委党校学报，2014.02：30-35.

［106］乐爱国．民国时期的朱熹教育思想研究［J］．地方文化研究，2014.02：51-58.

［107］乐爱国．民国时期对朱熹“存天理、灭人欲”的不同观点——以胡适与冯友兰为中心［J］．西南民族大学学报（人文社会科学版），2014.01：65-69.

［108］乐爱国．民国时期对朱熹格物致知说的不同解读［J］．学海，2014.05：201-205.

［109］乐爱国．民国时期对朱子仁学的阐释［J］．现代哲学，2014.02：124-128.

［110］乐爱国．民国学人对朱熹心性论的心理学分析［J］．徐州工程学院学报（社会科学版），2014.03：23-26.

［111］乐爱国．民国学人对朱熹与陆王的调解［J］．安徽大学学报（哲

学社会科学版），2014.05：1–7.

［112］乐爱国．民国学人对朱子学的推崇与研究［J］．桂海论丛，2014.05：4–9+2.

［113］乐爱国．民国学人论朱熹“心学”［J］．兰州学刊，2014.04：1–5.

［114］乐爱国．清末民国时期对朱熹科学思想的研究［J］．洛阳师范学院学报，2014.04：18–22.

［115］乐爱国．儒家对生态和谐的追求——以朱熹《中庸章句》的生态观为中心［J］．自然辩证法通讯，2014.03：101–106+128.

［116］乐爱国．王阳明对朱熹格物论的误读——兼论冯友兰《中国哲学史》对朱熹理学与陆王心学的分疏［J］．社会科学战线，2014.09：20–25.

［117］乐爱国．再论朱熹对《中庸》“性”、“道”、“教”的诠释——兼评傅佩荣《朱熹错了——评朱注四书》的相关观点［J］．晋阳学刊，2014.06：66–70.

［118］乐爱国．朱熹《大学章句》“格物致知补传”的“心学”内涵——兼与陆九渊的“心学”比较［J］．南昌大学学报（人文社会科学版），2014.05：24–29.

［119］乐爱国．朱熹《中庸章句》的“心学”内涵——兼与陆九渊的“心学”比较［J］．东南学术，2014.06：216–223.

［120］黎晓铃．略论朱子对佛教的超越［J］．合肥学院学报（社会科学版），2014.04：3–7.

［121］黎晓铃．朱熹教育思想与佛学关系考辨［J］．武夷学院学报，2014.04：11–15.

［122］黎昕．周元侠．阐发与研究：国内朱子学研究述论［J］．哲学动态，2014.10：33–42.

［123］黎永新．论朱熹的理欲观对当代大学生道德教育的启示［J］．四川职业技术学院学报，2014.05：66–68.

［124］李承贵．朱熹思想与佛老关系研究述论［J］．福建论坛（人文社会科学版），2014.05：53–56.

［125］（韩）李承焕．朱熹未发概念之道德心理学含意探析［J］．黑龙江社会科学，2014.02：1–6.

［126］李凤珠．朱熹德育方法对医学生德育的启示［J］．经营管理者，2014.29：383.

［127］李凤珠．朱熹教育思想在医学教育中的积极作用［J］．大学教育，2014.17：53–54.

［128］李兰玉．苏艳霞．南宋著名理学家朱熹的德育思想发微［J］．兰台世界，2014.06：132–133.

［129］李良虎．浅谈南宋朱熹德育思想对近代德育教育的启示［J］．兰台世界，2014.12：93–94.

［130］（韩）李镕泰．朱子学之理气论和人性论研究［J］．重庆理工大学学报（社会科学），2014.04：9–16.

［131］李瑞雪．辨析《论语古义》中对朱子学的解构［J］．黑龙江史志，2014.09：318–319.

［132］李申．刘兴忠．从《朱子语类》词语看《汉语大词典》之疏失［J］．河北师范大学学报（哲学社会科学版），2014.03：39–47.

［133］李树春．绎理与训义：论朱熹和高亨对《系辞》的阐释原则［J］．湖北师范学院学报（哲学社会科学版），2014.05：39–42.

［134］李树侠．王启才．曾国藩对朱熹读书观的继承与发展［J］．阜阳师范学院学报（社会科学版），2014.06：147–149.

［135］李同乐．朱熹在浙江的活动及其学术传播［J］．兰台世界，2014.03：82–83.

［136］李尾咕．逸游与修身——柳永与朱熹旅游思想之比较［J］．哈尔滨学院学报，2014.04：57–60.

［137］李焱．孟繁杰．《朱子语类》中的后标记比较结构［J］．古汉语研究，2014.03：16–25+95.

［138］李永春．刘单单．《朱子语类》中介词“与”用法管窥［J］．牡丹江大学学报，2014.10：72–74.

［139］李永明．“楚词平易”——朱熹的楚辞艺术风格论［J］．兰台世界，2014.12：131–132.

［140］林建华．朱熹诚信观及其当代价值［J］．中共福建省委党校学报，2014.01：113–119.

［141］林金源．台湾社会应该仔细重读朱子家训［J］．鹅湖月刊（台

湾），2014.473：2-2.

［142］林启屏.朱子读书法与经典诠释：一个信念分析的进路［J］.中正汉学研究（台湾），2014.23：1-23.

［143］林振礼.《艮泉铭》非朱熹所作辨［J］.泉州师范学院学报，2014.05：23.

［144］林振礼.朱熹千里往见大慧禅师的历史公案新解［J］.东南学术，2014.01：117-123.

［145］刘刚.试论禹倬对朱子学在高丽传播的贡献［J］.吉林省教育学院学报（下旬），2014.04：141-142.

［146］刘杰.中华书局本《朱子语类》校读札记［J］.前沿，2014.Z2：191-192.

［147］刘俊."观过知仁"说释义——兼论朱子与湖湘学派的论辩［J］.江淮论坛，2014.05：108-113.

［148］刘克兵.破立结合:朱熹知识论的兼容与创新［J］.文史博览（理论），2014.10：43-44.

［149］刘克兵.朱熹知识论的伦理说教与理性之光［J］.怀化学院学报，2014.07：36-38.

［150］刘克兵.向春叶.朱熹"生知"的提出及其内涵［J］.文史博览（理论），2014.06：39-40.

［151］刘克兵.朱汉民.朱熹思想体系中的知识与人文信仰［J］.湖南大学学报（社会科学版），2014.01：49-52.

［152］刘佩芝.朱熹旅游思想对江西旅游业发展的启示［J］.南昌教育学院学报，2014.03：125-128.

［153］刘笑非.朱子、象山和阳明哲学终极天理的实在性与内在性［J］.安徽师范大学学报（人文社会科学版），2014.05：621-627.

［154］刘秀兰.众星拱月的《程传》——论《程传》问世的效应与朱子《易》学以何独霸及对明清数学之影响［J］.高雄师大国文学报（台湾），2014.20：137-177.

［155］刘秀萍.朱熹在武夷山史迹考［J］.福建文博，2014.02：40-44.

［156］刘艳.比较哲学视阈下的"神"与"理"——以马勒伯朗

士和朱熹为例［J］. 西南科技大学学报（哲学社会科学版），2014.06：28-32.

［157］刘源 . 浅论朱熹与中医［J］. 人文杂志，2014.01：12-17.

［158］刘振维 . 评介方彦寿《朱熹画像考略与伪帖揭秘》［J］. 止善（台湾），2014.06：165-178.

［159］柳阳辉 . 儒学大师朱熹的心理学思想述略［J］. 兰台世界，2014.09：138-139.

［160］陆永胜 .《大学》工夫诠释图式重构——以朱熹、阳明的《大学》诠释为语境［J］. 甘肃社会科学，2014.05：35-39+81.

［161］路善全 . 明清时期朱子学在台湾传播的基础、阶段与路径［J］. 池州学院学报，2014.04：93-96.

［162］罗高强 . 朱熹、王守仁欲望与心性的关系比较［J］. 湖湘论坛，2014.04：85-90.

［163］罗娟 . 朱子理学的书院教育和刻书传播研究［J］. 兰台世界，2014.27：65-66.

［164］罗书华 ."文从道中流出"：朱熹对文道关系的新理解［J］. 海南大学学报（人文社会科学版），2014.02：47-50.

［165］罗祥相 . 朱子格物致知说辩正［J］. 科学经济社会，2014.02：6-10.

［166］吕文科 ."稍"的词义演变及其在《朱子语类》中的组合功能［J］. 前沿，2014.Z6：213-214.

［167］吕文科 .《朱子语类》中副词"稍"的用法考察［J］. 语文建设，2014.03：79-80.

［168］吕友仁 . 锲而不舍 金石可镂——评陈良中《朱子〈尚书〉学研究》［J］. 重庆师范大学学报（哲学社会科学版），2014.02：110-112.

［169］马宾 .《牧斋净稿》鸟鸣虫鸣意象解读［J］. 朱子学刊，2014.00：112-119.

［170］马金亮 . 丁鼎 . 朱熹与周必大交谊考论［J］. 孔子研究，2014.06：68-80.

［171］潘富恩 . 学有根底，融会贯通——读《朱熹文学思想研究》［J］. 编辑学刊，2014.02：45-47.

［172］彭睿．苏辙、朱熹《诗集传·关雎》观点比较研究［J］．牡丹江师范学院学报（哲学社会科学版）.2014.02：43–46.

［173］钱倩．《孟子集注》注音探究［J］．萍乡高等专科学校学报，2014.02：51–54.

［174］郄丙亮．试论叶适诗学思想的主导倾向——从叶适治统与朱熹道统的区别谈起［J］．安顺学院学报，2014.05：9–10+95.

［175］秦月．关于《近思录》的为学思想探究［J］．金田，2014.06：108.

［176］任荟婵．论朱熹心的思想［J］．安徽文学（下半月），2014.10：61–62.

［177］沈娟．“物理”还是“道理”——作为实学的朱子“格物”论［J］．朱子学刊，2014.00：40–53.

［178］石力波．论钱穆对朱子学“乾道”学术品格的判定［J］．合肥学院学报（社会科学版），2014.01：10–13.

［179］石立善．朱子门人丛考［J］．湖南大学学报（社会科学版），2014.03：10–18.

［180］史甄陶．“兴于《诗》”——论朱熹读《诗经》之法［J］．当代儒学研究（台湾），2014.17：21–48.

［181］宋兵超．朱子《大学章句》的建构体系梳理［J］．重庆科技学院学报（社会科学版），2014.01：142–143.

［182］宋兵超．朱子《大学章句》建构体系的梳理与析出——志与功相统一的说理方法［J］．鸡西大学学报，2014.02：54–55.

［183］宋丽丽．浅论朱子学在日本的实践性发展［J］．才智，2014.28：286.

［184］宋伟．从“尔汝群物”到“你—我”关系——宋明儒学的生态关怀刍议［J］．朱子学刊，2014.00：247–255.

［185］宋治国．浅析《论语集注》中的训诂［J］．时代文学（下半月），2014.07：140.

［186］苏正道．《孟子字义疏证》对《孟子》的阐释和创新——兼论戴震义理学和程朱理学的关系［J］．朱子学刊，2014.00：199–216.

［187］隋金波．黄震对朱熹“理”论的修正及其“实理”论［J］．社

会科学家，2014.06：24–27.

［188］孙丙坤．传统儒家知行观探析——以孔孟、朱熹、王阳明的哲学为例［J］．黑龙江史志，2014.15：183–184.

［189］孙建华．朱熹与张载的蒙学教育思想比较［J］．湖北函授大学学报，2014.15：80–81+96.

［190］孙利．魂魄、寤寐与心性——对朱熹精神观的几点思考［J］．深圳大学学报（人文社会科学版），2014.04：31–35+132.

［191］唐琳．朱熹易学的创见及其意义［J］．哲学研究，2014.11：38–45.

［192］唐文明．朱子《孝经刊误》析论［J］．云南大学学报（社会科学版），2014.02：34–47+111.

［193］滕汉洋．有限实证与无奈曲解——对朱熹关于韩愈交大颠一事考论的辨析［J］．盐城师范学院学报（人文社会科学版），2014.05：93–97.

［194］田丹．朱子美学视域下的闽北古民居审美文化研究——以武夷山古民居为例［J］．武夷学院学报，2014.01：10–13+35.

［195］涂美云．从“禁锢”到“一尊”——看朱学在宋、元时期的发展［J］．东吴中文学报（台湾），2014.27：101–143.

［196］汪泓．赵勇．“文体”与“体格”——朱熹《诗经》文体论解读［J］．江西师范大学学报（哲学社会科学版），2014.05：58–64.

［197］汪立德．楷书朱熹论书轴（局部）［J］．中国书法，2014.12：151.

［198］王彬．从《白鹿洞书院揭示》看朱熹的学规理念［J］．淄博师专学报，2014.01：59–62.

［199］王嘉川．朱熹真的没有见过《史通》吗？［J］．史学史研究，2014.03：118–121.

［200］王建红．朱子《家礼》与儒家“治平”理想的家族式实践［J］．闽南师范大学学报（哲学社会科学版），2014.01：83–89.

［201］王秋．马克思主义史学进路的朱子学批判的差异性——从赵纪彬到任继愈［J］．燕山大学学报（哲学社会科学版），2014.02：37–39+58.

［202］王尚楠．浅析非遗《朱子家礼》中的冠礼［J］．大众文艺，2014.11：8.

［203］王斯诗．论孔子为学路径的发生——基于朱熹的《论语集注》视角［J］．佳木斯大学社会科学学报，2014.05：4–6.

［204］王文娟．朱熹论感应［J］．北京社会科学，2014.04：4–9.

［205］王晓璇．“朱子读书法”的当代新解［J］．教育教学论坛，2014.33：1–2.

［206］王雪卿．朱子工夫论中的静坐［J］．鹅湖月刊（台湾），2014.466：1–13.

［207］王志阳．《仪礼经传通解》朱子按语研究［J］．甘肃社会科学，2014.06：55–58.

［208］王治伟．“朱子哲学的当代反思”国际学术研讨会综述［J］．哲学动态，2014.08：112–113.

［209］王治伟．论朱熹以“性即理”解释《孟子》的思想体现［J］．克拉玛依学刊，2014.01：60–65.

［210］王治伟．朱熹《孟子》学的解释学考察［J］．江苏开放大学学报，2014.03：67–71.

［211］王治伟．朱熹解释经典的方法论反思［J］．黄河科技大学学报，2014.02：67–70.

［212］王治伟．朱熹论智［J］．兰台世界，2014.06：10–11.

［213］魏敏．彭丹琴．浅析朱熹的“三纲五常”思想［J］．法制与社会，2014.06：3–4.

［214］魏义霞．朱熹、王夫之哲学比较——兼论王夫之对朱熹理学形上根基的颠覆［J］．合肥学院学报（社会科学版），2014.01：3–9.

［215］魏义霞．朱熹对仁的诠释［J］．中共福建省委党校学报，2014.06：106–111.

［216］魏义霞．朱熹价值哲学研究［J］．朱子学刊，2014.00：12–25.

［217］吴凡明．朱熹“性即理”思想的伦理意蕴［J］．南通大学学报（社会科学版），2014.04：7–11.

［218］吴节义．余桥．浅析朱熹课程思想及其启示［J］．长春工业大学学报（高教研究版），2014.03：58–60.

［219］吴静．民国时期李石岑的朱子学研究［J］．聊城大学学报（社会科学版），2014.03：80–85.

［220］吴默闻．朱熹之“天”和“天理”的内涵及其价值取向［J］．湖北省社会主义学院学报，2014.02：88–91.

［221］吴世海．李燔与朱子门人交游研究［J］．商，2014.23：104.

［222］吴贤俊．暗合接受美学的朱子《周易本义》［J］．台湾源流（台湾），2014.68&69：132–143.

［223］吴亚楠．被“闲置”的“活理”——再辨朱子的“理气动静”问题［J］．东岳论丛，2014.02：16–20.

［224］吴震．格物诚意不是两事——关于朱熹工夫论思想的若干问题［J］．杭州师范大学学报（社会科学版），2014.06：7–26.

［225］肖发荣．论朱熹对张载学术渊源的衡定［J］．西安电子科技大学学报（社会科学版），2014.03：140–146.

［226］肖发荣．朱熹《西铭》研究的史料问题考述［J］．宝鸡文理学院学报（社会科学版），2014.04：20–25.

［227］肖伟光．朱子楚辞学研究方法的理学背景发微［J］．云梦学刊，2014.03：23–30.

［228］肖伟光．朱子鬼神观管窥——以生死、义命和理气为中心［J］．世界宗教文化，2014.02：94–97.

［229］谢君．余霞．楚辞对朱熹诗赋创作的影响［J］．职大学报，2014.04：14–19.

［230］谢晓东．朱熹《文集》与《语类》中几则重要材料年代新考［J］．中国哲学史，2014.01：109–115+66.

［231］辛源俸．朱熹、毛奇龄和丁若镛的《周易》占筮观比较研究［J］．周易研究，2014.05：38–48+57.

［232］邢宽．论朱子“得君行道”的政治理想与人生诉求［J］．焦作大学学报，2014.04：33–35+39.

［233］徐刚．王喆．曹操与朱熹：人才管理思想的三个维度［J］．福建江夏学院学报，2014.02：70–73+80.

［234］徐刚．周明．管仲与朱熹：国家治理思想的比较分析［J］．朱子学刊，2014.00：137–144.

［235］徐公喜．苏敏．2013 年海峡两岸四地“朱子学与地域文化”学术研讨会综述［J］．中国哲学史，2014.01：125–129.

［236］徐国明．述朱熹“心统性情说”之文字学依据［J］．燕山大学学报（哲学社会科学版），2014.02：33–36.

［237］徐涓．朱熹《楚辞集注》篇目考察［J］．江淮论坛，2014.03：171–176.

［238］徐涓．乐爱国．民国时期的朱熹文学研究［J］．福建师范大学学报（哲学社会科学版），2014.05：74–80.

［239］徐涓．王国良．朱熹格物致知与楚辞学方法论［J］．社会科学战线，2014.09：31–35.

［240］徐笑寒．朱熹训谕文书对检验检疫系统开展群众路线教育的启示［J］．商，2014.01：94.

［241］许朝阳．挂搭与相衮:朱子的理气型态及其对“恶”的处理［J］．东华汉学（台湾），2014.19：157–193.

［242］许家星．曾几《论语义》辑佚——兼论对朱子《论语集注》之影响［J］．中国文化研究，2014.04：91–99.

［243］许家星．复性之学与教化之乐——论朱子“学而”章解之诠释及其意义［J］．江汉论坛 .2014.01：88–93.

［244］许家星．再论饶鲁的《中庸》章句学及其对朱子的超越［J］．深圳大学学报（人文社会科学版），2014.04：36–43.

［245］严佐之．《近思录》后续著述及其思想学术史意义［J］. 文史哲，2014.01：56–65+166.

［246］杨国宜．朱熹教育思想的现代诠释［J］．合肥学院学报（社会科学版），2014.04：8–14.

［247］杨浩．朱熹《四书章句集注》句读与义理之关系［J］．中外企业家，2014.06：261–263.

［248］杨浩．朱熹《四书章句集注》体用的诠释框架［J］．菏泽学院学报，2014.03：139–142.

［249］杨立华．天理的内涵:朱子天理观的再思考［J］．中国哲学史，2014.02：65–69.

［250］杨秋蓉．《诗集传》中“比”之分析［J］．青年文学家，

2014.24：137+139.

［251］杨少涵．朱子哲学之义理架构及其理论问题［J］．中州学刊，2014.08：124-129.

［252］杨万里．雄健笔力：朱子书论与文论审美旨趣之契合［J］．朱子学刊，2014.00：85-95.

［253］杨万里．朱熹文艺批评实践对主体人格的彰显［J］．广州大学学报（社会科学版），2014.09：66-71.

［254］杨万里．朱子文艺的萧散澹然之美［J］．南通大学学报（社会科学版），2014.01：59-64.

［255］杨晓璐．张颖超．戚文雯．朱熹法律思想浅议［J］．知识经济，2014.14：52.

［256］杨燕．刘咸炘与朱熹道教观异同论［J］．哲学动态，2014.10：23-32.

［257］杨永亮．朱子学与日本近世化的转向［J］．社会科学战线，2014.07：98-101.

［258］杨祖汉．论朱子晚年训门人的有关问题［J］．当代儒学研究（台湾），2014.17：1+3-20.

［259］姚亚克．从王阳明对朱熹的质疑看其"致良知"教育论［J］．兰台世界，2014.06：48-49.

［260］殷慧．张卓．朱熹礼理沟通的经典诠释——以《大学章句》中"格物致知"为例［J］．湖南大学学报（社会科学版），2014.06：14-18.

［261］尹波．张尚英．《朱子世家》版本考略［J］．河南大学学报（社会科学版），2014.01：19-25.

［262］尹芳．朱熹的义利观辨析［J］．湖北广播电视大学学报，2014.11：77-78.

［263］尹晓宁．格物致知新解："以类相推"的方法论——兼论朱熹格物论的缺失［J］．浙江学刊，2014.06：81-88.

［264］岳天雷．朱熹经权观研究简评［J］．商丘师范学院学报，2014.01：35-38.

［265］翟奎凤．黄道周与宋明理学及朱子学［J］．集美大学学报（哲学社会科学版），2014.03：71-76.

［266］张宝林．论朱熹天命观的构成与时代认知［J］．齐齐哈尔大学学报（哲学社会科学版），2014.04：19–21.

［267］张毫．冯文全．朱熹的小学德育主张对当代小学德育发展的启示［J］．科教文汇（中旬刊），2014.11：139–140.

［268］张卉．蔡方鹿．朱熹《中庸章句》的形成与完善过程考略［J］．西南民族大学学报（人文社会科学版），2014.08：65–69.

［269］张进林．朱熹之师李侗的政治情结［J］．兰台世界，2014.21：54–55.

［270］张筠．朱熹宗族伦理遗产的保护与发展——以广州市黄埔区横沙村朱氏宗族为例［J］．大众文艺，2014.08：269.

［271］张奎志．"敬畏""虚静""入境"：朱熹的解释学路径［J］．广东社会科学，2014.05：178–183.

［272］张立文．旧学新知——朱熹思想及其价值综论［J］．杭州师范大学学报（社会科学版），2014.06：1–6+117.

［273］张立文．论集权与分权——由朱熹的集权与分权说推致［J］．哲学动态，2014.08：27–34.

［274］张连伟．程朱道统论与儒家经典认同［J］．南昌大学学报（人文社会科学版），2014.04：38–43.

［275］张灵．余龙生．尊理体道:朱熹教育心理思想的逻辑进路［J］．南昌大学学报（人文社会科学版），2014.06：151–154.

［276］张品端．阳明对朱子心学的发展［J］．贵阳学院学报（社会科学版），2014.06：26–30.

［277］张品端．朱熹理欲观之再认识［J］．武夷学院学报，2014.01：5–9.

［278］张品端．张蕾．李滉对朱熹书院教育思想的继承和发展——以"白鹿洞书院揭示"为例［J］．江西教育学院学报（社会科学版），2014.02：147–151.

［279］张寿．对朱熹"理"的体验主义探析［J］．东疆学刊，2014.04：18–25.

［280］张晚林．姜燕．论理学家的"语录"与"尺牍"在人文教育中的哲学意蕴及其内涵——以二程、朱子、象山、阳明为中心［J］．重庆高教研究，2014.01：95–104.

［281］张万民．从朱熹论“比”重新考察其赋比兴体系［J］．复旦学报（社会科学版），2014.01：88-99.

［282］张伟锋．朱柏庐《朱子家训》及家庭教育思想研究［J］．兰台世界，2014.14：155-156.

［283］张文朝．渡边蒙庵《诗传恶石》对朱熹《诗集传》之批判—兼论其对古文辞学派《诗经》观之继承［J］．汉学研究（台湾），2014.01：173-208.

［284］张鹰．朱熹办案也犯错［J］．文史博览，2014.08：69.

［285］张允熠．朱熹哲学教育价值三题［J］．安徽师范大学学报（人文社会科学版），2014.05：609-614.

［286］赵庆伟．朱熹《孟子序说》文本溯源与义理发微［J］．中南民族大学学报（人文社会科学版），2014.04：165-170.

［287］郑淑花．《朱子语类》“把 V”格式研究——兼论“把 V”的演化与机制［J］．攀枝花学院学报，2014.02：67-72.

［288］郑治文．孔子之“道”与儒学重构——从朱熹、牟宗三的道统论说开去［J］．湖南大学学报（社会科学版），2014.06：134-139.

［289］郑忠平．宁英烈．先秦子学到宋明国学的诠释理路——朱熹《太极图说解》的理学述略［J］．学术界，2014.08：157-164+310.

［290］钟小明．朱熹“知行”思想管窥［J］．赣南师范学院学报，2014.05：89-93.

［291］周兵．儒道佛三教争立视野下的程朱“格物致知”思想［J］．朱子学刊，2014.00：54-72.

［292］周恩荣．从哲学的解释到思想史与哲学相结合的解释——牟宗三与刘述先二先生关於朱子哲学研究之比较［J］．鹅湖月刊（台湾），2014.469：16-30.

［293］周桂峰．体大思精 继往开来——评李士金《朱熹文学思想研究》［J］．淮阴师范学院学报（哲学社会科学版），2014.03：413-416.

［294］周海涛．理学与心学“成圣论”的分歧及启示——以朱熹、陆王为中心［J］．平顶山学院学报，2014.01：35-38.

［295］周后燕．朱熹对《大学》的改造［J］．科学经济社会，2014.02：11-15+44.

［296］朱汉民．洪银香．朱熹人性论与儒家道德哲学［J］．道德与文明，2014.02：36–41.

［297］朱杰人．元明刻本朱子著述集成［J］．中国出版，2014.11：2.

［298］朱人求．东亚朱子学研究的新方法［J］．厦门大学学报（哲学社会科学版），2014.04：94–101.

［299］朱人求．东亚朱子学研究的新课题［J］．福州大学学报（哲学社会科学版），2014.02：5–9.

［300］朱人求．全球化视野中的朱子学［J］．徐州工程学院学报（社会科学版），2014.02：9–13.

［301］朱天助．朱子四书类著述二十一种版本述考［J］．闽江学院学报，2014.01：7–13.

［302］朱向．让“走朱子之路”成为青年学生文化交流的品牌［J］．政协天地，2014.09：48.

［303］朱之润．朱熹“咏理诗”解读［J］．铜陵学院学报，2014.04：93–95.

［304］宗廷虎．从《朱熹文学思想研究》看朱子对修辞技巧之高度重视［J］．湖北师范学院学报（哲学社会科学版），2014.05：1–2+17.

硕博论文

［1］安丰堂．从朱熹和王阳明谈儒学现代化的形而上确证［D］．曲阜师范大学，2014. 硕士论文．

［2］蔡思杨．《朱子语类辑略》方位词研究［D］．苏州大学，2014. 硕士论文．

［3］付良波．李侗思想及其对朱熹影响研究［D］．曲阜师范大学，2014. 硕士论文．

［4］何超凡．朱熹经权观研究［D］．湘潭大学，2014. 硕士论文．

［5］李冬卉．试论朱熹教育思想在现代语文教学中的价值［D］．河南大学，2014. 硕士论文．

［6］李晓丽．仁爱与天理：朱子《仁说》诠释［D］．云南师范大学，2014. 硕士论文．

［7］梁森．朱熹收入分配思想浅论［D］．西南大学，2014. 硕士论文．

［8］刘畅．朱熹生态伦理思想及其当代价值［D］．山东师范大学，2014．硕士论文．

［9］刘源．论朱熹与中医［D］．四川师范大学，2014．硕士论文．

［10］罗来玮．论朱熹《中庸章句》的理学思想［D］．黑龙江大学，2014．硕士论文．

［11］孙彩霞．朱子读书法对高中语文阅读教学的启示［D］．华中师范大学，2014．硕士论文．

［12］孙玉娇．《朱子语类》时间副词研究［D］．浙江财经大学，2014．硕士论文．

［13］王晓囡．朱熹《楚辞集注》训诂研究［D］．渤海大学，2014．硕士论文．

［14］谢红．论颜元对朱子理学的反思［D］．湘潭大学，2014．硕士论文．

［15］颜清辉．自家精神底挺立——试论朱熹之"敬"［D］．海南大学，2014．硕士论文．

［16］俞婕．以《近思录》看朱熹与张载的理学差异［D］．首都师范大学，2014．硕士论文．

［17］张剑红．朱熹《诗集传》的训诂研究［D］．辽宁师范大学，2014．硕士论文．

［18］周游．伊藤仁斋和荻生徂徕的"圣人观"之比较——以对朱子学"圣人观"的批判为背景［D］．北京外国语大学，2014．硕士论文．

［19］黄冬丽．《朱子语类》语汇研究［D］．上海师范大学，2014．博士论文．

［20］沈叶露．《朱子语类》语言思想研究［D］．上海师范大学，2014．博士论文．

［21］张瑞．朱熹风水思想的历史学研究［D］．山东大学，2014．博士论文．

报纸论文

［1］陈来．中韩朱子学比较研究的意义［N］．中国社会科学报，2014-03-12B05.

［2］冯兵．"理会义理"：朱熹经典解释思想主旨［N］．中国社会科

学报，2014-12-08A06.

［3］冯兵．朱熹的“道”“理”之辨［N］．中国社会科学报，2014-08-04A06.

［4］冯兵．朱熹的魂魄观［N］．光明日报，2014-08-12016.

［5］郭齐勇．《恭读〈朱子读书法〉》读后［N］．中华读书报，2014-06-11015.

［6］乐爱国．朱熹《中庸》学的创新［N］．中国社会科学报，2014-08-27B05.

［7］漆承修．朱熹与古代书院的复兴［N］．中国集邮报，2014-09-05005.

［8］沈叶露．《朱子语类》中的宋代新词新义举例［N］．语言文字周报，2014-07-30004.

［9］王锟．朱熹诗作思考“太极之理”［N］．中国社会科学报，2014-09-01A06.

［10］王锟．朱熹诗作蕴藏理学思想［N］．中国社会科学报，2014-01-06A06.

［11］杨海文．朱熹《读论语孟子法》溯源［N］．中华读书报，2014-02-12015.

2015 年

期刊论文

［1］．朱熹裔孙谈《朱子家训》：具有普世价值［J］．中国对外贸易，2015.04：95.

［2］毕劭莹．国学经典教学指导医学职校学生践行社会主义核心价值观研究——以《弟子规》《朱子家训》为例［J］．湖北函授大学学报，2015.11：50-51.

［3］蔡家和．唐君毅论朱子学中的“人心与道心”［J］．宜宾学院学报，2015.11：1-8.

［4］蔡家和．朱子理气论下《论语》诠释之特色［J］．中国文哲研究通讯（台湾），2015.04：93-110.

［5］蔡仁厚．简述牟宗三先生对朱子学的分判——为牟先生逝世

二十周年而作［J］. 鹅湖月刊（台湾），2015.476：0-1.

［6］蔡淑闵. 黄宗羲《孟子师说》初探——以批判朱子学为中心的讨论［J］. 远东通识学报（台湾），2015.01：73-90.

［7］蔡忠良. 日本江户时期朱子学之兴盛及其原因［J］. 岭南师范学院学报，2015.04：138-142.

［8］传朱子理学，做武夷文章，育新型工科——武夷学院简介［J］. 教育评论，2015.01：2+169.

［9］曾亦. 论朱子与湖湘学者关于知行问题的讨论［J］. 船山学刊，2015.01：41-50.

［10］常新. 李二曲"心体"论诸说——从对朱子理学与阳明心学的融摄说起［J］. 中国哲学史.2015.02：96-102.

［11］陈壁生. 朱子《孝经》学评议［J］. 哲学研究，2015.10：45-54+129.

［12］陈逢源. 从"中和"到"仁说"——朱熹《四书章句集注》"爱之理，心之德"之义理进程考察［J］. 东吴中文学报（台湾），2015.29：15-32.

［13］陈来. 韩国朱子学新论——以李退溪与李栗谷的理发气发说为中心［J］. 厦门大学学报（哲学社会科学版），2015.01：1-10.

［14］陈林. 朱熹《大学章句》"诚意"注解定本辨析［J］. 孔子研究，2015.02：96-107.

［15］陈林. 朱子晚年工夫思想的发展与完善——以"已发未发"为中心［J］. 江淮论坛，2015.06：116-120+150.

［16］陈林. 朱熹晚年修订《大学章句》〈诚意〉章的心路历程及义理探析［J］. 政治大学哲学学报（台湾），2015.34：113-164.

［17］陈林. 朱子工夫思想的内在发展理路——以已发未发为视角［J］. 台湾大学哲学论评（台湾），2015.50：27-70.

［18］陈群. 朱子论《大学》"八条目"之关系［J］. 中州学刊，2015.04：103-107.

［19］陈睿宏. 论林栗易学销沉之原由——从与朱熹之歧异进行开展［J］. 政大中文学报（台湾），2015.23：67-100.

［20］陈天洁. 曹顺仙. 浅析《朱子家训》家庭伦理道德教育对现代社会的启示［J］. 中外企业家，2015.25：257-258.

［21］陈永杰．朱熹是泛认知主义吗？——兼论牟宗三对朱熹“知论”的诠释［J］．福建论坛（人文社会科学版），2015.09：59–65.

［22］陈勇．钱穆的朱子学研究［J］．宜宾学院学报，2015.05：1–9+112.

［23］程碧英．《朱子语类》“体”类词群的文化阐释［J］．成都大学学报（社会科学版），2015.03：125–128.

［24］程碧英．《朱子语类》中“涵”类词群的文化解读［J］．四川文理学院学报，2015.06：62–65.

［25］程得中．理学话语体系的构建——朱熹的语录编纂［J］．兰台世界，2015.10：56–57.

［26］程荣．理学视域中的朱熹诗论及诗教价值取向［J］．合肥学院学报（社会科学版），2015.01：18–23.

［27］崔海东．朱子“中和旧说”发微——以“人自有生”四札为中心［J］．孔子研究，2015.01：80–88.

［28］崔海东．朱子两种主“动”的涵养工夫辨析［J］．中州学刊，2015.10：102–106.

［29］崔涛．韩金燕．试论朱子对儒家道统的礼学实践［J］．江汉论坛，2015.11：48–53.

［30］戴兆国．耿芳朝．从《大学章句》引注考看朱熹经典解释学的特点［J］．东岳论丛，2015.01：107–110.

［31］董晨．朱熹对“干禄文风”的批判——以其书院教学为中心［J］．西部学刊，2015.12：28–33.

［32］董娟．论理雅各对朱熹《诗》学的接受［J］．孔子研究，2015.02：145–152.

［33］董学美．朱熹对“《诗》教”的理学论证［J］．鹅湖月刊（台湾），2015.486：37–46.

［34］杜俊青．浅析朱子学在江户时代的地位［J］．品牌（下半月），2015.06：105.

［35］段海宝．一部朱子学研究的必备书籍——读张立文先生主编的《朱熹大辞典》［J］．社会科学战线，2015.04：279–280.

［36］鄂非．朱熹生态伦理思想及当代价值研究［J］．兰台世界，2015.36：186–187.

［37］方彦寿．朱熹及其弟子的孝道理论与实践［J］．福州大学学报（哲学社会科学版），2015.04：5-10.

［38］方彦寿．朱子学由闽入台浅析［J］．福建史志，2015.02：26-30.

［39］冯兵．“义”·“人情”·“礼乐器数”——朱熹论“礼”的传承与修订［J］．哲学动态，2015.02：41-48.

［40］冯国栋．帝、儒、中、心之间——朱子前十六字心诀流传阐释考论［J］．哲学研究，2015.01：49-56.

［41］冯青．陈淳、黄义刚所录朱熹词汇比较研究［J］．中国典籍与文化，2015.01：21-28.

［42］冯青．《二程语录》与《朱子语类》新词新义之比较［J］．江西科技师范大学学报，2015.02：1-7+95.

［43］付丁群．《朱子家训》中的传统伦理思想对当今社会的影响［J］．通化师范学院学报（人文社会科学版），2015.07：66-70.

［44］付天睿．从“理一分殊”看朱熹理学的思想特征［J］．人文天下，2015.07：26-29.

［45］傅锡洪．“两样鬼神”何以“不是二事”——论朱熹鬼神观兼及江户儒者的质疑［J］．杭州师范大学学报（社会科学版），2015.03：10-17.

［46］傅小凡．邹秀季．民国时期吕思勉的朱子学研究［J］．南昌大学学报（人文社会科学版），2015.02：34-39.

［47］高建立．从本体论看朱熹对佛学思想的吸收与融会［J］．天中学刊，2015.06：50-54.

［48］高晓锋．从《知言疑义》看朱熹与胡宏儒学思想之歧异［J］．社会科学论坛，2015.04：73-78.

［49］高旭．论朱子“持守”思想及其儒学践履精神［J］．武陵学刊，2015.01：13-18.

［50］顾宏义．朱熹与王淮交游考略［J］．华东师范大学学报（哲学社会科学版），2015.04：129-132+171-172.

［51］官国权．朱熹犯罪预防思想与当代大学生犯罪预防［J］．武夷学院学报，2015.02：84-88.

［52］郭廷廷．试析朱熹“足食为先”的民本思想［J］．思想战线，

2015.S1：145–146.

［53］郭文．李凯．心性论视域下朱熹"致知"理境探析［J］．江淮论坛，2015.06：121–125.

［54］郭文．李凯．论朱熹的理学时间观［J］．上饶师范学院学报，2015.04：33–36+63.

［55］韩国良．对朱子"兴"论的探析与反思［J］．渭南师范学院学报，2015.05：58–64.

［56］郝金金．朱熹《小学》中的德育教育方法及其当代价值［J］．教育探索，2015.06：94–98.

［57］郝永．朱熹"诗"学通论［J］．西南民族大学学报（人文社会科学版），2015.03：189–196.

［58］郝永．朱熹辞赋通论［J］．河南大学学报（社会科学版），2015.05：85–94.

［59］何秀．王宁．"朱子读书法"的现代心理学分析［J］．怀化学院学报，2015.02：121–125.

［60］洪军．丽末鲜初朱子学在韩国的传播［J］．史林，2015.06：185–191+219.

［61］洪永稳．朱熹审美阅读的方法［J］．池州学院学报，2015.01：103–106.

［62］洪永稳．论朱子的审美化育之道［J］．合肥学院学报（社会科学版），2015.01：32–36.

［63］侯雪娟．朱熹《大学》教育思想析论［J］．大叶大学通识教育学报（台湾），2015.15：29–49.

［64］胡俊俊．胡琼．张栻朱熹暗引故训考同——以《论语解》《论语集注》为例［J］．西部学刊，2015.11：64–67.

［65］胡迎建．论朱熹的题咏、题画诗［J］．洛阳师范学院学报，2015.04：50–56.

［66］黄柏翰．朱子理学工夫论研究的现代意义［J］．鹅湖月刊（台湾），2015.475：14–24.

［67］黄圣杰．戴震对于程朱天理思想的转化及其背后意涵［J］．东吴中文线上学术论文（台湾），2015.31：53–79.

［68］黄兴泉．试论《朱子家礼》对漳州宗族礼仪的影响——以南靖族谱为研究中心［J］．闽南师范大学学报（哲学社会科学版），2015.02：13–19.

［69］黄莹暖．从“心之知觉”论朱子之“心”的道德动能——从“知觉是智之事”谈起［J］．国文学报（台湾），2015.57：57–86.

［70］黄勇．朱熹的形上学：解释性的而非基础主义的［J］．社会科学，2015.01：118–128.

［71］黄云姬．论朱熹的阅读思想［J］．长江大学学报（社会科学版），2015.07：22–24.

［72］黄忠慎．辅广、朱监之《诗经》朱学编纂比较研究［J］．东吴中文学报（台湾），2015.30：157–184.

［73］贾骄阳．论朱熹对苏轼散文的批评［J］．青海社会科学，2015.03：120–124.

［74］贾璐．简论朱熹的训诂原则［J］．江南大学学报（人文社会科学版），2015.01：114–120.

［75］贾璐．朱熹训诂中的声训分析［J］．青海师范大学学报（哲学社会科学版），2015.02：147–151.

［76］贾璐．朱熹在词语训释中所体现出的训诂思想［J］．汉字文化，2015.03：37–42.

［77］贾璐．朱熹训诂中的形训分析［J］．宁波广播电视大学学报，2015.02：8–12.

［78］江求流．人格的不完满性及其先天根源——论朱子气质之性的核心内涵［J］．船山学刊，2015.02：64–69.

［79］江涛．朱熹在历史文献学上的成就［J］．长春教育学院学报，2015.02：11–12.

［80］蒋益．由理即心——略论朱子哲学中的心灵概念对心学的预备性影响［J］．绍兴文理学院学报（哲学社会科学），2015.02：59–61.

［81］蒋颖荣．叶文振．朱熹孝伦理思想及其当代启示［J］．福建江夏学院学报，2015.04：66–72.

［82］孔令宏．朱熹陆九渊无极太极之辩与道家道教的关系［J］．上饶师范学院学报，2015.05：1–5.

［83］赖尚清．朱子之仁：道德实践的自律主体［J］．孔子研究，2015.04：76–85.

［84］赖文斌．译语之中“情”“理”之外——朱熹《观书有感（其一）》英译评析［J］．上饶师范学院学报，2015.04：43–46.

［85］赖长奇．论朱子理学与社会主义核心价值观大众化［J］．赤子（上中旬），2015.21：91–94.

［86］兰宗荣．朱熹、白玉蟾与李訦、杨长孺交游考［J］．武夷学院学报，2015.02：1–5.

［87］乐爱国．民国时期的朱熹门人后学研究［J］．南昌大学学报（人文社会科学版），2015.06：1–6.

［88］乐爱国．钱穆、牟宗三对于朱熹“心统性情”的不同诠释［J］．河北学刊，2015.02：8–12.

［89］乐爱国．朱熹的“心即理”及其与“性即理”的关系——兼论朱陆之异同［J］．徐州工程学院学报（社会科学版），2015.02：14–18.

［90］乐爱国．清末陈澧《东塾读书记》对朱熹科学思想的阐述［J］．广州大学学报（社会科学版），2015.04：86–90.

［91］乐爱国．冯友兰、牟宗三对朱熹“理”之不同诠释［J］．社会科学研究，2015.06：148–153.

［92］乐爱国．朱子学研究的文本依据——兼评牟宗三所谓“朱子以《大学》为中心”［J］．福建行政学院学报，2015.06：61–66.

［93］乐爱国．民国时期从阶级分析入手的朱子学研究［J］．西南民族大学学报（人文社会科学版），2015.01：73–78.

［94］乐爱国．民国时期吕思勉《理学纲要》对朱子学的阐释及其创新［J］．南京社会科学，2015.04：42–46.

［95］乐爱国．民国时期何炳松《程朱辨异》对朱子学的阐释及创新［J］．中共宁波市委党校学报，2015.03：26–31.

［96］乐爱国．冯友兰、唐君毅对朱子学的不同诠释［J］．社会科学，2015.02：127–134.

［97］乐爱国．李志峰．马一浮、牟宗三对朱熹“性即理”的不同解读［J］．杭州师范大学学报（社会科学版），2015.01：20–25.

［98］乐爱国．民国时期（1912–1949）的朱子学研究学术编年（上）［J］.

鹅湖月刊（台湾），2015.485：22–35.

［99］乐爱国．民国时期（1912–1949）的朱子学研究学术编年（中）［J］．鹅湖月刊（台湾），2015.486：19–36.

［100］黎晓铃．略论李侗与朱熹所探讨之《论语》疑案［J］．合肥学院学报（社会科学版），2015.03：3–6.

［101］李范朝．朱熹之师承李侗考［J］．福建省社会主义学院学报，2015.04：112–114.

［102］李敬峰．吕柟《中庸》首章的诠释及其对朱子的批判［J］．中国社会科学院研究生院学报，2015.02：10–16.

［103］李敬峰．朱子对程门后学心性论思想的批判和总结［J］．孔子研究，2015.02：87–95.

［104］李敬峰．湖湘学派的仁学及朱子对其的批判［J］．深圳大学学报（人文社会科学版），2015.05：26–31.

［105］李路芳．文学评论中的朱熹文学教育思想［J］．哈尔滨职业技术学院学报，2015.06：36–37.

［106］李平．《诗集传》中的"互文""变文""便文"修辞辨析［J］．西南学林，2015.00：220–226.

［107］李清良．夏亚平．从朱熹的诠释思想展望中国现代诠释学［J］．中国文化研究，2015.02：80–91.

［108］李赛．朱熹艺术风格论：平淡、雄健［J］．现代语文（学术综合版），2015.11：72–73.

［109］李弢．朱熹家族与李弥逊家族交游考——兼及李弥逊曾孙从黄榦游学并建二先生祠［J］．闽台文化研究，2015.01：27–34.

［110］李学隆．朱熹的家庭教育思想启示［J］．邢台学院学报，2015.01：105–106.

［111］李毅婷．朱熹的孝亲观念及其现代意义［J］．闽台文化研究，2015.01：20–26.

［112］李智福．朱子"天理之性"与"气质之性"的深度两难［J］．哈尔滨工业大学学报（社会科学版），2015.01：65–70.

［113］林鹄．朱子《家礼》中的始祖［J］．中华文史论丛，2015.02：370.

［114］林建峰．朱熹的人文教育思想及其现实意义［J］．华北水利水电大学学报（社会科学版），2015.03：107–111.

［115］林建峰．朱熹的核心价值观探微［J］．泉州师范学院学报，2015.05：32–37.

［116］林金源．冤枉了〈朱子家训〉［J］．鹅湖月刊（台湾）.2015.483：0–0.

［117］林晓梦．朱熹财政经济思想刍议［J］．福建教育学院学报，2015.04：44–46.

［118］林永胜．《"熔铸"与"进程"——朱熹〈四书章句集注〉之历史思维》［J］．中国文哲研究集刊（台湾），2015.46：159–165.

［119］林志鹏．袁黄《四书删正》及其对朱熹的批驳［J］．鹅湖月刊（台湾），2015.483：35–47.

［120］林忠军．论丁若镛"推移说"与汉宋易学——兼论朱熹、毛奇龄推移说对丁若镛的影响［J］．周易研究，2015.03：5–13.

［121］刘博．"良知"在朱熹理学和阳明心学中的内涵表达［J］．内蒙古农业大学学报（社会科学版），2015.04：97–101.

［122］刘昌佳．湛然"无情有性"说与朱熹"枯槁有性"说的"分别说"与"非分别说"的两种真理观［J］．中国文哲研究通讯（台湾），2015.01：163–191.

［123］刘刚．试论李谷对朱子学在高丽传播和发展的贡献［J］．延边大学学报（社会科学版），2015.01：72–74.

［124］刘桂荣．理学美学视域下朱熹的文艺批评观探究［J］．西北大学学报（哲学社会科学版），2015.06：67–72.

［125］刘竞飞．刘月明．朱熹、王阳明的格物之说及其美学可能［J］．社会科学论坛，2015.08：39–46.

［126］刘小红．朱熹《玉山讲义》文旨解析［J］．黄山学院学报，2015.06：45–48.

［127］刘勰娇．朱子的"小学"思想析论［J］．江汉学术，2015.05：109–116.

［128］刘学智．朱熹"中和新说"与关学关系探微［J］．哲学研究，2015.12：29–34+123.

［129］刘银锁．邹婧婧．论朱熹“格君心之非”思想的形成与践行——朱熹兴办书院的目的［J］．天津中德职业技术学院学报，2015.01：120–121.

［130］刘原池．朱熹对程颐易学思想之开展［J］．人文社会科学研究（台湾），2015.02：92–120.

［131］刘子超．《朱子家训》中勤俭思想的现代价值研究［J］．包头职业技术学院学报，2015.04：61–63.

［132］路新生．《近思录》与“鹅湖之辩”［J］．思想与文化，2015.01：123–161.

［133］路新生．“主静”与“主敬”：《近思录》中的“人”—“生”智慧［J］．天津社会科学，2015.05：144–152.

［134］路新生．理学开新：《近思录》的编纂及其内在逻辑理念［J］．华东师范大学学报（哲学社会科学版），2015.06：53–62+165–166.

［135］罗爱华．林翠玲．朱熹的茶诗述评［J］．农业考古，2015.05：90–93.

［136］吕箐雯．朱熹理解的“止于至善”及其可能内涵研究［J］．赤峰学院学报（汉文哲学社会科学版），2015.07：78–79.

［137］吕相国．李美玲．易学视域下之朱熹“理”“气”关系探微［J］．徐州工程学院学报（社会科学版），2015.03：26–31+75.

［138］马宾．汲军．从《牧斋净稿》看朱熹人生道路的选择［J］．上饶师范学院学报，2015.04：37–42+85.

［139］马多勇．刘智与朱熹人性论比较研究［J］．回族研究，2015.01：124–126.

［140］米文科．从“理同气异”到“一本万殊”——论朱熹与黄宗羲对佛教“一切众生悉有佛性”的回应［J］．中国哲学史，2015.02：45–49.

［141］潘斌．朱子《仪礼经传通解》的编纂缘由和学术影响［J］．四川师范大学学报（社会科学版），2015.03：5–11.

［142］潘斌．屈永刚．朱子《家礼》的编撰及现代启示［J］．孔子研究，2015.05：137–143.

［143］彭纬璇．《四库全书总目》与朱熹批判管窥——以几十篇与朱

熹密切相关的提要为切入点［J］. 鸡西大学学报，2015.12：115–118.

［144］彭燕凌 . 朱熹“时习”教学思想及其启示［J］. 重庆第二师范学院学报，2015.03：109–111+176.

［145］秦月 . 程水龙 .《近思录》的“教学之道”与朱熹的教育思想［J］. 温州大学学报（社会科学版），2015.02：106–111.

［146］邱楚媛 . 从“致敬鬼神”到持敬——儒家敬观念的形成与朱熹的阐释［J］. 中山大学研究生学刊（社会科学版），2015.01：31–39.

［147］任莉莉 . 治《近思录》之阶梯 以朱释朱之典范——稿本《近思录集朱》及其文献价值［J］. 文献，2015.06：74–87.

［148］邵凤丽 . 朱子《家礼》与宋明以来家祭礼仪模式建构［J］. 中原文化研究，2015.01：106–112.

［149］邵磊 . 格物与解蔽——借镜于朱子学的荀子心论研究［J］. 天府新论，2015.02：60–67.

［150］申冰冰 . 朱熹“灯笼比喻”与宋代理学的人性观［J］. 宁夏社会科学，2015.03：10–14.

［151］沈时凯 . 朱熹元教育思想发微［J］. 合肥学院学报（社会科学版），2015.01：24–31.

［152］沈松勤 .“新道统”理念下的偏见——朱熹讨伐“苏学”的文化诉求［J］. 北京大学学报（哲学社会科学版），2015.06：88–96.

［153］沈志 . 朱子论家政［J］. 福建史志，2015.01：47–48.

［154］施晓莉 . 朱子理学教育在台湾的传播发展［J］. 上饶师范学院学报，2015.02：17–21.

［155］石立善 . 朱子所谓“四子”何指——四子：六经之阶梯；《近思录》：四子之阶梯［J］. 衡水学院学报，2015.02：60–63.

［156］时名早 . 一部渗透道德教育精神的文学研究专著——读《朱熹文学思想研究》［J］. 教育观察（上半月），2015.07：17–18

［157］时名早 . 李士金 . 朱熹道德思想研究论文述评（1990—1999）［J］. 黑河学院学报，2015.06：106–109.

［158］时名早 . 李士金 .1980—1989 年朱熹道德思想研究论文述评［J］. 黑龙江教育学院学报，2015.09：86–87.

［159］时名早 . 李士金 . 朱熹道德思想研究论文述评（2000–2004）［J］.

赤峰学院学报（汉文哲学社会科学版），2015.11：58–60.

［160］拾景欣．朱熹《沧洲精舍谕学者》对现代教育的启示［J］．教育观察（上半月），2015.08：11–13.

［161］史少博．对朱熹“罕言命”的思考［J］．兰州学刊，2015.05：42–46.

［162］史甄陶．论《朱程问答》的编纂、影响与考订作用［J］．台大中文学报（台湾），2015.50：41–43+45.

［163］宋梦婕．朱芳慧．浅议朱子读书法及其指导意义［J］．亚太教育，2015.12：92+65.

［164］（德）苏费翔．宋人道统论——以朱熹为中心［J］．厦门大学学报（哲学社会科学版），2015.01：17–24.

［165］苏鹏辉．试论朱子经世思想中的“公论”观念［J］．政治思想史，2015.03：47–65+198.

［166］孙晓．韩国朱熹关联题画诗研究——以儒学大师李滉、李珥为中心［J］．延边大学学报（社会科学版），2015.05：59–65.

［167］唐琳．朱熹易学的诠释特色——兼论朱熹对程颐的批评［J］．孔子研究，2015.06：24–31.

［168］陶有浩．朱熹幸福观探析［J］．合肥师范学院学报，2015.05：28–34.

［169］王彬．论朱熹将读书法引入儒学理论体系的途径［J］．济宁学院学报，2015.01：13–16.

［170］王传林．朱熹之“理”的价值内蕴与路向［J］．烟台大学学报（哲学社会科学版），2015.05：1–15.

［171］王开元．朱熹论（道德）意志软弱及其心理机制［J］．理论界，2015.06：86–90.

［172］王利民．刘子翚的生平思想及其对朱熹的影响［J］．江西师范大学学报（哲学社会科学版），2015.06：51–56.

［173］王连君．《朱子读书法》论略［J］．图书馆学刊，2015.11：118–121.

［174］王美华．家礼与国礼之间：《朱子家礼》的时代意义探析［J］．史学集刊，2015.01：19–26.

［175］王媚．朱熹生态伦理思想及当代价值研究［J］．兰台世界，2015.27：8–9.

［176］王敏维．重新认识朱子的“读书法”——以《朱子语类》之“卷十”“卷十一”为例［J］．语文知识，2015.12：68–70.

［177］王秋．士林哲学视域与罗光的朱子学研究［J］．哲学与文化（台湾），2015.07：91–108.

［178］王荣．浅论朱熹伦理思想对当代中国道德建设的借鉴意义［J］．中共南昌市委党校学报，2015.06：34–38.

［179］王瑞良．论人性本善及恶自何来——朱子人性论诠释［J］．人民论坛，2015.35：214–216.

［180］王善．朱熹道德教化思想及其当代价值［J］．兰台世界，2015.27：133–134.

［181］王霞．以“德”抗“位”的回归——论孟子、赵岐和朱熹的君臣观［J］．湖南大学学报（社会科学版），2015.04：30–35.

［182］王晓华．以“朱子读书法”解读中国文化的慕课传播［J］．教育文化论坛，2015.06：22–27.

［183］王新梅．朱熹理学：社会转型与思想建构［J］．学理论，2015.16：146–148.

［184］王新水．《大学·首章》发微——立足于对朱熹注解的批判继承［J］．人文杂志，2015.12：12–21.

［185］王新宇．“明德”与“新民”——以朱子《大学章句》为中心［J］．南京工程学院学报（社会科学版），2015.03：43–49.

［186］王雪卿．读书如何成为一种工夫–朱子读书法的工夫论研究［J］．清华中文学报（台湾），2015.13：49–106.

［187］王毅．费非．历数尧唐千载下　如公仅有两三人——朱熹行状综述［J］．新闻世界，2015.12：209–210.

［188］王征国．朱熹仁学中的人生理想境界［J］．理论学习，2015.04：20–26.

［189］王征国．论朱熹仁学对当代人生理想境界的启示［J］．北京教育（德育），2015.02：29–33.

［190］王志阳．论朱熹“《易》本为卜筮之书”观念［J］．社会科学论坛，

2015.04：79–85.

［191］王宗昱．对朱熹《阴符经考异》的再考察［J］．世界宗教研究，2015.03：83–88.

［192］尉利工．论朱子的《诗经》学诠释思想［J］．东方论坛，2015.01：44–48.

［193］魏兆锋．钱穆论朱子读书法［J］．新世纪图书馆，2015.09：90–93.

［194］温志拔．二程到朱熹：南宋前期闽籍道学家的文献活动［J］．福建师大福清分校学报，2015.04：1–5+17.

［195］（日）吾妻重二．朱子学的知识体系及其在东亚的普遍意义［J］．厦门大学学报（哲学社会科学版），2015.01：11–16.

［196］吴得福．试论“三严三实”的内涵——以朱子的“知、行”观为视角［J］．知行铜仁，2015.03：21–24.

［197］吴冬梅．庆跃先．从孟子到朱子“以水喻性”的嬗变［J］．社会科学战线，2015.06：23–29.

［198］吴根友．简论宋儒“一体之仁”的思想及其现代意义——以张载、二程、朱子的“一体之仁”思想为例［J］．孔学堂，2015.02：36–42+148–157.

［199］吴启超．如何既预认天理又保持开放？——朱子读书穷理之教的启示［J］．鹅湖学志（台湾），2015.55：1–40.

［200］吴小丽．王骁巍．从“月印万川”观朱熹“理一分殊”思想［J］．民族论坛，2015.02：77–79.

［201］吴晓萍．“行道”与“得君”——宋孝宗时代的朱熹与周必大［J］．合肥学院学报（社会科学版），2015.01：3–7+101.

［202］吴震．从伊藤仁斋“道论”的重构来看德川儒学“反朱子学”之特色［J］．河北学刊，2015.04：7–16.

［203］夏玉玲．由承袭走向创新：以《诗集传》对《诗经·国风》婚恋诗诗旨的解读为例［J］．楚雄师范学院学报，2015.11：37–40+62.

［204］肖发荣．论朱熹对张载著作的整理和研究［J］．宝鸡文理学院学报（社会科学版），2015.01：16–21.

［205］谢胜旺．荀子人性论的内涵、实质及其意义——兼与朱熹人

性论的比较［J］. 湖北社会科学，2015.06：103–105.

［206］徐波 . 历史世界是如何可能的——环绕余英时《朱熹的历史世界》之思考［J］. 清华大学学报（哲学社会科学版），2015.03：174–185.

［207］徐涓 . 朱熹对待扬雄与《反离骚》态度及其原因探析［J］. 湖北大学学报（哲学社会科学版），2015.02：68–72.

［208］徐俐华 . 丁友兰 . 朱熹《八朝名臣言行录》建本流传考略［J］. 武夷学院学报，2015.11：1–4.

［209］徐玲英 . 是反动还是继承——再论戴震哲学与朱熹理学的关系［J］. 湖南师范大学社会科学学报，2015.01：67–73.

［210］徐蒙 . 张志攀 . 浅论朱熹的书法面貌和书法观［J］. 戏剧之家，2015.11：157+161.

［211］许家星 . 饶鲁对朱子《孟子集注》的批判性诠释及意义［J］. 中山大学学报（社会科学版），2015.01：126–135.

［212］许家星 . 饶鲁《中庸》学的工夫论诠释及对朱子的突破［J］. 山东大学学报（哲学社会科学版），2015.02：121–131.

［213］许家星 . 朱子学的自我批判、更新与朱陆合流——以吴澄中庸学为中心［J］. 湖南大学学报（社会科学版），2015.04：36–43.

［214］许家星 . 程门学派对朱子学的挑战及与王学之遥契——以黎立武的《大学》诠释为中心［J］. 哲学研究，2015.08：32–39+128–129.

［215］许家星 . 朱子学的羽翼、辨正与“内转”——以勉斋《论语》学为中心［J］. 中国哲学史，2015.04：87–93.

［216］许莹婧 . 基于朱子自由思想框架下的《瓦尔登湖》的研究［J］. 鸡西大学学报，2015.03：129–130+141.

［217］许宗兴 . 朱子“本性论”探析［J］. 华梵人文学报（台湾），2015.23：40–81.

［218］许宗兴 . 朱子“性理”内涵论析［J］. 淡江中文学报（台湾），2015.32：39–76.

［219］杨海文 . 朱子学与朝鲜朝的未发之辨［J］. 学术研究，2015.07：17–21.

［220］杨立华 . 朱子理气动静思想再探讨［J］. 云南大学学报（社

会科学版），2015.01：53–56+111–112.

［221］杨瑞荣．朱子文化连着两岸情——2015 年台湾朱氏宗亲祭朱熹［J］．统一论坛，2015.03：55–56.

［222］杨万里．朱熹“理一分殊”的文字观念［J］．华夏文化，2015.04：22–24.

［223］杨万里．朱熹对书法与诗文贯通一气的审美追求——以劲健雄浑之笔力为中心［J］．暨南学报（哲学社会科学版），2015.07：66–76+162.

［224］杨孝青．朱熹理学思想简评［J］．重庆科技学院学报（社会科学版），2015.05：4–6.

［225］杨星．朱子文化品牌建设正当其时［J］．政协天地，2015.08：10–11.

［226］杨艳．日本九州大学图书馆馆藏《朱子语类》版本辨正——与《〈朝鲜古写徽州本朱子语类〉的传播过程考订》商补［J］．贺州学院学报，2015.01：30–36.

［227］杨玉华．试论朱熹的“气象”及“气象浑成”［J］．中共成都市委党校学报，2015.03：61–64+83.

［228］杨祖汉．朱子“鹅湖寺和陆子寿”诗探索［J］．鹅湖月刊（台湾），2015.480：10–14.

［229］姚纯贞．管窥朱熹未雨绸缪、贫富相恤的救荒思想［J］．兰台世界，2015.06：28–29.

［230］姚进生．陈国代．陈兴华．朱熹教育思想文献研究［J］．武夷学院学报，2015.05：1–5.

［231］余龙生．朱熹“理治”政治思想的伦理意蕴［J］．学术界，2015.08：195–201.

［232］詹向红．张爱萍．“朱子教育思想与当代教育学术研讨会”会议综述［J］．合肥学院学报（社会科学版），2015.01：37–40.

［233］张枫林．朱熹对俗语的研究及运用特征［J］．平顶山学院学报，2015.03：47–50+96.

［234］张慧霞．对于朱熹“知”与“行”的思考［J］．商，2015.20：126.

［235］张锦波．气质以言性:朱熹“气质之性”概念的哲学分析［J］.

安徽大学学报（哲学社会科学版），2015.04：27–33.

［236］张锦波. 话头、情境与践行:《朱子语类》之哲学践行考察［J］. 池州学院学报，2015.02：15–18.

［237］张进. 论朱熹与王维接受［J］. 徐州工程学院学报（社会科学版），2015.01：59–65.

［238］张克宾. 论朱熹基于先天学的卦变说［J］. 周易研究，2015.06：49–56.

［239］张品端. 李退溪对朱熹的性情论的阐发［J］. 武夷学院学报，2015.04：1–5.

［240］张品端. 李滉与朱熹的辩证思维方法之比较［J］. 中共福建省委党校学报，2015.10：109–114.

［241］张品端. 林建峰. 朱熹与陆九渊论心知之异[J]. 武夷学院学报，2015.10：1–5.

［242］张清江. 书写、聆听与超越——论朱熹“祝告先圣”行为中的意识体验及其意义［J］. 广西大学学报（哲学社会科学版），2015.05：11–15.

［243］张清江. 祈告先圣——析朱熹“告先圣”行为的特质及影响[J]. 华梵人文学报（台湾），2015.23：95–122.

［244］张庆熊. 从对“致知在格物”的不同诠释看新儒学的问题意识：从朱熹和王阳明到熊十力［J］. 社会科学，2015.11：135–142.

［245］张寿. 体验主义视域下对朱熹道德理论家庭模型的探析［J］. 东疆学刊，2015.04：8–12+112.

［246］张文朝. 仁井田好古的《诗经》观及其对朱熹之批评［J］. 中国文哲研究集刊（台湾），2015.47：173–216.

［247］张文朝. 以不录批朱——试就〈二南〉论赤松太庾《诗经述》对朱熹《诗集传》的无言批判［J］. 中国文哲研究通讯（台湾），2015.04：111–136.

［248］张笑龙. 钱穆对16~18世纪朝鲜王朝朱子学的研究［J］. 齐鲁学刊，2015.05：48–51.

［249］张岩. 朱熹道德教育思想的研究［J］. 教育参考，2015.04：77–82.

［250］张艳玲. 略论朱熹眼中的王安石[J]. 现代语文(学术综合版)，

2015.10：15–16.

［251］张燕.《朱子语类》中时体助词“着”用法考察［J］. 长沙大学学报，2015.03：88–90.

［252］张尧. 尊德性与道问学——从朱熹与王阳明对《大学》之不同解读来看［J］. 开封大学学报，2015.03：38–40.

［253］张有龙. 朱熹“尊理体道”的教育心理思想发展及影响［J］. 兰台世界，2015.18：160–161.

［254］张雨. 胡晓凤. 朱熹《论语集注》校勘商榷［J］. 古籍整理研究学刊，2015.05：88–90.

［255］张允熠. 从孟子到朱熹、戴震——试析孟学发展的心路［J］. 哲学研究，2015.08：47–52.

［256］张忠宏. 论朱熹对程颐易学的批评［J］. 台湾大学哲学论评（台湾），2015.49：107–149.

［257］赵聃.20 世纪以来朱熹经学与文学研究综述［J］. 文艺评论，2015.06：26–31.

［258］赵刚. 权宜之计：康熙五十一年朱熹升配孔庙十哲之次的政治史发覆——兼论钱穆、葛兆光先生有关康熙时代思想专制的诠释［J］. 华东师范大学学报（哲学社会科学版），2015.01：14–25+152.

［259］赵广志. 从董仲舒的“天人感应说”到朱熹的“天理论”［J］. 商丘师范学院学报，2015.04：55–57.

［260］赵金刚. 朱子论“命”［J］. 中国哲学史，2015.03：103–110.

［261］郑友裕. 丁李青. 翁滨. 朱子故里——武夷山市五夫镇［J］. 福建理论学习，2015.07：2.

［262］周兵. 王夫之对朱熹“诚意”“正心”思想的修正与发展［J］. 船山学刊，2015.06：23–29.

［263］周茶仙. 论程端蒙对朱子学的体认与阐扬［J］. 江淮论坛，2015.06：126–129.

［264］周茶仙. 士人、家族与朱子学的接受及传布：以门人程端蒙为例［J］. 福建论坛（人文社会科学版），2015.05：107–111.

［265］周茶仙. 地方家族与朱子学的发展流传——以江西为例［J］. 江西社会科学，2015.06：24–28.

［266］周光庆. 朱熹建构的类推诠释方法论发微［J］. 长江学术，

2015.02：105–111.

［267］周光庆．朱熹《四书集注》语言诠释方法论的建构与运用［J］．武汉大学学报（人文科学版），2015.06：30–37.

［268］周纪焕．童献纲．朱熹、吕祖谦“三衢之会”若干问题考辨［J］．人文中国学报（台湾），2015.21：177–201.

［269］周君燕．论朱熹的辞赋创作［J］．辽东学院学报（社会科学版），2015.01：30–36.

［270］周王葺．天理人欲，几微之间——从互文性角度透视不同文本中朱熹“天理”“人欲”思想的表述区别与内在统一［J］．时代文学（下半月），2015.09：189–193.

［271］周欣婷．朱熹《易》学与理学的交涉：以取义、取象说和理本论的关系为例［J］．东吴中文学报（台湾），2015.29：33–63.

［272］周叶君．李方泽．从儒家到儒教——以朱子礼学重建为中心［J］．江淮论坛，2015.03：127–131.

［273］朱清．福建朱子文化研究与应用的当下要义［J］．学术评论，2015.04：34–38.

［274］朱人求．朱子“全体大用”观及其发展演变［J］．哲学研究，2015.11：39–48+129.

［275］朱熹．朱子家训［J］．冶金企业文化，2015.04：50.

［276］朱晓鹏．从朱熹到王阳明：宋明儒学本体论的转向及其基本路径［J］．哲学研究，2015.02：35–43+128.

［277］祝虻．社会转型视角下民国徽州家族礼仪形式变化研究——以绩溪家族对朱子《家礼》的实践为中心［J］．佳木斯大学社会科学学报，2015.01：147–150.

［278］邹义煜．《朱子家训》与社会主义核心价值观培育［J］．云南农业大学学报（社会科学），2015.03：39–42.

硕博论文

［1］白璐．朱熹德育思想及其当代价值研究［D］．河南科技大学，2015. 硕士论文．

［2］董海峰．朱熹家庭伦理思想及其当代价值［D］．哈尔滨工业大学，2015. 硕士论文．

［3］傅雪.《朱子语略》研究［D］. 上海师范大学，2015. 硕士论文.

［4］耿芳朝. 朱熹经典诠释学研究——以《论语集注》为中心［D］. 安徽师范大学，2015. 硕士论文.

［5］管茜. 朱熹的道德修养说研究［D］. 南京师范大学，2015. 硕士论文.

［6］韩金燕. 朱子沧州精舍祭祀思想研究［D］. 山西大学，2015. 硕士论文.

［7］黄颖. 朱熹的人才思想及其当代参鉴［D］. 青海师范大学，2015. 硕士论文.

［8］姜婧. 儒家朱子学と中日近世家族制度の形成についいて［D］. 内蒙古大学，2015. 硕士论文.

［9］孔清清. 再论燕岩的朱子学认识［D］. 曲阜师范大学，2015. 硕士论文.

［10］黎永新. 朱熹理欲观研究［D］. 广西民族大学,2015. 硕士论文.

［11］李宏涛. 元初朱子学流衍考［D］. 内蒙古大学 .2015. 硕士论文.

［12］李琳.《朱子语类》对语文教学的启示［D］. 南京师范大学，2015. 硕士论文.

［13］刘云硕. 朱熹美学思想浅析［D］. 河北大学，2015. 硕士论文.

［14］邱振华. 论朱熹的礼学思想——以工夫论为视角［D］. 吉林大学，2015. 硕士论文.

［15］任姗. 辛弃疾、朱熹音乐思想之比较研究［D］. 陕西师范大学，2015. 硕士论文.

［16］时小焕. 朱熹《楚辞集注》研究［D］. 河南大学,2015. 硕士论文.

［17］田涵. 朱熹圣人观研究［D］. 曲阜师范大学，2015. 硕士论文.

［18］汪亚琳. 朱子题跋研究［D］. 华东师范大学，2015. 硕士论文.

［19］王彬. 朱熹的蒙学思想与训蒙诗［D］. 曲阜师范大学，2015. 硕士论文.

［20］吴得福. 朱子对《大学》“三纲”内涵的诠释［D］. 云南大学，2015. 硕士论文.

［21］徐国明. 朱子“格物说”别探［D］. 上海师范大学，2015. 硕士论文.

［22］杨美. 朱熹与王阳明的“格物致知”论的比较研究［D］. 河北

大学，2015. 硕士论文 .

［23］赵常淇 . 李侗朱熹师弟子的生活世界［D］. 陕西师范大学，2015. 硕士论文 .

［24］江求流 . 修为以复性——朱子哲学的问题意识及其展开［D］. 华东师范大学，2015. 博士论文 .

报纸论文

［1］. 弘扬朱子文化 传承华夏文明［N］. 福建日报，2015-06-12010.

［2］陈来 . 朱子学的时代价值［N］. 光明日报，2015-05-14015.

［3］冯兵 ."仁缘何贪"：朱熹对"贪"的认识［N］. 光明日报，2015-04-15014.

［4］刘辉 . 金文莲 . 张贵龙 . 武夷山市：朱子文化"有温度"［N］. 福建日报，2015-11-17009.

［5］马照南 . 朱子与《四书集注》文化经典地位的确立［N］. 福建日报，2015-09-11011.

［6］史少博 . 朱熹"罕言命"［N］. 中国社会科学报，2015-05-04A06.

［7］树红霞 . 读朱子，收获"种子"［N］. 福建日报，2015-11- 03009.

［8］树红霞 . 朱子文化：涵养社会价值和个人美德的源泉［N］. 福建日报，2015-04-14009.

［9］唐亚新 . 李烈 . 朱子文化是两岸文化交流的基石［N］. 福建日报，2015-11-16006.

［10］吴昂 . 黄灵庚发现朱熹吕祖谦佚诗，描绘南宋理学之路［N］. 中华读书报，2015-11-04001.

［11］婺源熹园景区 . 婺源熹园：一部浓缩砚文化和朱子文化的 3D 片［N］. 中国电影报，2015-09-30009.

［12］谢海潮 . 张德遴 . 尤溪朱子祭："闽中尼山"的文化记忆［N］. 福建日报，2015-10-27009.

［13］张德遴 . 洪新瑜 . 尤溪全力推进朱子文化项目群建设［N］. 三明日报，2015-08-31A01.

［14］朱清 . 新时期福建保护和发展朱子文化的新作为［N］. 福建日报，2015-11-09011.

朱子学研究著作

1990 年

［1］武夷胜境理学遗迹考 / 武夷山朱熹研究中心编 .—上海：三联书店上海分店，1990.09.—465 页 .

［2］尤溪文史资料 第 9 辑 朱熹研究资料专辑 / 中国人民政治协商会议福建省尤溪县委员会文史资料委员会编 .—1990.09.—149 页 .

［3］伊洛渊源录 /（宋）朱熹编纂；（清）江藩纂 .—济南：山东友谊出版社，1990.—742 页 .

［4］朱熹及宋元明理学 / 吴以宁编 .—北京：国际文化出版公司，1990.06.—453 页 .—白鹿洞书院研究丛书 .

［5］朱熹与闽学渊源 / 武夷山朱熹研究中心编 .—上海：三联书店，1990.09.—429 页 .

［6］朱子大书法帖 /（宋）朱熹书 .—长沙：湖南文艺出版社，1990.03.—189 页 .

1991 年

［1］《朱子语类》句法研究 / 祝敏彻著 .—武汉：长江文艺出版社，1991.—203 页 .

［2］易学论著选集：附朱熹周易本义 / 黄沛荣编 .—台北：大安出版社，1991.—424 页 .

［3］朱熹·教育和中国文化 / 朱瑞熙主编 .—北京：北京燕山出版社，1991.12.—363 页 .

［4］朱熹佚文辑考 / 束景南编 .—南京：江苏古籍出版社，1991.12.—767 页 .

［5］朱熹与李退溪诗比较研究 /（南朝鲜）李秀雄著 .—北京：北京大学出版社，1991.02.—260 页 .

［6］朱子读书法 / 黎靖德编；陈仁华译 .—台北：远流出版事业公司，1991.—220 页 .

［7］朱子学新论 纪念朱熹诞辰八百六十周年国际学术会议论文集 .—上海：上海三联书店，1991.12.—688 页 .

1992 年

［1］理心之间—朱熹与陆九渊的理学 / 高全熹著 .—北京：三联书店出版社，1992.—249 页 .

［2］论语集注 /（宋）朱熹撰 .—济南：齐鲁书社，1992.—201 页 .

［3］孟子集注 /（宋）朱熹撰 .—济南：齐鲁书社，1992.—225 页 .

［4］尤溪文史资料 第 11 辑 朱熹研究资料专辑续集 / 中国人民政治协商会议福建省尤溪县委员会文史资料委员会编 .—1992.10.—117 页 .

［5］周易本义 /（宋）朱熹撰；苏勇校注 .—北京：北京大学出版社，1992.9.—239 页 .

［6］朱熹集导读 / 王瑞明，张全明著 .—成都：巴蜀书社，1992.06.—345 页 .

［7］朱子箴言录 / 汪龙麟编著 .—北京：北京广播学院出版社，1992.—279 页 .

［8］朱子性理语类 /（宋）朱熹撰 .—上海：上海古籍出版社，1992.—211 页 .—诸子百家丛书 .

［9］朱子学研究书目 1900—1991/ 林庆彰主编 .—台北：文津出版社，1992.—218 页 .

1993 年

［1］国际朱子学会议论文集 / 钟彩钧主编 .—台北："中央研究院"中国文哲研究所筹备处，1993.—2 册 .

［2］朱熹思想丛论 / 邹永贤主编；福建省中哲史研究会编 .—厦门：厦门大学出版社，1993.01.—293 页 .

［3］朱熹哲学研究 / 陈来著 .—北京：中国社会科学出版社，1993.—

358 页 .—中国社会科学博士论文文库 .

［4］朱子格言精义 /（宋）朱熹撰；朱杰人编 .—上海：上海书店，1993.—154 页 .

［5］中国宰相学 /（宋）朱熹编；葛景春，任崇岳译 .—广州：花城出版社，1993.4.—703 页 .

1994 年

［1］近思录 /（宋）朱熹，（宋）吕祖谦撰；（清）江永集解 .—上海：上海古籍出版社，1994.—130 页 .

［2］新刊四书五经 – 周易本义 /（宋）朱熹注 .—北京：中国书店，1994.—131 页 .

［3］新刊四书五经 – 四书集注 /（宋）朱熹注 .—北京：中国书店，1994.—350 页 .

［4］续近思录 /（清）张伯行撰 .—上海：上海古籍出版社，1994.—444 页 .

［5］朱熹文学思想论 / 吴长庚著 .—合肥：黄山书社，1994.12.—406 页 .

［6］朱熹 / 衣川強著 .—东京：白帝社，1994.—275 页 .

［7］朱熹评传 / 李甦平著 .—南宁：广西教育出版社，1994.—173 页 .—中华历史文化名人评传 .

［8］朱子学与明初理学的发展 / 祝平次著 .—台北：台湾学生书局，1994.—184 页 .

［9］朱子语类 /（宋）黎靖德编；王星贤点校 .—北京：中华书局，1994.—8 册 .

［10］周易本义 /（南宋）朱熹撰；廖名春点校 .—广州：广州出版社，1994.—209 页 .

1995 年

［1］朱熹、程颐处世语录 /（宋）朱熹，（宋）程颐著；士一编 .—海口：海南国际新闻出版中心，1995.05.—181 页 .

［2］朱熹传 / 黄玉石著 .—福州：海峡文艺出版社，1995.—807 页 .—广东省朱熹学术思想研究会研究丛书 .

［3］朱熹与退溪思想比较研究 / 张立文著 .—台北：文津出版社，1995.03.—497 页 .

［4］朱子哲学思想的发展与完成 / 刘述先著 .—台北：台湾学生书局，1995.—662 页 .

1996 年

［1］义理宗师 朱熹 / 魏遂群，赵秀亭编文；范振涯等绘画 .—海口：海南国际新闻出版中心，1996.09.—124 页 .

［2］朱熹与南宋教育思潮 / 于述胜著 .—济南：山东大学出版社，1996.06.—317 页 .

［3］朱熹集 /（宋）朱熹撰；郭齐 . 尹波点校 .—成都：四川教育出版社，1996.10.—10 册 .

1997 年

［1］圣心苦雨 朱熹传 / 陈代湘著 .—北京：北京燕山出版社，1997.03.—453 页 .

［2］朱熹在建阳 / 福建省建阳市政协文史委员会编 .—建阳：建阳第三印刷厂，1997.—204 页 .

［3］朱熹故事精选 / 黄胜科等编著 .—福州：福建教育出版社，1997.—218 页 .

［4］朱子语类 /（宋）黎靖德编；杨绳其，周娴君校点 .—长沙：岳麓书社，1997.—4 册 .

1998 年

［1］海峡两岸论朱熹：纪念朱熹诞辰 865 周年暨朱熹对中国文化贡献学术会议论文集 / 武夷山朱熹研究中心编 .—厦门：厦门大学出版社，1998.—342 页 .

［2］论语集注 /（宋）朱熹集注 .—济南：山东友谊出版社，1998.—2 册（326 页）.

［3］理学的演变 从朱熹到王夫之戴震 / 蒙培元著 .—福州：福建人民出版社，1998.4.—495 页 .

［4］四书集注 /（宋）朱熹撰；张茂泽整理 .—西安：三秦出版社，1998.—556 页 .

［5］朱熹与宋代蜀学 / 粟品孝著 .—北京：高等教育出版社，1998.10.—210 页 .

［6］朱熹评传 / 张立文著 .—南京:南京大学出版社,1998.—629 页 .—中国思想家评传丛书 .

［7］朱熹詩集伝全注积 / 吹野安,石本道明共著 .—东京:明德出版社，1998.—1 册 .

［8］朱熹年谱 /（清）王懋竑撰；何忠礼点校 .—北京：中华书局，1998.—569 页 .—年谱丛刊 .

［9］朱熹人文教育思想研究 / 赵显圭著 .—台北：文津出版社，1998.—261 页 .

［10］朱熹哲学思想 / 金春峰著 .—台北:东大图书公司,1998.—433 页 .

［11］朱子语类选注 / 龙文玲等编著 .—桂林：广西师范大学出版社，1998.—2 册（1128 页）.

1999 年

［1］近思录 /（宋）朱熹撰 .—北京:中国文史出版社,1999.—551 页 .

［2］朱熹与泉州文化 / 林振礼著；泉州师专泉州学研究所主编 .—福州：福建人民出版社，1999.12.—122 页 .

［3］朱熹 南宋·思想家 1130-1200/ 江承华编著 .—深圳:海天出版社，1999.10.—126 页 .

［4］朱熹 · 吕祖谦 · 陆九渊 · 陈亮 · 邱处机 · 叶适 · 真德秀 / 陆宝千等著 .—台北：台湾商务印书馆，1999.—298 页 .

［5］朱子理学美学 / 潘立勇著 .—北京：东方出版社，1999.—593 页 .

［6］朱子道德哲学研究 / 周天令著 .—台北：文津出版社，1999.—453 页 .

［7］朱子学之东传日本与其发展 / 郑梁生著 .—台北：文史哲出版社，1999.—225 页 .

2000 年

［1］近思录全译 /（宋）朱熹，吕祖谦撰；于民雄译注 .—贵阳：贵州人民出版社，2000.—458 页 .

［2］考亭紫阳朱氏总谱 / 闽北朱子后裔联谊会，武夷山朱熹研究中心合编 .—2000.—593 页 .

［3］日本的朱子学 / 朱谦之著 .—北京：人民出版社，2000.—541 页 .

［4］儒道关系视野中的朱熹哲学 / 孔令宏著 .—台北：中华大道文化事业公司，2000.—2 册 .

［5］朱陆学术考辩五种 / 吴长庚主编 .—南昌：江西高校出版社，2000.—1020 页 .

［6］朱文公政训 /（宋）朱熹撰 .—呼和浩特：内蒙古人民出版社，2000.—71 页 .

［7］朱熹传 / 郭齐著 .—成都：四川大学出版社，2000.06.—305 页 .

［8］朱熹的史学思想 / 汤勤福著 .—济南：齐鲁书社，2000.01.—451 页 .

［9］朱熹诗词编年笺注 上 下 /（宋）朱熹撰；郭齐笺注 .—成都：巴蜀书社，2000.04.—2 册 .

［10］朱熹书院与门人考 / 方彦寿著 .—上海：华东师范大学出版社，2000.07.—226 页

［11］朱熹文学研究 / 莫砺锋著 .—南京：南京大学出版社，2000.—348 页 .—南京大学学术文库 .

［12］朱熹与中国文化 / 蔡方鹿著 .—贵阳：贵州人民出版社，2000.10.—505 页 .

［13］朱子家礼与韩国之礼学 /（韩）卢仁淑著 .—北京：人民文学出版社，2000.—192 页 .

［14］朱子近思录 /（宋）朱熹，（宋）吕祖谦撰；严佐之导读 .—上海：上海古籍出版社，2000.—262 页 .

［15］朱子近思录新解 / 安平编译 .—台北：正展出版公司，2000.—361 页 .

［16］朱子晚年全论 /（清）李绂编著；段景莲点校 .—北京：中华书局，2000.—365 页 .

［17］朱子文集 / 陈俊民校编 .—台北：德富文教基金会，2000.—10 册 .

2001 年

［1］《朱子语类》完成体研究 / 杨永龙著 .—开封：河南大学出版社，2001.—247 页 .

［2］昌黎先生集考异 /（宋）朱熹撰；曾抗美校点 .—上海：上海古籍出版社，2001.—287 页 .

［3］楚辞集注 /（宋）朱熹撰；蒋立甫校点 .—上海：上海古籍出版社，2001.—325 页 .

［4］近思录 /（宋）朱熹，（宋）吕祖谦编订；陈永革注评 .—南京：江苏古籍出版社，2001.—355 页 .

［5］近思录 /（宋）朱熹，吕祖谦合撰；刘凤泉译注 .—济南：山东友谊出版社，2001.—442 页 .

［6］旷世大儒——朱熹 / 朱汉民，萧永明著 .—石家庄：河北人民出版社，2001.01.—364 页 .

［7］迈入 21 世纪的朱子学 纪念朱熹诞辰 870 周年、逝世 800 周年论文集 / 朱杰人编 .—上海：华东师范大学出版社，2001.11.—411 页 .

［8］四书或问 /（宋）朱熹撰；黄珅校点 .—上海：上海古籍出版社，2001.—519 页 .

［9］中日韩朱子学阳明学之研究 / 戴瑞坤著 .—台北：文史哲出版社，2001.—306 页 .

［10］朱熹榜书千字文 /（宋）朱熹书 .—北京：中国青年出版社，2001.—511 页 .

［11］朱熹年谱长编 / 束景南著 .—上海：华东师范大学出版社，2001.—2 册 .

［12］朱熹思想研究 / 张立文著 .—北京：中国社会科学出版社，2001.—521 页 .—社科学术文库 .

［13］朱熹哲学论丛 / 曾春海 .—台北：文津出版社，2001.—248 页 .

［14］朱熹哲学与道家、道教 / 孔令宏著 .—保定：河北大学出版社，2001.04.—328 页 .

［15］朱子性理语类 /（宋）朱熹原著；陈绍燕译注 .—济南：山东友

谊出版社，2001.—581 页 .

［16］朱子学与 21 世纪国际学术研讨会论文集 / 武夷山朱熹研究中心编 .—西安 ：三秦出版社，2001.—750 页 .

2002 年

［1］南宋大儒朱熹 / 陈长根主编 .—尤溪 ：尤溪县创新彩色印刷有限公司印刷，2002.—205 页 .

［2］全体大用之学 : 朱子学论文集 / 朱荣贵著 .—台北 : 台湾学生书局，2002.—282 页 .

［3］现代新儒学与朱子学 / 陈代湘著 .—长沙 ：湖南人民出版社，2002.—310 页 .

［4］与朱熹王阳明对话 / 郭美华著 .—上海 ：上海古籍出版社，2002.—195 页 .

［5］朱熹 / 杨天石著 .—香港 : 中华书局（香港）公司，2002.—281 页 .—中国思想家宝库 .

［6］朱熹书翰文稿 /（宋）朱熹书 .—上海 : 上海书画出版社，2002.—1 册 .

［7］朱熹自然哲学思想论稿 / 徐刚著 .—福州 ：福建教育出版社，2002.—471 页 .

［8］朱子全书 /（宋）朱熹撰；朱杰人，严佐之，刘永翔主编 .—上海 : 上海古籍出版社，2002.12.—27 册 .

［9］朱子学的开展 – 学术篇 / 钟彩钧主编 .—台北 ：汉学研究中心，2002.—298 页 .

2003 年

［1］大家小传—朱熹 / 何可永著 .—香港 : 中华书局（香港）有限公司，2003.—178 页 .

［2］孟子集注 /（宋）朱熹注 .—杭州 ：西泠印社出版社，2003.—1 函 3 册（影印本）.

［3］源头活水 朱熹思想与当前公民道德教育 / 武夷山市委宣传部编 .—福州 ：海潮摄影艺术出版社，2003.02.—151 页 .

［4］朱熹 / 崔弘燕撰文 ；张筱语，李陈晨绘画 .—大千文化出版事业

公司，2003.08.—191 页 .

［5］朱熹的自然哲学 /（韩）金永植著；潘文国译 .—上海：华东师范大学出版社，2003.11.—409 页 .

［6］朱熹及其门人的教化理念与实践 / 孟淑慧著 .—台北：“国立台湾大学”出版委员会，2003.—459 页 .

［7］朱熹诗经学研究 / 檀作文著 .—北京：学苑出版社，2003.—273 页 .—中国诗歌研究中心学术丛刊 .

［8］朱熹与栗谷哲学比较研究 / 洪军著 .—北京：中国社会科学出版社，2003.—293 页 .—复旦大学韩国研究丛书 .

［9］朱子大传 / 束景南著 .—北京：商务印书馆，2003.—2 册 .

2004 年

［1］《朱子全书》与朱子学:2003 年国际学术讨论会论文集 / 朱杰人，严文儒主编 .—上海：华东师范大学出版社，2004.12.—328 页 .

［2］《朱子语类》副词研究 / 唐贤清著 .—长沙：湖南人民出版社，2004.—430 页 .

［3］《朱子语类辑略》语法研究 / 吴福祥著 .—开封:河南大学出版社，2004.—366 页 .

［4］近思录 /（宋）朱熹，（宋）吕祖谦编；查洪德注译 .—郑州：中州古籍出版社，2004.—395 页 .

［5］清初朱子学研究 / 林国标著 .—长沙：湖南人民出版社，2004.—287 页 .

［6］诠释与建构——陈淳与朱子学 / 张加才著 .—北京:人民出版社，2004.—364 页 .

［7］赵岐 朱熹《孟子》注释传意研究 / 杜敏著 .—北京：中国社会科学出版社，2004.12.—360 页 .

［8］周易本义 /（宋）朱熹撰；李一忻点校 .—北京：九州出版社，2004.—403 页 .

［9］朱熹的终极关怀 / 赵峰著 .—上海：华东师范大学出版社，2004.—380 页 .

［10］朱熹经学与中国经学 / 蔡方鹿著 .—北京：人民出版社，

2004.—656 页 .

［11］朱熹理学法律思想研究 / 徐公喜著 .—南昌：江西人民出版社，2004.12.—338 页 .

［12］朱熹诗经诠释学美学研究 / 邹其昌著 .—北京：商务印书馆，2004.07.—245 页 .

［13］朱熹新探 / 林振礼著 .—北京：中国广播电视出版社，2004.12.—421 页 .

［14］朱熹与《参同契》文本 / 钦伟刚著 .—成都：巴蜀书社，2004.11.—120 页 .

［15］朱子诗经书语 /（宋）朱熹撰 .—台北：学海出版社（股）公司，2004.—1 册 .

2005 年

［1］《朱子全书》与朱子学 / 朱杰人，严文儒主编 .—上海：华东师范大学出版社，2005.—328 页 .

［2］马勒伯朗士的“神”的观念和朱熹的”理”的观念 / 庞景仁著；冯俊译 .—北京：商务印书馆，2005.—244 页 .

［3］吴棫与朱熹音韵新论 / 金周生著 .—台北：洪叶文化事业有限公司，2005.—557 页 .—国学精粹丛书 .

［4］哲学与文化 朱熹哲学专题 / 哲学与文化月刊编辑委员会编 .—哲学与文化月刊杂志社，2005.07.—187 页 .

［5］朱熹 / 林克敏编，武夷山朱熹研究中心编 .—福州：福建人民出版社，2005.10.—196 页 .

［6］朱熹考亭书院源流考 / 方彦寿著 .—北京：中国文史出版社，2005.05.—207 页 .

［7］朱熹论三苏之学 / 涂美云著 .—台北：秀威资讯科技股份有限公司，2005.—444 页 .

［8］朱熹书法选 / 吴帮才主编；武夷山朱熹研究中心编 .—福州：福建美术出版社，2005.09.—81 页 .

［9］朱子学说与社会和谐 / 龙念主编 .—合肥：黄山书社，2005.12.—282 页 .

[10] 朱子研究书目新编 / 吴展良编 .—台北："国立台湾大学"出版中心，2005.—548 页 .

2006 年

[1]（宋）朱熹（1130 年 -1200 年）"闽学"教育思想与教育论著选读 / 北京师联教育科学研究所编 .—北京：中国环境科学出版社，2006.05.—544 页 .

[2]（宋）朱熹"闽学"教育思想与教育论著选读 上 第 2 辑 / 北京师联教育科学研究所编选 .—北京：中国环境科学出版社，2006.05.—278 页 .

[3]《四书集注》之论语选译廿则 图文版 . 中、英、德文对照本 /（宋）朱熹注；张雯，李旻翻译 .—北京：新华出版社，2006.—47 页 .

[4]《朱子语类》选评 / 朱义禄撰 .—上海：上海古籍出版社，2006.—190 页 .

[5] 道德与情感—朱熹中和问题研究 / 李有兵著 .—北京：中国传媒大学出版社，2006.5.—187 页 .

[6] 东亚朱子学的同调与异趣 / 黄俊杰等编 .—台北："国立台湾大学"出版中心，2006.—388 页 .

[7] 朱熹《小学》道德教育理论研究 / 鄢建江著 .—北京：华龄出版社，2006.—283 页 .—当代学者人文论丛 .

[8] 朱熹 · 1194 年 / 倪剑青著 .—上海：少年儿童出版社，2006.09.—183 页 .

[9] 朱熹理学与陆九渊心学 / 王国猛，徐华著 .—成都：西南交通大学出版社，2006.06.—277 页 .

[10] 朱熹易学和理学的关系探赜 / 史少博著 .—哈尔滨：黑龙江人民出版社，2006.03.—330 页 .

[11] 朱熹与四书章句集注 / 陈逢源著 .—台北：里仁书局，2006.—525 页 .

[12] 朱子与古田 / 江宋堂主编 .—古田：古田县民政福利印刷厂，2006.—192 页 .

2007 年

［1］近思录 /（宋）朱熹，（宋）吕祖谦编订；王华宝译注 .—太原：山西古籍出版社，2007.—331 页 .

［2］近思录 /（宋）朱熹，（宋）吕祖谦编；查洪德注 .—北京：首都经济贸易大学出版社，2007.—295 页 .

［3］近思录详注集评 / 陈荣捷著 .—上海：华东师范大学出版社，2007.—343 页 .

［4］理学的演变 从朱熹到王夫之戴震 / 蒙培元著 .—北京：方志出版社，2007.04.—377 页 .

［5］论语集注补正述疏 /（宋）朱熹集注；简朝亮述疏 .—北京：北京图书馆出版社，2007.—709 页 .

［6］孟子 /（宋）朱熹集注；金良年导读；胡真集评 .—上海：上海古籍出版社，2007.—199 页 .

［7］苏轼与朱熹 / 张毅著 .—天津：天津教育出版社，2007.—275 页 .—名家学术文库 .

［8］新视野 新诠释 朱熹思想与现代社会 上下 / 蔡方鹿等编著 .—成都：四川大学出版社，2007.12.—2 册 .

［9］朱熹解易 / 殷美满编译 .—北京：当代世界出版社，2007.—550 页 .

［10］朱熹经典解释学研究 / 曹海东著 .—武汉：湖北人民出版社，2007.—394 页 .

［11］朱熹名言名句选译 / 蔡春耀主编；郑国钦译 .—福州：福建教育出版社，2007.02.—180 页 .

［12］朱熹诗选 365 鉴赏 / 陈长根著 .—福州：海潮摄影艺术出版社，2007.07.—414 页 .

［13］朱熹书城南唱和诗 / 朱熹著 .—长春：吉林文史出版社，2007.—16 页 .—历代名家墨迹选 .

［14］朱熹书论语集注残稿 / 孙宝文编 .—长春：吉林文史出版社，2007.—40 页 .

［15］朱熹与江西理学 / 吴长庚主编 .—南昌：江西高校出版社，2007.12.—384 页 .

［16］朱熹与金门 / 郭尧龄著 .—金门县：县文化局，2007.—222 页 .

［17］朱熹在福建的行踪 / 陈国代著 .—北京：作家出版社，2007.12.—399 页 .

［18］朱学论集 / 陈荣捷著 .—上海：华东师范大学出版社，2007.—355 页 .—陈荣捷朱子学论著丛刊 .

［19］朱子行迹传 / 陈长根著 .—福州：海潮摄影艺术出版社，2007.10.—458 页 .

［20］朱子论“曾点气象”研究 / 田智忠著 .—成都：巴蜀书社，2007.—407 页 .

［21］朱子门人 / 陈荣捷著 .—上海：华东师范大学出版社，2007.—266 页 .

［22］朱子书信编年考证：增订本 / 陈来著 .—北京：三联书店，2007.—585 页 .

［23］朱子新探索 / 陈荣捷著 .—上海：华东师范大学出版社，2007.—583 页 .

［24］朱子学通论 / 高令印等著 .—厦门：厦门大学出版社，2007.—680 页 .

［25］朱子一百句 / 朱杰人解读 .—上海：复旦大学出版社，2007.—162 页 .

2008 年

［1］“似而非”的日本朱子学：林罗山思想研究 / 龚颖著 .—北京：学苑出版社，2008.—288 页 .

［2］《近思录》版本与传播研究 / 程水龙著 .—上海:上海古籍出版社，2008.—349 页 .

［3］《朱子语类》述补结构研究 / 刘子瑜著 .—北京：商务印书馆，2008.—401 页 .

［4］白寿彝文集—朱熹撰述丛考 中国交通史 / 龚书铎主编 .—开封：河南大学出版社，2008.—369 页 .

［5］行书信札及诗卷 /（宋）朱熹撰 .—合肥:黄山书社,2008.—33 页 .

［6］近思录 /（宋）朱熹，（宋）吕祖谦编；查洪德注译 .—郑州：中

州古籍出版社，2008.—468 页 .

［7］近思录 /（宋）朱熹，（宋）吕祖谦编订；王华宝译注 .—太原：三晋出版社，2008.—257 页（修订版）.

［8］近思录 /（宋）朱熹，（宋）吕祖谦编；查洪德，李林慧注 .—北京：中国三峡出版社，2008.—200 页 .

［9］宋刊周易本义 /（宋）朱熹撰 .—福州：福建人民出版社，2008.—3 册（528 页）.

［10］宋朱熹城南唱和诗 / 故宫博物院编 .—北京：紫禁城出版社，2008.—27 页 .

［11］朱熹《诗经》学与《诗经》汉学传统异同之研究 下 / 陈明义著 .—台北：花木兰文化出版社，2008.—269 页 .—中国学术思想研究辑刊 .

［12］朱熹学术考论 / 董金裕著 .—台北：里仁书局，2008.—190 页 .

［13］朱熹与经典诠释 / 林维杰著 .—台北："国立台湾大学"出版中心，2008.—412 页 .—东亚文明研究丛书 .

［14］朱熹在同安 / 颜立水著 .—厦门：鹭江出版社，2008.11.—76 页 .

［15］朱子《学礼》研究 / 林美惠著 .—台北：花木兰文化出版社，2008.—187 页 .

［16］朱子导读 / 王瑞明等著 .—北京：中国国际广播出版社，2008.—301 页 .

［17］朱子理学与武夷山文化 / 傅小凡，谢清果主编 .—厦门：厦门大学出版社，2008.—245 页 .

［18］朱子四书学研究 / 许家星著 .—北京：北京师范大学研究生院，2008.—245 页 .

［19］朱子学新探 / 郭齐著 .—成都：四川大学出版社，2008.—635 页 .

［20］朱子学研究—二〇〇八年卷 / 龙念主编 .—合肥：安徽大学出版社，2008.—258 页 .

2009 年

［1］东亚朱子学的诠释与发展 / 蔡振丰编 .—台北："国立台湾大学"出版中心，2009.—287 页 .

［2］风尘误：朱熹和严蕊 / 刘湘如著 .—上海：上海远东出版社，

2009.—237 页 .

［3］近思录全译 /（宋）朱熹，（宋）吕祖谦合编；于民雄译注 .—贵阳：贵州人民出版社，2009.—368 页 .

［4］明中叶朱子学 / 陈代湘等著 .—海口：海南出版社，2009.—364 页 .

［5］周易本义 /（宋）朱熹撰；廖名春点校 .—北京：中华书局，2009.—284 页 .

［6］朱陆异同新论 / 王大德著 .—台北：文史哲出版社，2009.—194 页 .

［7］朱熹 / 王亚玲著 .—福州：海风出版社，2009.—314 页 .

［8］朱熹的思维世界 /（美）田浩著 .—南京：江苏人民出版社，2009.—376 页 .—凤凰文库 .

［9］朱熹经济伦理思想研究 / 周茶仙著 .—北京：光明日报出版社，2009.04.—279 页 .

［10］朱熹诗教思想研究 / 王倩著 .—北京：北京大学出版社，2009.—320 页 .

［11］朱熹研究 / 束景南著 .—北京：人民出版社，2009.—350 页 .—浙江文化研究工程成果文库 .

［12］朱熹医、易会通研究 / 杨雅妃著 .—台北：花木兰文化出版社，2009.—167 页 .—中国学术思想研究辑刊 .

［13］朱子的政治礼摄系统 / 林美惠著 .—台南县：复文图书有限公司，2009.—392 页 .

［14］朱子门人哲学 / 陈代湘等著 .—海口：海南出版社，2009.10.—277 页 .

［15］朱子诗教思想研究 / 彭维杰著 .—台北：花木兰文化出版社，2009.—243 页 .

［16］朱子学与徽学 / 解光宇著 .—长沙：岳麓书社，2009.—342 页 .

［17］朱子与闽学 / 傅小凡著 .—长沙：岳麓书社，2009.—342 页 .

2010 年

［1］《近思录》研究 / 姜锡东著 .—北京：人民出版社，2010.—467 页 .

［2］《论语集解》与《论语集注》的比较研究 / 常会营著 .—北京：北京燕山出版社，2010.—305 页 .

［3］《朱子语类》经学思想研究 / 杨燕著 .—北京：东方出版社，2010.8.—377 页 .

［4］《朱子治家格言》研习报告 / 钟茂森著 .—北京：中国华侨出版社，2010.—258 页 .

［5］大教育家朱熹 朱熹的教育历程与思想研究 / 陈国代，姚进生，张品端著 .—北京：中国社会科学出版社，2010.03.—544 页 .

［6］近思录 /（宋）朱熹，（宋）吕祖谦编；（宋）叶采集解；程水龙整理 .—上海：上海古籍出版社，2010.—364 页 .

［7］近思录集萃 /（宋）朱熹，（宋）吕祖谦纂；张京华辑校 .—长沙：岳麓书社，2010.—2 册（1025 页）.

［8］近思录集解 /（宋）朱熹编；（宋）陈淳撰；（清）顾秀虎补遗 .—台北：世界书局股份有限公司，2010.—346 页 .

［9］近思录全书解读 /（宋）朱熹，（宋）吕祖谦著；邹德金编著 .—呼和浩特：内蒙古人民出版社，2010.—361 页 .

［10］近思录通解 / 朱高正著 .—上海：华东师范大学出版社，2010.—338 页 .

［11］理学集大成者——朱熹 / 王荣珍编著 .—长春：吉林文史出版社，2010.—120 页 .

［12］理学在浙江的传播 / 程水龙著 .—上海：上海古籍出版社，2010.—222 页 .

［13］陆陇其与清初朱子学 / 余龙生著 .—长春：吉林人民出版社，2010.5.—249 页 .

［14］名家批注论语 /（宋）朱熹等注疏；侯淑琴整理 .—沈阳：万卷出版公司，2010.—3 册（608 页）.

［15］周易本义 /（宋）朱熹撰；柯誉整理 .—北京：中央编译出版社，2010.—309 页 .

［16］朱熹 / 李甦平著 .—昆明：云南教育出版社，2010.06.—156 页 .

［17］朱熹"力行"德育思想及其当代价值 / 边慧民，孙玉杰著 .—济南：山东大学出版社，2010.04.—187 页 .

［18］朱熹"心与理一"思想之研究 / 王惠雯等著 .—台北：花木兰文化出版社，2010.—118 页 .—中国学术思想研究辑刊 .

［19］朱熹的思想世界 / 周元侠，薛孝斌著 .—北京：线装书局，2010.—310 页 .—社科文献论丛 .

［20］朱熹的宗教思想 /（加）秦家懿著；曹剑波译 .—厦门：厦门大学出版社，2010.—418 页 .

［21］朱熹和他的前辈们 /（英）卜道成（J. Percy Bruce）著；谢晓东译 .—厦门：厦门大学出版社，2010.—227 页 .—厦门大学国学研究院资助出版丛书 .

［22］朱熹讲周易 / 陈鹏，宋卿译 .—长春：长春出版社，2010.—184 页 .

［23］朱熹音乐著述及思想研究 / 郑俊晖著 .—北京：人民教育出版社，2010.—326 页 .

［24］朱熹哲学十论 / 蒙培元著 .—北京：中国人民大学出版社，2010.—241 页 .—国学研究文库 .

［25］朱子格物致知论研究 / 乐爱国著 .—长沙：岳麓书社，2010.—331 页 .

［26］朱子《家礼》与人文关怀 / 郑春主编 .—福州：福建教育出版社，2010.—209 页 .

［27］朱子全书（修订本）/（宋）朱熹撰；朱杰人，严佐之，刘永翔主编 .—上海：上海古籍出版社，2010.—27 册 .

［28］朱子全书外编 / 朱杰人，严佐之等主编 .—上海：华东师范大学出版社，2010.—4 册 .

［29］朱子学派 / 谢无量著 .—台中县：文听阁图书有限公司，2010.—262 页 .

［30］朱子学与死亡伦理现象学 / 林美惠著 .—台南县：复文图书有限公司，2010.—481 页 .

［31］朱子与戴震思想比较研究 / 刘玉国等著 .—台北：花木兰文化出版社，2010.—102 页 .

［32］朱子哲学研究 / 陈来著 .—北京：生活·读书·新知三联书店，2010.12.—503 页 .

［33］朱子著述宋刻集成－八－八朝名臣言行录 / 朱杰人主编 .—上海：华东师范大学出版社，2010.—28 册（影印本）.

［34］朱子著述宋刻集成－四－家礼 / 朱杰人主编 .—上海：华东师

范大学出版社，2010.—3 册（影印本）.

［35］朱子著述宋刻集成－一－周易本义 / 朱杰人主编 .—上海：华东师范大学出版社，2010.—6 册（影印本）

2011 年

［1］《朱子晚年定论》与朱陆异同 / 蔡龙九著 .—新北：花木兰文化出版社，2011.—上、下册 .

［2］《朱子语类》词汇研究 / 程碧英著 .—成都：巴蜀书社，2011.—404 页 .

［3］从康德到朱熹 白鹿洞讲演录 / 朱高正著 .—杭州：浙江大学出版社，2011.09.—311 页 .

［4］道的传承 朱熹对孔子门人言行的诠释 / 刘贡南著 .—上海：华东师范大学出版社，2011.—184 页 .

［5］东亚朱子学的诠释与发展 / 蔡振丰编 .—上海：华东师范大学出版社，2011.—214 页 .

［6］东亚朱子学新论 / 张品端编 .—厦门：厦门大学出版社，2011.—401 页 .

［7］近思录 /（宋）朱熹，（宋）吕祖谦撰；斯彦莉译注 .—北京：中华书局，2011.—229 页 .

［8］理学宗师—朱熹 / 张金喜著 .—贵阳：贵州教育出版社，2011.—143 页 .

［9］旁观朱子学 /（美）田浩著 .—上海：华东师范大学出版社，2011.—257 页 .

［10］人类思想史 浪漫灵魂：从以赛亚到朱熹 /（英）彼得·沃森著；姜倩译 .—北京：中央编译出版社，2011.—548 页 .

［11］人文与价值——朱子学国际学术研讨会暨朱子诞辰 880 周年纪念会论文集 / 陈来，朱杰人主编 .—上海：华东师范大学出版社，2011.—624 页 .

［12］诗集传 /（宋）朱熹注；赵长征点校 .—北京：中华书局，2011.—331 页 .

［13］图解朱熹解易 /（南宋）朱熹原著；. 殷美满编译 .—呼伦贝尔：

内蒙古文化出版社，2011.—512 页 .

［14］五朝名臣言行录 /（宋）朱子撰 .—台北：台湾商务印书馆股份有限公司，2011.—838 页（影印本）.

［15］周易本义 /（宋）朱熹注；王玉德，朱志先整理 .—南京：凤凰出版社，2011.—157 页 .

［16］朱熹 /（韩）李钟兰著；吴荣华，齐芳译 .—合肥：黄山书社，2011.—112 页 .—有趣的哲学启蒙书 .

［17］朱熹《仪礼经传通解》语音研究 / 李红著 .—厦门：厦门大学出版社，2011.—282 页 .

［18］朱熹的历史世界 / 余英时著 .—北京：生活·读书·新知三联书店，2011.—922 页 .

［19］朱熹的思维世界 /（美）田浩著 .—南京：江苏人民出版社，2011.—380 页 .

［20］朱熹口语文献词汇研究 / 陈明娥编 .—厦门：厦门大学出版社，2011.04.—476 页 .

［21］朱熹口语文献修辞研究 / 叶玉英著 .—厦门：厦门大学出版社，2011.04.—286 页 .

［22］朱熹墨宝 / 武夷山市地方志编纂委员会编 .—福州：海峡书局，2011.—152 页 .

［23］朱熹评传上、下 / 张立文著 .—南京：南京大学出版社，2011.—全 2 册 .

［24］朱熹诗词研究 / 胡迎建著 .—广州：中山大学出版社，2011.—428 页 .—宋代文谭丛书 .

［25］朱熹诗文选译 / 黄珅译注 .—南京：凤凰出版社，2011.—247 页 .

［26］朱熹思想结构探索 / 藤井伦明著 .—台北："国立台湾大学"出版中心，2011.—269 页 .—东亚儒学研究丛书 .

［27］朱熹与经典诠释 / 林维杰著 .—上海：华东师范大学出版社，2011.—250 页 .

［28］朱子 / 王瑞明等著 .—北京：中国国际广播出版社，2011.—301 页 .

［29］朱子书信编年考证 / 陈来著 .—北京：生活·读书·新知三联书店，2011.—588 页 .

［30］朱子文化大典 /《朱子文化大典》编委会 .—福州：海风出版社，2011.—849 页 .

［31］朱子新学案 / 钱穆著 .—北京 ：九州出版社，2011.—5 册 .

［32］朱子学对日本的影响 / 陈弘昌著 .—新北 ：花木兰文化出版社，2011.—317 页 .

［33］朱子语类学归 / 冯青著 .—南昌：江西人民出版社,2011.—309 页 .

2012 年

［1］《近思录》集校集注集评 / 程水龙撰 .—上海 ：上海古籍出版社，2012.—2 册（46.1174 页）.

［2］《朱子语类》楷书硬笔字帖 / 李景杭书 ；吉明周编文 .—上海 ：上海书画出版社，2012.—63 页 .

［3］《朱子语类》问句系统研究 / 王树瑛著 .—北京 ：社会科学文献出版社，2012.—303 页 .

［4］《朱子语类》语法研究 / 李焱等著 .—厦门 ：厦门大学出版社，2012.—378 页 .

［5］《诸儒鸣道集》研究 兼对前朱子时代道学发展的考察 / 田智忠著 .—北京 ：中国社会科学出版社，2012.—337 页 .

［6］保罗 · 蒂里希与朱熹 / 区建铭著 ；唐清涛译 .—厦门 ：厦门大学出版社，2012.—236 页 .—厦门大学国学研究院资助出版丛书 .

［7］从朱子的读书法论其修养工夫 / 吕铭崴著 .—新北 ：花木兰文化出版社，2012.—149 页 .

［8］功利主义儒家 陈亮对朱熹的挑战 /（美）田浩著 .—南京 ：江苏人民出版社，2012.—193 页 .

［9］孔子、孔圣和朱熹 / 周予同原著 ；朱维铮编校 .—上海 ：上海人民出版社，2012.06.—228 页 .

［10］理学大师朱熹 / 钱浩主编 .—合肥 ：安徽文艺出版社，2012.—114 页 .—安徽名人馆丛书 .

［11］论创造性——朱熹、怀特海和南乐山的比较研究 /（美）白诗朗著 .—北京 ：中国社会科学出版社，2012.—224 页 .

［12］论唐君毅对朱子思想的诠释 / 吴略余著 .—新北 ：花木兰文化

出版社，2012.—149 页 .

［13］论语集注读本 /（宋）朱熹集注，江先忠注 .—福州：福建美术出版社，2012.—377 页 .

［14］四书章句集注 /（宋）朱熹撰 .—杭州：浙江古籍出版社，2012.—334 页 .

［15］图说福建 朱熹与理学 / 徐小敏编 .—福州：海峡文艺出版社，2012.03.—126 页 .

［16］学术性格与思想谱系——朱子的哲学视野及其历史影响的发生学考察 / 丁为祥著 .—北京：人民出版社，2012.—743 页 .

［17］展望未来的朱子学研究：朱子学会成立大会暨朱子学与现代跨文化意义国际学术研讨会论文集 / 陈支平等主编 .—厦门：厦门大学出版社，2012.—631 页 .

［18］哲学与时代——朱子学国际学术研讨会论文集 / 陈来主编 .—上海：华东师范大学出版社，2012.—588 页 .

［19］周易本义校注 / 邵汉明著 .—长春:长春出版社，2012.—256 页 .

［20］朱熹 / 陈荣捷著 .—北京：生活·读书·新知三联书店，2012.—278 页 .

［21］朱熹 / 赵志强著 .—沈阳：辽海出版社，2012.—193 页 .—中外巨人传 .

［22］朱熹《家礼》实证研究 /（日）吾妻重二等著 .—上海：华东师范大学出版社，2012.—420 页 .

［23］朱熹《诗》韵研究 / 陈鸿儒著 .—北京：社会科学文献出版社，2012.03.—408 页 .

［24］朱熹传奇 / 黄家鹏著 .—北京：线装书局，2012.—287 页 .

［25］朱熹的《论语集注》研究 兼论《论语集注》的解释学意义 / 周元侠著 .—北京：中国社会科学出版社，2012.12.—259 页 .

2013 年

［1］《朝鲜古写徽州本朱子语类》研究 / 胡秀娟著 .—上海：华东师范大学出版社，2013.—278 页 .

［2］《朱子语类》词汇研究 / 徐时仪著 .—上海：上海古籍出版社，

2013.—2 册（781 页）.

［3］大学中庸章句 /（宋）朱熹撰 .—北京：中国社会出版社，2013.—57 页 .

［4］家学、经学和朱子学 / 史甄陶著 .—上海：华东师范大学出版社，2013.—219 页 .

［5］近思录 . 传习录 /（宋）朱熹，（宋）吕祖谦撰；（明）王守仁著 .—南京：广陵书社，2013.—1 函 2 册 .

［6］两岸四地“朱子学与地域文化”学术研讨会论文集 / 上饶师范学院朱子学研究所等编 .—江西婺源，2013.7.—479 页 .

［7］论语集注 /（宋）朱熹章句；（清）郑板桥手书；周殿富编选 .—合肥：安徽人民出版社，2013.—2 册（126；142 页）.

［8］论语集注 /（宋）朱熹撰 .—北京：中国社会出版社，2013.—114 页 .

［9］孟子集注 /（宋）朱熹撰 .—北京：中国社会出版社，2013.—154 页 .

［10］宋元明江西朱子后学群体研究 / 周茶仙 . 胡荣明著 .—南昌：江西人民出版社，2013.—346 页 .

［11］天地与我默契：朱熹理学的美学意蕴 / 吴志翔著 .—北京：中国青年出版社，2013.—303 页 .

［12］朱熹别传 / 刘湘如编 .—合肥：安徽文艺出版社，2013.01.—230 页 .

［13］朱熹城南唱和诗 / 杨汉卿编 .—南京：江苏美术出版社，2013.—64 页 .

［14］朱熹错了 / 傅佩荣著 .—北京：东方出版社，2013.—200 页 .

［15］朱熹大辞典 / 张立文主编 .—上海：上海辞书出版社，2013.—848 页 .

［16］朱熹道德教育思想论稿 / 姚进生著 .—厦门：厦门大学出版社，2013.12.—259 页 .

［17］朱熹的故事 / 武夷山市方志编纂委员会编 .—福州：海峡书局，2013.—186 页 .

［18］朱熹画像考略与伪帖揭秘 / 方彦寿著 .—上海：华东师范大学出版社，2013.—225 页 .

［19］朱熹南行传奇 / 林福琛著 .—长春：吉林人民出版社，2013.03.—212 页 .

［20］朱熹诗选 / 朱京忠主编 .—上饶：上饶市畅享印刷厂，2013.—124 页 .

［21］朱熹书翰文稿 / 杨汉卿编 .—南京：江苏美术出版社，2013.—30 页 .

［22］朱熹文学思想研究 / 李士金著 .—北京：人民文学出版社，2013.11.—374 页 .

［23］朱熹与闽学思想研究 / 黎昕著 .—北京：中国书籍出版社，2013.—302 页 .

［24］朱子《尚书》学研究 / 陈良中著 .—北京：人民出版社，2013.—287 页 .

［25］朱子经典诠释思想研究 / 尉利工著 .—北京：中国社会科学出版社，2013.—238 页 .

［26］朱子心论 / 吴冬梅著 .—合肥:安徽人民出版社，2013.—154 页 .

［27］朱子学年鉴 2011~2012/ 朱子学会编 .—厦门：厦门大学出版社，2013.—315 页 .

［28］朱子语类 /（宋）黎靖德编；黄珅，曹姗姗注评 .—南京：凤凰出版社，2013.— 10.228 页 .

［29］追寻朱子的足迹:朱子之路回顾与展望 / 朱茂男,方彦寿主编 .—南平：南平市武夷美彩印中心印，2013.—332 页 .

2014 年

［1］《朱子语类》词语研究 / 冯青著 .—北京：中国社会科学出版社，2014.—355 页 .

［2］传承与开拓：朱子学新论 / 陈来 . 朱汉民主编 .—上海：华东师范大学出版社，2014.—594 页 .

［3］近思录 /（宋）朱熹，（宋）吕祖谦撰；王广注 .—济南：山东画报出版社，2014.—312 页 .

［4］两岸四地朱子教育思想与当代教育学术研讨会论文集 / 安徽省朱子学研究会等编 .—安徽芜湖，2014.8.—407 页 .

［5］宋刊周易本义 /（宋）朱熹撰；姜燕点校 .—北京：学苑出版社，2014.—173 页 .

[6]苏轼与朱熹 / 张毅著 .—南昌:江西人民出版社,2014.06.—296 页 .

[7] 外国人眼中的中国人:朱熹 / (英) 卜道成著;张晓霞,张洪译 .—北京 : 东方出版社, 2014.—275 页 .

[8] 向《朱子读书法》学读书 / 陈晓浒译评 .—南京 : 凤凰出版社, 2014.—185 页 .

[9] 心理之间 : 朱子心性论研究 / 杨俊峰著 .—北京 : 中国社会科学出版社, 2014.—324 页 .

[10] 朱熹《诗经》解释学研究 / 郝永著 .—上海 : 上海古籍出版社, 2014.—430 页 .

[11] 朱熹《诗经》学思想探源及研究 / 吴洋著 .—北京 : 社会科学文献出版社, 2014.05.—284 页 .

[12] 朱熹陈淳研究 / 陈支平, 叶明义主编 .—厦门:厦门大学出版社, 2014.04.—600 页 .

[13] 朱熹庐山史迹考 / 袁晓宏著 .—南昌 : 江西人民出版社, 2014.05.—319 页 .

[14] 朱熹年谱长编 增订本 / 束景南著 .—上海 : 华东师范大学出版社, 2014.—上下卷 .

[15] 朱熹与退溪思想比较研究 / 张立文著 .—北京 : 人民出版社, 2014.—327 页 .

[16] 朱子白鹿洞规条目注疏 / 李宁宁编著 .—南昌:江西人民出版社, 2014.—296 页 .

[17] 朱子家训 / (宋) 朱熹著 ; 朱杰人编注 .—上海 : 华东师范大学出版社, 2014.—273 页 .

[18] 朱子理学诗学研究 / 王玉琴著 .—南京 : 南京大学出版社, 2014.—253 页 .

[19] 朱子学年鉴 2013/ 朱子学会编 .—北京 : 商务印书馆, 2014.—325 页 .

[20] 朱子学提纲 第 3 版 / 钱穆著 .—北京:生活·读书·新知三联书店, 2014.—254 页 .

[21] 朱子学与地域文化研究 / 徐公喜主编 .—南昌:江西人民出版社, 2014.—334 页 .

［22］朱子语类汇校 /（宋）黄士毅编；徐时仪，杨艳汇校 .—上海：上海古籍出版社，2014.—2599 页 .

［23］朱子语类选：汉英对照 / 翟江月，马晓艳译 .—桂林：广西师范大学出版社，2014.—707 页 .

［24］走进大自然的宋代大儒 朱熹的自然研究 / 乐爱国著 .—深圳：海天出版社，2014.—224 页 .

2015 年

［1］“朱子门人后学研究”国际学术研讨会论文集 / 南昌大学江右哲学研究中心等编 .—江西南昌，2015.4.—366 页 .

［2］《朱熹陈淳研究》第二辑 / 陈支平，叶明义主编 .—厦门：厦门大学出版社，2015.—626 页 .

［3］百年东亚朱子学 / 朱人求，乐爱国主编 .—北京：商务印书馆，2015.—425 页 .

［4］东亚朱子学的新视野 / 朱人求，（日）井上厚史主编 .—北京：商务印书馆，2015.—410 页 .

［5］孔门传授心法:朱子《四书章句集注》的解释与建构 / 杨浩著 .—上海：东方出版中心，2015.—356 页 .

［6］闽学脉—从朱熹到严复 / 林怡著 .—福州：海峡文艺出版社，2015.6.—273 页 .

［7］文献家朱熹：朱熹著述活动及其著作版本考察 / 陈国代著 .—北京：北京师范大学出版社，2015.6.—431 页 .

［8］朱熹《楚辞集注》研究 / 李永明著 .—上海：上海古籍出版社，2015.03.—344 页 .

［9］朱熹：舌尖上的天理和人欲 / 卿磊编著 .—合肥：黄山书社，2015.7.—264 页 .

［10］朱熹礼学基本问题研究 / 叶纯芳等编 .—北京：中华书局，2015.—517 页 .

［11］朱熹学派与闽台书院刻书的传承和发展 / 方彦寿著 .—福州：福建教育出版社，2015.—384 页 .

［12］朱熹训诂研究 / 贾璐著 .—北京：中国社会科学出版社，

2015.—295 页 .

［13］朱熹易学思想研究 / 张克宾著 .—北京：人民出版社，2015.—327 页 .

［14］朱子《易》注考源 / 赵文源著 .—北京：语文出版社，2015.—418 页 .

［15］朱子的旅游世界—朱熹旅游文化与文化旅游研究 / 兰宗荣著 .—北京：光明日报出版社，2015.—474 页 .

［16］朱子事迹考 / 高令印 . 高秀华著 .—北京：商务印书馆，2015.—582 页 .

［17］朱子晚年全论 /（清）李绂著；段景莲点校 .—北京：中华书局，2015.—410 页 .

［18］朱子学年鉴 2014/ 朱子学会编 .—北京：商务印书馆，2015.—382 页 .

［19］朱子学说与闽学发展 / 黎昕主编 .—北京：中国社会科学出版社，2015.—263 页 .

［20］朱子学与河图洛书说研究 / 黄昊著 .—成都：西南交通大学出版社，2015.—269 页 .

［21］朱子学与退溪学研究：中韩性理学之比较 / 张品端主编 .—厦门：厦门大学出版社，2015.—501 页 .

［22］朱子与朱子学文献研究研讨会暨中国历史文献研究会第 36 届年会论文汇编 上、下 / 中国历史文献研究会，武夷学院图书馆等编 .—2015.11.—2 册 .

［23］朱子哲学思想的发展与完成 / 刘述先著 .—长春：吉林出版集团有限公司，2015.—648 页 .

［24］朱子之路 / 黄胜科，李崇英编 .—福州：福建教育出版社，2015.—275 页 .

［25］朱子之路 / 黄胜科，李崇英编 .—福州：福建教育出版社，2015.—275 页 .

［26］尊德性与道问学：纪念朱陆鹅湖之会 840 周年学术研讨会论文集 / 江西省 2011 朱子文化协同创新中心等编 .—江西上饶，2015.7.—559 页 .